中国经济科学前沿丛书

中国财政经济理论前沿

（8）

THE THEORETICAL FRONTIER OF
CHINA'S PUBLIC FINANCE (8)

高培勇　马　珺　杨志勇　主编

社会科学文献出版社
SOCIAL SCIENCES ACADEMIC PRESS (CHINA)

总　序

中国社会科学院财贸经济研究所（财贸所）自组建以来，一直重视学术前沿和基础理论研究。2011 年 12 月，按照中国社会科学院党组的统筹安排，在财贸所基础上组建了财经战略研究院（财经院）。这显然不是一个简单的更名，而是增加了更多的内涵，赋予了更多的职责，提出了更高的要求。自此，财经院便担负起坚强的马克思主义财经科学阵地、财经理论研究重镇和高端财经智库等多重功能。近些年，财经院在智库建设方面用的力气较多，也取得了较为明显的成效。但值得注意的是，财经院的战略定位，是学术型财经智库。更准确地讲，是以马克思主义理论和方法为指导、根植于中国国情、立足于全球视野、拥有丰厚学术积淀和坚实学术基础的财经智库。这意味着，在财经院的工作思路中，学术研究和智库建设是同等重要的。夯实学术研究、把握理论前沿，是搞好财经智库建设的重要前提和基础，是智库具有学术积淀和思想深度的“压舱石”。因此，财经院即便用相当多的力量从事财经智库建设，也从未放松过学术研究和理论探讨。财经院始终鼓励学者，特别是青年学者致力于财经理论前沿问题研究。

从 1999 年推出第一套“中国经济科学前沿丛书”至今，已经跨越了 22 个年度。按照当时每隔 3 年编撰一套前沿丛书并形成一个连续性系列成果的计划，从 2020 年夏天开始，财经院启动了“中国经济科学前沿丛书”的编撰工作。2021 年该是推出第九套前沿丛书的时候了。

第九套前沿丛书的编撰正值中国站在新的历史起点、全面深化供给侧结构性改革、推动新一轮对外开放和全面开启现代化国家建设新征程的关键时期。改革开放是实践层面的制度变迁，是经济社会发展的重要动力。改革开放也是一个复杂的系统工程，迫切需要科学的理论指导。作为理论工作者，特别是作为国家级学术型智库机构的理论工作者，理所当然要以天下为己任，始终奋进在时代前列，应不辱使命，在中国经济社会发展进程的每一个环节，竭力留下深深的理论和实践印记。经过40多年的发展，今天的财经院，已经成为拥有宏观经济、财政经济、贸易经济和服务经济等主干学科板块、覆盖多个经济学科领域的中国财经科学的学术重镇。在全面深化改革开放的大潮中，对近些年财经理论前沿进行梳理、总结和进一步研究，既挖掘学术研究前沿的重大理论问题，又以财经学术前沿知识支撑中国伟大改革事业的理论基础，这是一项极为重要的学科建设工程，也是智库建设的基础支撑。财经院以此为当仁不让的责任和使命，为社会、为国家做出财经科学理论工作者应有的贡献。

这次编撰出版的“中国经济科学前沿丛书”由六本理论文集构成。这就是《中国财政经济理论前沿》（两本）、《中国流通理论前沿》、《中国国际经贸理论前沿》、《中国服务经济理论前沿》和《中国金融理论前沿》。

做一件事也许不难，但20多年都坚持下来做好做精一件事，着实不易。20多年来，前沿丛书能连续出版，其中的艰辛和付出实在难以用言语表达。在这里，特别要感谢各位作者把最优秀的理论研究成果贡献出来，特别感谢各位主编、副主编的辛苦付出。同时，这部丛书能够连续出版，与广大读者的关注、鼓励和支持是分不开的，也必须表达对他们的感谢之意。随着时代的发展和研究的深化，这套前沿丛书的某些内容也许会逐渐变得不再前沿。这种动态的变化，只会激励我们攀登新的理论高峰。我们期待广大读者能够继续关注前沿丛书的发展与进步，对我们可能存在的不足和缺憾提出宝贵的意见。

让我们共同努力，把“中国经济科学前沿丛书”持续地做下去，做得更加完美、更具影响力！

中国社会科学院财经战略研究院
何德旭
2020 年 12 月 30 日

目录

CONTENTS

党领导下的国家、财政与改革篇

中国财税改革 40 年：基本轨迹、基本经验和基本规律 ………… 高培勇 / 3
财政、国家与政党：建党百年视野下的中国财政 …… 吕　炜　靳继东 / 30
中国共产党领导的财政事业：历史回顾与未来展望 …………… 杨志勇 / 76

新中国财政基础理论探索篇

国家视角下的新中国财政基础理论变迁 ……………… 刘晓路　郭庆旺 / 95
构建以马克思主义为基础的新时代中国特色社会主义
财政学 …………………………………………………… 王艺明 / 111

国家理论与财政理论篇

重构财政研究中的“国家”概念
——以探索西方国家成长的财政逻辑为例 ……………… 刘守刚 / 135
税收国家与财政社会学
——基于对熊彼特《税收国家的危机》一文的解读 …… 刘志广 / 152
财政与国家治理：布坎南财政思想解读 ……………………… 马　珺 / 187

现代财政与国家治理的中国实践篇

国家能力、秩序与央地关系建设 …………………………… 吕冰洋 / 205
国家治理现代化进程中的税制改革 ………………………… 张　斌 / 235
国家治理与财政体制改革 …………………………………… 李永友 / 252
通过中期财政规划改进公共支出管理与治理：中国
　案例研究 …………………………………………………… 王雍君 / 268
“十四五”时期推进现代财政制度建设的改革展望 … 汪德华　侯思捷 / 292

CONTENTS

State, Public Finance and the Reform under the Leadship of CPC

China's Forty Years of Fiscal and Taxation Reform: Main Path, Fundamental Experience and Basic Laws *Gao Peiyong* / 3

Finance, State and Political Party: China's Finance from the Perspective of the Centennial Founding of the CPC *Lyu Wei, Jin Jidong* / 30

Public Finance under the CPC Leadership: The Past and Outlook for the Future *Yang Zhiyong* / 76

The Exploration on the Basic Fiscal Theory of People's Republic of China

The Changes of Fundamental Theory of Public Finance in Chinain State Perspective *Liu Xiaolu, Guo Qingwang* / 95

To Construct the Public Finance of Socialism with Chinese Characteristics for a New Era Based on Marxism *Wang Yiming* / 111

State Theory and Fiscal Theory

To Reconstruct the Concept of State in Public Finance Research: The Case of Explorations on the Growth of Western Countries in Fiscal Perspective *Liu Shougang* / 135

The Tax State and Fiscal Sociology: An Investigation Based on Schumpeter's "The Crisis of Tax State" *Liu Zhiguang* / 152

State Governance and Public Finance: Interpreting James M. Buchanan's Thoughts of Public Finance *Ma Jun* / 187

Public Finance and State Governance: Chinese Practices

State Capacity, Orders and Construction of the Relationship between Central and Local Government *Lyu Bingyang* / 205

Tax System Reform in the Process of State Governance Modernization *Zhang Bin* / 235

State Governance and Reform of Fiscal System *Li Yongyou* / 252

Improving Public Expenditure Management and Governance through Medium-Term Fiscal Planning: A Case Study in China *Wang Yongjun* / 268

An Outlook of Propel Modern Fiscal System Construct during the 14th Five-Year Plan *Wang Dehua, Hou Sijie* / 292

党领导下的国家、财政与改革篇

中国财税改革40年：基本轨迹、基本经验和基本规律*

高培勇**

摘　要：中国财税体制改革40年的历程，以改革的阶段性目标区分，可以大致归为五个既彼此独立又互为关联的阶段。其间所存在的一条上下贯通的主线索是，它始终作为整体改革的一个重要组成部分，服从、服务于整体改革的需要。在由经济体制改革走向全面深化改革的历史进程中，不断地对财税体制及其运行机制进行适应性的改革，包括以"财政公共化"匹配"经济市场化"，以"财政现代化"匹配"国家治理现代化"。其具体的体现是，以"公共财政体制"匹配"社会主义市场经济体制"，以"现代财政制度"匹配"现代国家治理体系和治理能力"。这一成功实践的背后，则是建立在深刻认知财税体制及其运行机制客观规律基础上形成的理论支撑——经济的市场化必然带来财政的公共化，国家治理的现代化要求和决定着财政的现代化。站在新的历史起点上，围绕财税体制改革的焦点、难点和痛点打一场攻坚战，加快建立现代财政制度，是中国特色社会主义新时代财税体制改革的必由之路。

关键词：改革开放40年　财税体制改革　公共财政　现代财政制度

---

* 原文首发于《经济研究》2018年第3期，经作者本人和杂志社同意，收录于本书。

** 高培勇，经济学博士，教授，中国社会科学院副院长，中国社会科学院学部委员，政协十三届全国委员会经济委员会委员，主要研究方向为财税理论、财税政策分析。

一 引言

随着改革开放40周年的来临，与整个改革开放事业如影随形、亦步亦趋的中国财税体制改革，步入了不惑之年。对于这一历史进程的系统总结，也到了该提上议事日程之时。

这绝对是一个既意义重大又颇不轻松的命题。因为，一方面，在过去的40年间，财税体制改革所面临的问题之复杂，所走过的道路之曲折，所承载的使命之沉重，所发生的变化之深刻，所取得的成果之显著，不仅在中国，而且在世界财税发展史上，都是十分罕见的特例。另一方面，对于有着40年改革开放历史并进入新时代的中国而言，举凡涉及类如财税体制改革回顾与总结方面的话题，显然不是简单罗列成绩单所能承载的，也不再能停留于史实的追溯和再现层面，而须以此为基础，站在新时代的历史起点上，循着改革的基本轨迹，一步步地概括和提炼改革的基本经验和改革的基本规律。

如下的一连串问题，是我们在面对这一命题时绕不开、躲不过的。

对持续40年的财税体制改革历程做出高度概括，取舍实属难免。取什么？当然要取改革的主线索。舍什么？自然要舍那些与主线索不那么直接关联着的枝枝蔓蔓。问题是，这条主线是什么？我们能否为起初“摸着石头过河”、随着改革的深化而目标日趋明晰的渐进式财税体制改革历程理出一条主线？

在一个很长的时期内，财税体制改革作为经济体制改革的一个组成部分而加以推进。中共十八届三中全会以来，财税体制改革又被赋予“国家治理的基础和重要支柱”的全新定位而成为全面深化改革的基础工程和重点工程。如果说改革开放40年来我们走出的一个基本轨迹就是由经济体制改革走向全面深化改革，经济体制改革和全面深化改革的目标又分别在于经济市场化和国家治理现代化，那么，作为其中的一个重要内容，财税体制改革有无自身的目标取向？如果有，那又是什么？

40年间，发生于财税体制改革领域的事项数不胜数。本着由部分推进至整体的考虑，在不同时点、基于某一特定背景、立足于某一侧面或角度而策划并推出的这些事项，当被放置到财税体制改革的大棋局上加以定位的时候，它们各自的角色和作用是什么？又同作为一个整体的财税体制改革工程有着怎样的联系？

梳理以往改革的基本轨迹，概括以往改革的基本经验，其最终的着眼点，当然要放在改革基本规律的提炼上。否则，中国奇迹就只能停留在经验层面而达不到理论的高度。这需要理论抽象。能否进行这种抽象？怎样进行这种抽象？迄今的财税体制改革进程是否到了足以使我们能够搭建一个理论分析框架的时候？

过去 40 年所取得的财税体制改革成果，固然显著而丰盛，但同完善的社会主义市场经济体制和国家治理体系和治理能力现代化的要求相比，只能算是阶段性的。通向未来的财税体制改革道路，依然漫长。当我们对以往改革的基本轨迹、基本经验和基本规律有了一个比较清晰的认识之后，又如何定位未来的财税体制改革前行方向？

上述的这些以及其他类似的问题，构成了本文的主题。

二　改革的五个阶段：一个大致的勾勒

40 年的中国财税体制改革历程，按照阶段性的改革目标做大致区分，可以归为如下五个既彼此独立又互为关联的阶段。

（一）1978～1994 年：为整体改革“铺路搭桥”

发端于 1978 年的中国经济体制改革是从分配领域入手的。最初确定的主调，便是“放权让利”——通过“放权让利”激发各方面的改革积极性，激活被传统经济体制几乎窒息掉了的国民经济活力。

在改革初期，政府能够且真正放出的“权”，主要是财政上的管理权。政府能够且真正让出的“利”，主要是财政在国民收入分配格局中的所占份额。这一整体改革思路与财税体制自身的改革任务——由下放财权和财力入手，打破或改变“财权集中过度、分配统收统支，税种过于单一”的传统体制格局——相对接，便有了如下的若干改革举措（财政部财税体制改革司，1989；高培勇、温来成，2001）。

（1）在国家与企业之间的分配关系上，实行“减税让利”。从 1978 年起，先后推出了企业基金制、利润留成制、第一步利改税、第二步利改税、各种形式的盈亏包干制和多种形式的承包经营责任制等制度。

（2）在中央与地方之间的财政分配关系上，实行“分灶吃饭”。从1980年起，先后推出了“划分收支、分级包干”、“划分税种、核定收支、分级包干”以及“收入递增包干、总额分成、总额分成加增长分成、上解递增包干、定额包干、定额补助”等多种不同的体制模式。

（3）在税收制度建设上，实行“复税制”。从1980年起，通过建立涉外税制、建立内资企业所得税体系、全面调整工商税制、建立个人所得税制、恢复和改进关税制度、完善农业税等方面的改革，改变了相对单一化的税制格局，建立起了一套以流转税、所得税为主体，其他税种相互配合的多税种、多环节、多层次征收的复税制体系。

（4）在与其他领域改革的配合上，给予“财力保障”。以大量和各种类型的财政支出铺路，配合并支撑了价格、工资、科技、教育等相关领域的改革举措的出台。

上述的这些改革举措，对于促进各项改革举措的顺利出台和整体改革的平稳推进所发挥的作用，可说是奠基性的。然而，无论放权还是让利，事实上，都是以财政上的减收、增支为代价的。主要由财税担纲的以“放权让利”为主调的改革，却使财政收支运行自身陷入了不平衡的困难境地。

一方面，随着各种“放权”“让利”举措的实施，财政收入占GDP的比重和中央财政收入占全国财政收入的比重迅速下滑：前者由1978年的31.1%，相继减少到1980年的25.5%、1985年的22.2%、1990年的15.7%和1993年的12.3%。后者则先升后降，1978年为15.5%，1980年为24.5%，1985年为38.4%，1990年下降为33.8%，1993年进一步下降至22.0%。

另一方面，财政支出并未随之下降，反而因“放权”“让利”举措的实施而急剧增加。[①] 1978～1993年，财政支出由1122.09亿元一路增加至4642.20亿元，15年间增加了2.1倍，年均增加21%。

与此同时，在财政运行机制上也出现了诸多问题。如擅自减免税、截留挪用财政收入、花钱大手大脚、搞财政资金体外循环、非财政部门介入

① 如农副产品购销价格倒挂带来的价格补贴以及为增加行政事业单位职工工资而增拨的专款等。

财政分配等问题，相当普遍，随处可见。

作为“两个比重”迅速下降并持续偏低、财政支出迅速增长以及财政运行机制陷于紊乱状态的一个重要结果，不仅财政赤字逐年加大，债务规模日益膨胀，而且，中央财政已经到了难以担负宏观调控之责的空前水平。

1979 ~ 1993 年，除了 1985 年财政收支略有结余之外，其余年份均出现财政赤字，且呈逐年加大之势：1981 年为 68.9 亿元，1990 年上升至 146.9 亿元，到 1993 年则扩大至 293.35 亿元。若按国际通行做法，将当年的债务收入纳入赤字口径，则 1993 年的财政赤字水平实为 978.58 亿元。

从 1979 年起，政府恢复了中断长达 20 年之久的外债举借。1981 年，又开始以发行国库券的形式举借内债。后来，又先后发行了重点建设债券、财政债券、国家建设债券、特别国债和保值公债。1993 年，国家财政的债务发行收入规模已达 739.22 亿元。

以中央财政债务依存度［债务收入/（中央财政本级支出 + 中央财政债务支出）］而论，到 1993 年，已达 59.63% 的国际罕见水平。这意味着，当年中央财政本级支出中的一半以上，要依赖举债或借款收入来解决。①

（二）1994 ~ 1998 年：踏上制度创新之路

如此的困难境况，很快让人们从改革最初成果的喜悦中冷静下来。意识到“放权让利”的改革不可持续，在这一路径上持续了十几年之久的财税体制改革自然要进行重大调整：由侧重于利益格局的调整转向新型体制的建立。

绝非巧合，随着 1992 年 10 月中共十四大正式确立社会主义市场经济体制的改革目标，1993 年 11 月召开的中共十四届三中全会通过了《中共中央关于建立社会主义市场经济体制若干问题的决定》。于是，以建立适应社会主义市场经济的财税体制为着眼点，从 1994 年起，财税体制改革踏上了制度创新之路（项怀诚，1994）。

1994 年元旦的钟声刚刚敲过，中国政府便在财税体制方面推出了一系

① 财政部综合计划司：《中国财政统计（1950—1991）》，科学出版社，1992。《中国财政年鉴（2007）》，中国财政杂志社，2007。

列重大改革举措。

（1）按照“统一税法、公平税负、简化税制和合理分权”的原则，通过建立以增值税为主体、以消费税和营业税为补充的流转税制，统一内资企业所得税，建立统一的个人所得税制，扩大资源税的征收范围，开征土地增值税，确立适应社会主义市场经济体制需要的税收基本规范等一系列行动，全面改革税收制度，搭建了一个新型的税收制度体系。①

（2）在根据中央和地方事权合理确定各级财政支出范围的基础上，按照税种统一划分中央税、地方税和中央地方共享税，建立中央税收和地方税收体系，分设中央税务机构和地方税务机构，实行中央对地方税收返还和转移支付制度，初步建立了分税制财政管理体制基本框架。②

（3）根据建立现代企业制度的基本要求，在降低国有企业所得税税率、取消能源交通重点建设基金和预算调节基金的同时，实行国有企业统一按国家规定的33%税率依法纳税，全面改革国有企业利润分配制度。

（4）彻底取消向中央银行的透支或借款，财政上的赤字全部以举借国债方式弥补，从制度上斩断财政赤字与通货膨胀之间的必然联系。

这是一个很重要的转折。在此之前所推出的财税体制改革举措多是围绕利益格局的调整而展开的。而且，也是在整体改革目标定位尚待明晰的背景下而谋划的。这一轮财税体制改革的显著不同之处就在于它突破了以往“放权让利”思路的束缚，走上了转换机制、制度创新之路：从重构适应社会主义市场经济体制的财税体制及其运行机制入手，在改革内容与范围的取舍上，既包含有利益格局的适当调整，更注重于新型财税体制的建立。财税体制及其运行机制的转换正是1994年财税体制改革的重心所在。

时至今日，我们所颇为看重并为之自豪的发生在中国财税领域的一系列转折性变化，比如财政收入步入持续快速增长的轨道、“两个比重”持续下滑的局面得以根本扭转、财政的宏观调控功能得以改进和加强、国家与国有企业之间的利润分配关系有了基本的规范等，正是1994年财税体制改革的成果。可以说，1994年的财税体制改革，为我们初步搭建起了适应社

① 《国务院批转国家税务总局工商税制改革实施方案的通知》（国发〔1993〕90号）。

② 《国务院关于实行分税制财政管理体制的决定》（国发〔1993〕85号）。《国务院办公厅转发国家税务总局关于组建在各地的直属税务机构和地方税务局实施意见的通知》（国办发〔1993〕87号）。

会主义市场经济体制的财税体制及其运行机制的基本框架。

（三）1998～2003 年：构建公共财政体制框架

1994 年的财税体制改革，固然使中国财税体制走上了制度创新之路，但并没有解决问题的全部。因为，说到底，1994 年财税体制改革所覆盖的，还只是当时纳入预算视野的政府收支。游离于体制之外的政府收支，则没有进入视野。而且，1994 年财税体制改革所着眼的，也主要是以税收制度为代表的财政收入一翼的制度变革。至于另一翼——财政支出的调整，虽有涉及，但并未作为重点同步进行。与此同时，既得利益的掣肘加之财政增收的动因，也在一定程度上束缚了改革，使得一些做法带有明显的过渡性或变通性色彩。

随着 1994 年财税体制改革成果的逐步释放，蕴含在游离于体制之外的政府收支和财政支出一翼的各种矛盾，便日益充分地显露出来并演化为困扰国民收入分配和政府收支运行过程的"瓶颈"。于是，在 20 世纪 90 年代后期，以规范政府收支行为及其机制为主旨的"税费改革"以及财政支出管理制度的改革，先后进入财税体制改革的重心地带，并由此将改革带上了财税体制整体框架的重新构造之路——构建公共财政体制框架。

1998 年 3 月 19 日，朱镕基总理在主持国务院工作之后举行的首次记者招待会上说了一段颇具震撼力的话："目前存在的一个问题是费大于税。很多政府机关在国家规定以外征收各种费用，使老百姓不堪负担，民怨沸腾，对此必须整顿和改革。"① 以此为契机，中国拉开了"税费改革"的序幕。

实际上，在全国性的"税费改革"正式启动之前，各地已经有过治理政府部门乱收费的尝试。最初的提法，是所谓"费改税"（刘仲藜等，1998）。其主要初衷，是通过将五花八门的各种收费改为统一征税的办法来减轻企业和居民的负担。后来，随着改革的深入和视野的拓宽，我们逐渐发现，现存政府收费的种种弊端并非出在政府收费本身。现存的、被称为政府收费的大量项目，既未经过人民代表大会的审议，又基本不纳入预算，而是由各部门、各地区自立规章，作为自收自支的财源，或归入预算外收入，或进入制度外收入，直接装入各部门、各地区的"小金库"。因而，它

① 《朱镕基答记者问》编辑组：《朱镕基答记者问》，人民出版社，2009。

实质是一种非规范性的政府收入来源。“费改税”的目的，显然不是要将本来意义的政府收费统统改为征税，而是以此为途径，将非规范性的政府收入纳入规范化轨道。于是，“费改税”开始跳出“对应调整”的套路，而同包括税收在内的整个政府收入盘子的安排挂起钩来。也正是在这样的背景之下，“费改税”一词为“税费改革”所取代，进而被赋予了规范政府收入行为及其机制的特殊意义。

在“税费改革”日渐深入并逐步取得成效的同时，财政支出一翼的改革也在紧锣密鼓地进行。先后进入改革视野的有：财政支出结构由专注于生产建设领域逐步扩展至整个公共服务领域的优化调整；推行以规范预算编制和分类方法、全面反映政府收支状况为主要着眼点的“部门预算制度”；实行由财政（国库）部门集中收纳包括预算内外收入在内的所有政府性收入且由国库单一账户集中支付政府部门所有财政性支出的“国库集中收付制度”；推进将政府部门的各项直接支出逐步纳入向社会公开竞价购买轨道的“政府采购制度”。

然而，无论是财政支出一翼的调整，还是以“税费改革”为代表的财政收入一翼的变动，所涉及的，终归只是财税体制及其运行机制的局部而非全局。当分别发生在财政收支两翼的改革局限性逐渐凸显出来之后，人们终于达成了如下共识：零敲碎打型的局部调整固然重要，但若没有作为一个整体的财税体制及其运行机制的重新构造，并将局部的调整纳入整体财税体制及其运行机制的框架之中，就不可能真正构建起适应社会主义市场经济的财税体制及其运行机制。于是，将包括收入、支出、管理以及体制在内的所有财税改革事项融入一个整体的框架之中，并且作为一个系统工程加以推进，便被提上了议事日程。

人们也发现，能够统领所有的财税体制改革线索、覆盖所有的财税体制改革事项的概念，除了当时学术界所操用的“公共财政”之外，并无其他别的什么词汇适合担当此任。于是，在赋予公共财政中国特色意义的基础上，以1998年12月15日举行的全国财政工作会议为契机，决策层做出了一个具有划时代意义的重要决定：建立公共财政基本框架。①

① 在那次会议上，时任中共中央政治局常委、国务院副总理李岚清代表中共中央明确提出“积极创造条件，逐步建立公共财政基本框架”。

正是从那个时候起，作为一个整体的改革目标的明确定位，公共财政体制框架的构建正式进入财税体制改革轨道。

（四）2003～2012年：进一步完善公共财政体制

正如社会主义市场经济体制要经历一个由构建到完善的跨越过程一样，随着以构建公共财政体制框架为主线的各项财税体制改革的稳步推进，财税体制改革也逐渐步入深水区而面临着进一步完善的任务。

时隔5年之后的2003年10月，中共十六届三中全会通过了《中共中央关于完善社会主义市场经济体制若干问题的决定》。在那份历史文献中，根据公共财政体制框架已经初步建立的判断，做出了进一步健全和完善公共财政体制的战略部署。认识到完善的公共财政体制是完善的社会主义市场经济体制的一个重要组成部分，将完善公共财政体制放入完善社会主义市场经济体制的棋盘，从而在两者的密切联系中谋划进一步推进公共财政建设的方案，也就成了题中应有之义。以此为契机，又开始了旨在进一步完善公共财政体制的一系列操作（谢旭人，2008）。

（1）最先进入操作程序的，首推税制改革。按照部署，在这一时期，先后有出口退税制度的改革、作为改进个人所得税的内容之一——上调工薪所得减除额标准和实行高收入者自行申报、实现城乡税制统一改革的重要一步——取消农业税、增值税由生产型转为消费型改革、统一各类企业税收制度的主要内容——内外资两个企业所得税法合并等几个项目，得以启动。

（2）几乎是与此同时，财政支出以及财政管理制度线索上的改革也开始了操作。需要提及的是，这一线索上的改革，适逢科学发展观和构建社会主义和谐社会重大战略思想的提出。因而，它的进展异常迅速：在取消农业税并打破了原有农村公共服务供给体系的同时，公共财政开始了逐步覆盖农村的进程；财政支出越来越向以教育、就业、医疗、社会保障和住房为代表的基本民生事项倾斜；围绕推进地区间基本公共服务均等化，加大了财政转移支付的力度并相应调整了转移支付制度体系；以实行全口径预算管理和政府收支分类改革为入手处，强化了预算监督管理，进一步推动了政府收支行为及其机制的规范化；等等。

（五）2012 年至今：建立现代财政制度

在中国的发展史上，2012 年是一个十分重要的转折点。这一年，中共十八大召开，开启了中国特色社会主义迈入新时代的征程。也是在这一年，延续多年的中国经济发展速度、结构和动力格局发生重大变化。还是从这一年起，改革开放进入攻坚期和深水区。在新的历史起点上全面深化改革，实现经济体制、政治体制、文化体制、社会体制和生态文明体制改革的联动，作为一种历史的选择摆在我们面前。

2013 年 11 月，中共十八届三中全会通过了《中共中央关于全面深化改革若干重大问题的决定》。立足于全面深化改革的宏观棋局，以建立现代财政制度为目标，新一轮财税体制改革由此展开（楼继伟，2014）。

（1）就预算管理制度改革而言，有别于以往围绕一般公共预算（亦称财政预算）而定改革方案的做法，新一轮预算管理制度改革的视野扩展到包括一般公共预算、政府性基金预算、国有资本预算和社会保险基金预算在内的全部政府收支。其目标，就是在覆盖全部政府收支的前提下，建立“全面规范、公开透明”的现代预算管理制度。

基于这一目标所做出的部署如下。改进预算管理制度，实施全面规范、公开透明的预算制度。审核预算的重点由平衡状态、赤字规模向支出预算和政策拓展。清理规范重点支出同财政收支增幅或生产总值挂钩事项，一般不采取挂钩方式。建立跨年度预算平衡机制，建立权责发生制的政府综合财务报告制度，建立规范合理的中央和地方政府债务管理及风险预警机制。

（2）就税收制度改革而言，有别于以往围绕税收总量增减而定改革方案的做法，新一轮税制改革设定的前提是“稳定税负”。其目标，就是在“稳定税负”的前提下，通过“逐步增加直接税比重”，优化税收收入结构，建立现代税收制度。

基于这一目标所做出的部署如下。深化税收制度改革，完善地方税体系，逐步提高直接税比重。推进增值税改革，适当简化税率。调整消费税征收范围、环节、税率，把高耗能、高污染产品及部分高档消费品纳入征收范围。逐步建立综合与分类相结合的个人所得税制。加快房地产税立法并适时推进改革，加快资源税改革，推动环境保护费改税。

（3）就中央和地方财政关系改革而言，有别于以往围绕中央或地方财力增减而定改革方案的做法，新一轮中央和地方财政关系改革的目标，被锁定于“发挥中央和地方两个积极性”，构建现代中央和地方财政关系新格局。

以发挥“两个积极性”而非“一个积极性”为目标所做出的部署如下。建立事权和支出责任相适应的制度。适度加强中央事权和支出责任，国防、外交、国家安全、关系全国统一市场规则和管理等作为中央事权；部分社会保障、跨区域重大项目建设维护等作为中央和地方共同事权，逐步理顺事权关系；区域性公共服务作为地方事权。中央和地方按照事权划分相应承担和分担支出责任。中央可通过安排转移支付将部分事权支出责任委托地方承担。对于跨区域且对其他地区影响较大的公共服务，中央通过转移支付承担一部分地方事权支出责任。保持现有中央和地方财力格局总体稳定，结合税制改革，考虑税种属性，进一步理顺中央和地方收入划分。

从2013年11月到中共十九大，在为期4年多的时间里，作为阶段性的改革成果，新一轮财税体制改革在如下几个方面取得了相应进展。

（1）在预算管理制度改革领域，2015年1月，正式颁布并实施了以覆盖全部政府收支为主要着眼点的新《预算法》。并且，围绕新《预算法》颁布了一系列旨在规范政府收支行为的制度。以此为基础，现代预算管理制度的若干基本理念得以确立，以四本预算构建的全口径政府预算体系得以建立，预决算公开透明也取得一定成效，等等。

（2）在税收制度改革领域，作为间接税制度改革的重要内容，“营改增”全面推开且简并了增值税税率，资源税改革顺利推进，消费税征收范围逐步拓展，环境保护税正式开征。与此同时，以2015年12月24日中共中央、国务院公布的《深化国税、地税征管体制改革方案》为标志，税收征管体制改革开始启动。

（3）在中央和地方财政关系改革领域，以全面实施“营改增”为契机，2016年4月，国务院印发《全面推开营改增试点后调整中央与地方增值税收入划分过渡方案》（国发〔2016〕26号）。作为未来2~3年的过渡方案，以2014年为基数，采取增值税增量五五分成的方式重新划分中央和地方收入。2016年8月，又发布了《国务院关于推进中央与地方财政事权和支出责任划分改革的指导意见》（国发〔2016〕49号）。根据这一指导意见，到

2020年，要基本完成主要领域改革，并逐步规范化、法律化，形成中央与地方财政事权和支出责任划分的清晰框架。

三　改革的取向抉择：从公共财政体制到现代财政制度

从主要着眼于为整体改革“铺路搭桥”、以“放权让利”为主调的改革，到走上制度创新之路、旨在建立新型财税体制及其运行机制的1994年的财税改革；从以规范政府收支行为及其机制为主旨的“税费改革”以及财政支出管理制度的改革，到作为一个整体的财税改革与发展目标的确立；从构建公共财政体制基本框架，到进一步完善公共财政体制和公共财政体系，再到以建立现代财政制度来定位财税体制改革目标，为推进国家治理体系和治理能力现代化发挥基础性和支撑性作用，当我们大致把握了40年来财税体制改革的基本轨迹之后，一个接踵而至的问题是，财税体制改革是否存在一条上下贯通的主线索？

换言之，迄今中国的财税体制改革，究竟有无一个不以人的主观意志为转移的客观规律可循？

（一）始终服从、服务于整体改革需要：一条主线索

前面的考察已经清楚地表明，中国财税体制改革的一大特点，就是它始终作为整体改革的一个重要组成部分，始终与整体改革捆绑在一起并服从、服务于整体改革的需要。

如果说改革开放40年来走出的一个基本轨迹就是由经济体制改革走向全面深化改革，经济体制改革和全面深化改革的目标又分别在于经济市场化和国家治理现代化，那么，我们可以看到，40年来的财税体制改革实质上是一个顺应这一变革并逐步向匹配经济市场化和国家治理现代化的财税体制靠拢和逼近的过程。

这一过程可以相应概括为：以“财政公共化”匹配“经济市场化”，以“财政现代化”匹配“国家治理现代化”。其具体的体现就是，以“公共财政体制”匹配“社会主义市场经济体制”，以“现代财政制度”匹配“现代国家治理体系和治理能力”。

(二) 以"财政公共化"匹配"经济市场化"：经济体制改革中的财税改革

关于中国经济体制改革取向，迄今一个最为流行的表述是"市场化改革"。如果说经济体制改革是沿着一条颇具规律性且逼近"经济市场化"的道路走过来的，那么，作为与之相匹配的一个必然选择，财税体制改革的基本取向就是走向"财政公共化"——构建公共财政体制。

1. 由"非公共性"的财税运行格局及其体制起步

中国的财税体制改革，当然是由传统经济体制下的财税运行格局及其体制起步的。

对于那一时期的财税运行格局，尽管可从不同的角度加以归结，但本着收入——"钱从哪里来"、支出——"钱向何处去"以及政策——"收支安排所体现的目的"这样三条有关财税活动运行层面的基本线索，可以将其概括如下。财政收入主要来自国有部门；财政支出主要投向国有部门；财政政策倾向于在国有和非国有部门之间搞"区别对待"。以 1978 年的情形为例，全国财政收入的 86.8% 来自国有部门的缴款，全国财政支出的 85.6% 用于国有部门。若再加上带有准国有性质的所谓集体经济单位的缴款和用于集体经济单位的支出，这两个比例又会双双跃增至 90% 以上。[①] 这样一种"取自家之财""办自家之事"的财政收支格局，所折射出的，无非是财政政策的鲜明取向——发展和壮大国有经济、削弱以至铲除私有制经济。

财税运行格局之所以是上述这个样子，当然同那一时期所实行的"二元"经济社会制度环境有关。在"二元"的经济社会制度下，作为其重要组成部分的财税体制，自然也必须建立在"二元"的基础上——在财政上实行不同所有制分治和城乡分治。

(1) 国有制财政。以所有制性质分界，财政收支活动主要在国有部门系统内部完成。至于非国有部门，则或是游离于财政的覆盖范围之外，或是位于财政覆盖范围的边缘地带。

(2) 城市财政。以城乡分界，财政收支活动主要在城市区域内部完成。至于广大农村区域，则或是游离于财政的覆盖范围之外，或是位于财政覆盖范围的边缘地带。

---

① 财政部综合计划司：《中国财政统计（1950—1991）》，科学出版社，1992。

（3）生产建设财政。以财政支出的性质分界，财政支出活动主要围绕着生产建设领域而进行。至于非生产性或非建设性的支出项目——其中主要是以改善民生为代表的公共服务性的支出项目，则往往被置于从属地位或位于边缘地带。

换言之，“二元”的财税体制所覆盖的范围，不是全面的，而是有选择的。“二元”的财税体制所提供的财政待遇，不是一视同仁的，而是有薄有厚的。财政支出的投向，不是着眼于整个公共服务领域的，而是专注于生产建设的。于是，便形成了同属一国企业和居民、身处同一国土之上并受同一政府管辖，但因财政覆盖程度不同而须面对不同财政待遇的不同的区域、不同的企业和不同的居民。

有选择而非全面的财政覆盖范围，有厚有薄而非一视同仁的财政待遇，专注于生产建设而非整个的公共服务领域，如此的财税体制以及作为其结果的财税运行格局，显然不能说是“公共性”[①] 的，至少其“公共性”是被打了折扣的。事实上，“国有制财政 + 城市财政 + 生产建设财政”所集中凸显的，就在于传统体制下的“二元”财税体制的“非公共性”特征。

这就是说，“非公共性”的财税运行格局及其背后的财税体制，是中国财税体制改革的起点。也可以说，正是这种“非公共性”的财税运行格局和财税体制同财政本质属性以及经济社会发展之间的不相适应性，把中国财税体制推上了改革之路。

2. 由“非公共性”逐步向“公共性”靠拢和逼近

就总体而言，经济的市场化进程首先带来的，是 GDP 所有制构成的多元化。这一影响传递到中国财税运行格局上，就是财政收入来源的公共化——由“取自家之财”到“取众人之财”。到 2006 年，全国税收收入来源于国有部门的比例，已经退到 22.2%。来自其他所有制成分的份额，则提升至 77.8%。[②]

财政收入来源的公共化，自然会推动并决定着财政支出投向的公共化——由“办自家之事”到“办众人之事”。到 2006 年，在全国财政支出中，包括基本建设、增拨企业流动资金、挖潜改造资金和科技三项费用等

① 也可换一种表述——普惠性。

② 《中国税务年鉴》编辑委员会：《中国税务年鉴（2007）》，中国税务出版社，2007。

专门以国有经济单位为主要投向的支出占比，已经由 1978 年的 52.7% 大幅下降至 15.87%。与此同时，面向全社会的诸如养老保险基金补贴、国有企业下岗职工基本生活保障补助、城市居民最低生活保障补助、抚恤和社会福利救济费等社会保障支出以及文教科学卫生事业费支出和政策性补贴支出等所占的份额，分别上升至 11.25%、18.69% 和 3.58%。[①] 而且，其中的不少项目还是从无到有的。

财政收支的公共化，又进一步催生了财政政策取向的公共化——由在“自家”与“他家”之间搞“区别对待”到在全社会范围内实行“国民待遇”。

呈现在财税运行格局上的这些变化，当然是在财税体制回归公共性的变革过程中发生的。没有以公共化为取向的财税体制变革，不可能有财税运行格局的公共化。发生在财税体制上的变革，又是一个顺应经济市场化以及经济社会制度由“二元”趋向“一元”的过程。

（1）从国有制财政走向多种所有制财政。财政的覆盖范围不再以所有制分界，而跃出国有部门的界限，延伸至包括国有和非国有在内的多种所有制部门。

（2）从城市财政走向城乡一体化财政。财政的覆盖范围不再以城乡分界，而跃出城市区域的界限，延伸至包括城市和农村在内的所有中国疆土和所有社会成员。

（3）从生产建设财政走向公共服务财政。财政支出的投向不再专注于生产建设事项，而跃出生产建设支出的界限，延伸至包括基础设施建设、社会管理、经济调节和改善民生等众多的公共服务事项。

可以看出，财税体制在变革中所发生的变化，集中体现在其覆盖范围的不断拓展上。由“国有制财政＋城市财政＋生产建设财政”向“多种所有制财政＋城乡一体化财政＋公共服务财政”的跃升，便是财政的覆盖范围不断拓展并逐步实行财政无差别待遇的过程。在这个过程中日渐彰显的正是财政与生俱来的本质属性——“公共性”。

---

① 《中国财政年鉴（2007）》，中国财政杂志社，2007。之所以使用 2006 年而非之后年度的数字，是因为自 2007 年起我国实行了新的财政收支分类。由于新旧分类方法的差异，目前暂无可与 1978 年口径对比的数据。

3. 由“摸着石头过河”到瞄准“财政公共化”

正如经济体制改革是一个由目标不那么明晰、靠“摸着石头过河”到目标愈益明确、以自觉的行动朝着既定目标前进的过程，财税体制改革也有着类似或相同的经历。

当财税体制改革刚刚起步的时候，并未确立公共化的改革取向，更没有构建公共财政体制的说法。那时，几乎所有的改革举措，都是基于提升经济活力目的、围绕着“放权让利”的主调而推出的。然而，正是这种旨在为整体改革“铺路搭桥”、从下放财力和财权入手的种种举措，打破了“财权集中过度、分配统收统支、税种过于单一”的传统体制格局，把财税运行格局带上了收入来源公共化和支出投向公共化的轨道。并且，作为收入来源公共化和支出投向公共化的必然结果，它启动了财税体制的公共化进程。

当改革必须调整航向、在社会主义市场经济体制的棋盘上谋划全新的财税体制改革方案的时候，虽然并未清晰地意识到经济市场化与财政公共化的高度相关性，但那时所操用的几乎每一个棋子或推出的几乎每一个举措，也都是基于财税运行格局已经变化且不可逆转的现实而选择的。而且，在那样一种情势之下，能够与社会主义市场经济体制对接的财税体制安排以及相关的原则界定，自然离不开经济市场化这个基础。来自诸多方面的同市场经济血脉相连的因素、理念、规则、制度等叠加在一起，不仅催生了公共财政的概念以及相关的实践，而且改革的着眼点也越来越向财政公共化的方向聚集。

到后来，当局部性的改革随着改革的深入而逐步向全局延伸，以至于必须对财税体制改革目标有个总体定位的时候，也许是水到渠成的功效所致，“构建公共财政基本框架”便被作为一种当然的选择，进入人们的视野。并且，从那以后，包括收入、支出、管理和体制在内的几乎所有的财税体制改革线索和几乎所有的财税体制改革事项，都被归结于这条主线索，都被覆盖于这一总目标。也正是从那以后，关于中国财税体制的改革目标，无论学术界还是实践层，都越来越集中于“构建公共财政体制”或“建立公共财政制度”的概括或表述。

再到后来，伴随着建设完善的社会主义市场经济体制目标的形成和确立，建设完善的公共财政体制成为财税体制改革的方向所在。于是，“进一步健全和完善公共财政体制”“完善公共财政体系”便被作为与时俱进的概括或表述，先后进入中共十六届三中全会、国家“十一五”规划和中共十七大等党和政府的一系列重要文献以及改革实践之中。与此同时，公共财政的字眼、理念和精神，也越来越深刻地融入学术界围绕包括政府职能格局、公共服务体系和社会事业建设等在内的重大经济社会问题的阐述以及普通百姓的日常生活。

4. 一个规律性现象

概括起来讲，由“非公共性”的财税运行格局和财税体制起步，沿着“财政公共化”的路径，一步步逼近和回归“公共性”的财税运行格局和公共财政体制目标，正是经济体制改革背景下中国渐进式财税体制改革的一条主线索。也可以说，由“非公共性”逐步向“公共性”逼近和回归的所谓“财政公共化”过程，是这一阶段的财税体制改革所经受的最可称道的重大挑战。

这实际上告诉我们，经济的市场化和财政的公共化，是一枚硬币的两个方面。经济的市场化，必然带来财政的公共化。搞市场经济，就必须搞公共财政。可以称之为中国财税体制改革的一个规律性现象。

（三）以“财政现代化”匹配“国家治理现代化”：全面深化改革中的财税体制改革

作为经济、政治、文化、社会和生态文明体制全方位联动的全面深化改革，其总目标锁定于“发展和完善中国特色社会主义制度，推进国家治理体系和治理能力的现代化”。由经济体制改革走向全面深化改革，这一变化带给新一轮财税体制改革的最为深刻的影响，就是跳出以往追随经济体制改革而定改革方案的思维范式，将财税体制改革置于全面深化改革的总棋局中，从而走上了“财政现代化”之路——建立现代财政制度。

1. 从财政与财税体制的全新定位破题

中共十八届三中全会关于新一轮财税体制改革的系统部署，是从财政与财税体制的全新定位破题的：“财政是国家治理的基础和重要支柱，科学的财税体制是优化资源配置、维护市场统一、促进社会公平、实现国家长治久安的制度保障。”

这无疑是一个颇具历史和理论高度的全新论断。其中一个最为突出的变化在于：财政已经由一个经济范畴上升为一个国家治理范畴，财税体制已经由经济体制的一个组成部分上升为国家治理体系的一个组成部分。

关键的问题在于，由经济范畴到国家治理范畴、由经济体制的一个组成部分到国家治理体系的一个组成部分，这种变化，虽最初呈现在人的认识层面，但实则是不以人的主观意志为转移的客观规律的作用使然。在中国财政改革与发展史上，这是第一次从根本上摆正了财政和财税体制位置的回归本义之举，也可说是改革开放进入以国家治理现代化为目标定位的全面深化改革阶段的必然产物。

由此破题，财政与国家治理、财税体制与国家治理体系密切联系在一起，在国家治理的大棋局中谋划并推进财税体制改革，也就成为题中应有之义。

2. 由“财政公共化”走向“财政现代化”

有必要提及这样一个事实，即“财政是国家治理的基础和重要支柱”的表述，是同国家治理联系在一起的。两者如同一对连体婴儿，均系第一次进入官方语系。没有国家治理，不将国家治理现代化提上议事日程，就不会有财政与财税体制的全新定位。反之，离开了财政和财税体制的全新定位，也就谈不上国家治理，更谈不到国家治理现代化。从两者相辅相成、互为条件的关系中，可以确认，在中国，这样一种变化的出现绝非偶然。它标志着，在初步站稳“财政公共化”的基础上，中国财税体制改革进入了走向“财政现代化”的新阶段。

从历史上看，传统计划经济体制的最显著特征，就是把几乎所有的社会资源集中到政府手里，并由政府直接支配。在那个时候，长官意志主导一切，“治理”二字提不到议事日程，更难以与国家对接、形成国家治理概念。在改革开放初期，当改革主要立足于经济体制、发展主要聚焦于经济领域的时候，我们不可能提出国家治理现代化的命题，也不可能形成建设现代意义国家那样的目标。只有在我们基本确立社会主义市场经济体制框架、跻身于世界第二大经济体之后，只有当我们有资格、有基础、有底气、有条件打造现代意义国家的一般制度形态的时候，才会提出推进国家治理体系和治理能力现代化的目标，也才有可能将财政和财税体制置于国家治理的大棋局中重新定位。

换一个角度说，经济市场化的改革进程，也是社会结构和利益格局深刻变动的过程。不仅原有的阶级、阶层和利益群体产生分化，而且催生了一些新的社会阶层和利益群体，呈现多元、多层的利益关系格局。

不同于以往经济社会主体相对单一、利益关系相对简单的社会结构和利益格局，随着不同社会阶层、利益群体逐渐形成，经济社会主体日趋多样性和多元化，不同利益群体之间发生矛盾和冲突的可能性大大增加，传统的国家治理方式已经与此不相适应。取而代之的，便是与现代市场经济和现代社会结构相匹配的现代国家治理结构。只有如此，才能协调越来越繁多的各种利益矛盾和冲突，包容越来越复杂的各种利益关系，规范越来越难以处理的责任、权利，从而形成一种共谋、共建、共担、共享的利益共同体，保证经济发展和社会进步的全面可持续。也正是因为中国的经济社会发展进入了这一阶段，财政才会跃升至国家治理范畴，财税体制才会成为国家治理体系的一个组成部分。

这实际上启示我们，随着改革开放进入全面深化改革阶段并确立国家治理现代化的目标，始终作为整体改革的一个组成部分且服从、服务于整体改革需要的财税体制改革，必然要转向匹配国家治理现代化的改革道路——建立现代财政制度，以“财政现代化”匹配国家治理的现代化。

3. 大不相同于以往的深刻变化

于是，发生在财税体制改革上的一系列大不相同于以往的深刻变化出现了。

（1）以往的财税体制改革，多是作为经济体制改革的组成部分、在经济体制改革的棋局上加以部署的。其推进和评估，可以紧跟经济体制的改革进程，以是否适应或匹配了社会主义市场经济体制作为标尺。新一轮的财税体制改革，则是作为全面深化改革的组成部分、在全面深化改革的棋局上加以部署的。因而，围绕财税体制改革的推进和评估，不仅要紧跟经济体制改革进程，而且要紧跟政治体制、文化体制、社会体制和生态文明建设体制改革进程，以是否适应并匹配了各个领域的改革联动、是否适应和匹配了改革的总体效果以及是否适应和匹配了实现国家治理体系和治理能力现代化的总体目标作为标尺。

（2）以往的财税体制改革，多是在将财政视为一个经济范畴、将财税体制视作一种经济制度安排的基础上加以谋划的。无论其触动规模多么巨大，涉及范围多么宽广，甚或其实际影响绝不限于经济领域，但从总体上来说，其主观立意并未跳出财政作为一个经济范畴、财税体制作为一种经济制度安排的思维局限。新一轮的财税体制改革，则是在将财政视作一个跨越多个学科、覆盖所有领域的综合性范畴，将财税体制视作一个可以牵动经济、政治、文化、社会、生态文明建设所有领域的综合性制度安排的基础上加以谋划的。因而，它绝非一般意义上的经济制度安排，而是站在国家治理的总体角度，将财政作为国家治理的基础性和支撑性要素加以打造，将财税体制作为全面覆盖国家治理全过程、各领域的综合性制度安排加以构建。

（3）以往的财税体制改革多着眼于财税体制的属性特征，追求的是财税体制与社会主义市场经济体制的“性质匹配”。其基本目标，是建立与社会主义市场经济体制相匹配的公共财政体制。新一轮的财税体制改革，则着眼于财税体制的时代特征，追求的是财税体制与国家治理体系和治理能力的“现代化匹配”。因而，它既非以往改革目标的简单延续，也非重起炉灶、将以往推倒重来，而是在公共财政体制建设取得突破性进展的基础上，匹配国家治理现代化的总进程，从现代财政文明出发布局财税体制改革，打造现代国家财政制度的一般形态——顺应历史规律、切合时代潮流、代表发展方向、匹配中国国情的现代财政制度。从这个意义上讲，现代财政制度同公共财政体制一脉相承，实质是建立在财政公共化基础之上的财政现代化。

4. 一个规律性现象

概括起来讲，站在“财政公共化”的肩膀之上，按照全新的理念、思想和战略推进改革，使改革循着“财政现代化”的路径继续前行，建立起匹配国家治理现代化的现代财政制度，正是全面深化改革背景下中国渐进式财税体制改革的一条主线索。也可以说，由“公共财政体制”向“现代财政制度”逼近和靠拢的所谓“财政现代化”过程，是这一阶段的财税体制改革所面临的最可称道的重大挑战。

这实际上也告诉我们，国家治理的现代化和财政的现代化，是一枚硬币的两个方面。国家治理的现代化，必然要求和决定着财政的现代化。推进国家治理体系和治理能力的现代化，就必须以建立现代财政制度为基础和重要支柱。可以称之为中国财税体制改革的又一个规律性现象。

四　改革的未来走向：加快建立现代财政制度

中共十八届三中全会开启的全面深化改革有明确的时间表，“到 2020 年，在重要领域和关键环节改革上取得决定性成果，完成本决定提出的改革任务，形成系统完备、科学规范、运行有效的制度体系，使各方面制度更加成熟更加定型”。作为其中的一个重要组成部分，新一轮财税体制改革事实上已经进入倒计时状态。若再考虑到其在全面深化改革中的基础工程和重点工程定位，推进新一轮财税体制改革的紧迫性不言而喻。

（一）围绕焦点、难点和痛点而攻坚

正是基于这样一种特殊的背景，2017 年 10 月举行的中共十九大，立足于中国特色社会主义进入新时代的新的历史方位，在系统评估中共十八届三中全会以来财税体制改革进程的基础上，以倒计时思维前瞻未来的改革之路，围绕下一步财税体制改革做出了如下部署（习近平，2017）：“加快建立现代财政制度，建立权责清晰、财力协调、区域均衡的中央和地方财政关系。建立全面规范透明、标准科学、约束有力的预算制度，全面实施绩效管理。深化税收制度改革，健全地方税体系。”

仔细体会上述这一段话并同中共十八届三中全会关于新一轮财税体制改革的部署相对照，就会发现其中所发生的变化。

——中共十八届三中全会提出“建立现代财政制度”，中共十九大报告添加了前缀“加快”——“加快建立现代财政制度”。从“建立现代财政制度”到“加快建立现代财政制度”，集中反映了新一轮财税体制改革的紧迫性。可以说，“加快”将中共十八届三中全会绘制的财税体制改革蓝图真正落到实处，已成为中国特色社会主义新时代的迫切要求。

——在中共十八届三中全会部署的三个方面的财税体制改革内容中，预算管理制度改革居首，税收制度改革次之，中央和地方财政关系改革收尾。中共十九大对这三个方面内容的排序做了调整：中央和地方财政关系改革跨越其他两方面改革而从尾端跃至首位，预算管理制度改革和税收制度改革则相应退居第二和第三。排序的调整，显然折射的是三个方面改革内容相对重要性的变化。可以说，随着中国特色社会主义进入新时代，加

快中央和地方财政关系改革，不仅是新一轮财税体制改革必须跨越的关口，更是必须首先完成的任务。

——中共十八届三中全会部署的财税体制改革内容，篇幅近千字，相对完整、系统。中共十九大关于财税体制改革的直接表述，则只有78个字，系画龙点睛式的。如中央和地方财政关系改革的目标是“权责清晰、财力协调、区域均衡”，预算管理制度改革的目标是“建立全面规范透明、标准科学、约束有力的预算制度，全面实施绩效管理”，税收制度改革的重点是“健全地方税体系”。可以说，这些简明扼要、极具针对性的表述，均系新一轮财税体制改革的重点内容、关键部位。

其实，上述的重点内容也好，关键部位也罢，之所以在众多的改革议题和线索中凸显出来，尤其是在对以往四年的改革进程做出系统评估之后凸显出来，其最根本的原因在于，它们实质上是新一轮财税体制改革的焦点、难点和痛点。

因而，围绕上述的焦点、难点和痛点打一场攻坚战，加快建立现代财政制度，将新一轮财税体制改革蓝图绘到底，是中共十九大关于新一轮财税体制改革所发出的一个最重要且最明确的信号。

下文是这些焦点、难点和痛点问题的大致清单。

（二）中央和地方财政关系：下一步财税体制改革的重头戏

前面说道，从中共十八届三中全会到十九大，发生在中央和地方财政关系领域的改革进展主要有两项：《全面推开营改增试点后调整中央与地方增值税收入划分过渡方案》和《国务院关于推进中央与地方财政事权和支出责任划分改革的指导意见》。

就前者而言，注意到这一方案的适用期只有2~3年，这显然是一项权宜之计而非“进一步理顺中央和地方收入划分”的体制性安排。再注意到营改增之后的增值税收入占全部税收收入的比重已超50%，对如此高比例的税种实行分成，这显然是一种“分钱制”办法而非“分税制”安排。

就后者而言，注意到中共十八届三中全会对于此项改革的提法是“建立事权与支出责任相适应的制度”，这一指导意见则在事权和支出责任前面添加了“财政”二字，其意图虽可理解为以财政事权和财政支出责任的划分为突破口，从而为整个事权和支出责任的划分铺平道路，但是，它毕竟收缩了其应有的作用空间，实质是一个“缩水版”。

中央和地方财政关系的改革进程之所以会呈现如此的状态，当然与其自身的复杂性以及改革的难度直接相关。

毋庸置疑，中央和地方之间的关系无疑是现代国家治理领域最重要的关系链条之一，中央和地方之间的财政关系又无疑属于其中最具基础性和支撑性意义的要素，亦最具“牛鼻子”效应。围绕它的改革，不仅事关党和国家事业发展全局，而且牵动整个财税体制改革进程。鉴于加快中央和地方财政关系改革的极端迫切性，也鉴于防止本应发挥的“牛鼻子”效应演化为“拖后腿”效应的现实可能性，中共十九大不仅将其摆在了下一步改革的优先位次，而且基于有针对性地加以推进的需要，进一步细化了其改革目标——“权责清晰、财力协调、区域均衡”。

也正是基于上述的考虑，作为中共十九大之后新一轮财税体制改革的开局之举，2018 年 2 月 8 日《国务院办公厅关于印发基本公共服务领域中央与地方共同财政事权和支出责任划分改革方案的通知》（国办发〔2018〕6 号）发布。由基本公共服务领域中的中央和地方共同事权破题，制定基本公共服务国家保障标准，规范中央和地方支出责任分担方式，从而建立起权责清晰、财力协调、区域均衡的中央和地方财政关系，便是这一改革方案的主要出发点。

可以预期，中央和地方财政关系的改革，将成为下一步财税体制改革的重头戏。

（三）预算管理制度：亟待将新《预算法》落到实处

相对而言，中共十八届三中全会迄今，预算管理制度的改革动手最早、力度最大，是新一轮财税体制改革推进最快、成效最为显著的领域。其最重要的标志性成果，便是 2015 年 1 月正式颁布的新《预算法》。

然而，以现代预算制度的原则反观新《预算法》可以发现，主要源自既得利益格局且困扰我们多年的若干“老大难”问题仍未得到根本解决。

——虽然新《预算法》明确了“预算包括一般公共预算、政府性基金预算、国有资本经营预算、社会保险基金预算”，但具体到预算收支范围，对于一般公共预算的描述比较详实——可以细化到“类款项目”，其他三本预算则大而化之——“政府性基金预算、国有资本经营预算和社会保险基金预算的收支范围，按照法律、行政法规和国务院的相关规定执行”。

——虽然新《预算法》明确了公开透明的标准，但除一般公共预算之外的其他三本预算收支并未达到这一要求，或者遵守的标准并不一致。也正是由于管理标准不一，在我国，对于四本预算的监督和约束事实上存在不小的差异，甚至迄今未能形成一个覆盖全部政府收支的“财政赤字”概念。

——虽然新《预算法》已经颁布将近三年，但与之相配套的实施细则至今未能落地。由于缺失具有可操作性的实施细则，不仅现代预算制度的理念难以真正确立，而且诸如财税部门统揽政府收支、实现政府预算的完整和统一等这些基础性的改革目标也难以落到实处。

毋庸置疑，所有这些，既是下一步预算管理制度改革亟待攻克的障碍，也是与现代国家治理相适应的现代预算制度必须具备的基本素质。

可以认为，正是出于这样的考虑，中共十九大在对“全面规范、公开透明”加以精炼概括的基础上，为预算管理制度改革确立了更加全面而细致的改革目标——“全面规范透明、标准科学、约束有力，全面实施绩效管理”。

也可以预期，循着如此的“路线图”，预算管理制度改革肯定会由此加快而推进至实质层面。

（四）税收制度：直接税改革对接“健全地方税体系”

迄今为止，在新一轮税制改革所涉及的“六税一法”——增值税、消费税、资源税、环境保护税、个人所得税、房地产税和税收征管法——中，其中的“四税一法”——营改增全面推开、资源税改革顺利推进、消费税征收范围逐步拓展、税收征管体制改革——已经启动。表面上进展很快，动作不小，但进一步观察就会发现，抛开税收征管体制具有特殊意义不谈之外，举凡取得进展的税种，均属于间接税。可归入直接税系列的个人所得税和房地产税，则“裹足不前”。

若将间接税和直接税分别视作新一轮税制改革行动的两翼，可以非常清晰地发现，两翼的改革行动颇不均衡。再注意到发生在以营改增为代表的间接税改革是以减税为基本取向的，以个人所得税和房地产税为代表的直接税改革的基本取向则是增税，两翼改革行动“跛脚”状态所带来的直接结果便是，间接税收入减下来了，直接税收入并未相应增上去。由此带来的收入亏空，只能通过增列赤字、增发国债加以弥补。

无论从哪个方面看，靠“借钱”支撑的税制改革，既不可持续，又蕴含风险。将新一轮税制改革目标落到实处的几乎唯一选择，就是走税制结构优化道路——在推进间接税改革的同时，实行直接税改革。以直接税的逐步增加对冲间接税的相应减少，以自然人税源的逐步增加对冲企业税源的相应减少。

更进一步看，基于优化税制结构目标而进行的直接税改革，迄今所涉及的税种，主要是个人所得税和房地产税。这两个税种，一旦同1994年确立并载入新《预算法》的分税制财政管理体制相对接，又可发现，它们都是可以作为地方税主体税种或主要税种的选项而进入地方税体系的。特别是房地产税，古今中外，历来就是作为地方税或地方主体税种而存在并运行的。就此意义而言，迄今新一轮税制改革进程中发生在个人所得税和房地产税改革上的“裹足不前”现象，也可表述为地方税改革“裹足不前”，或者地方税体系建设“裹足不前”。

同样毋庸置疑，以个人所得税和房地产税为代表的直接税改革，不仅关系到税制结构优化目标的实现，而且事关地方税体系建设以及中央和地方财政关系改革的进程。从这个意义上讲，直接税改革就是地方税改革，健全地方税体系就是健全地方财政收支体系，也就是重塑以“分税制”为灵魂的中央和地方财政关系新格局。

可以预期，按照中共十九大部署，尽快采取措施，让以个人所得税和房地产税为代表的直接税改革“破茧而出”，进而推进以“健全地方税体系”为重点的税制改革，绝对是下一步财税体制改革的一场攻坚战。

五　结语

综上所述，关于中国财税体制改革40年基本轨迹、基本经验和基本规律的讨论，可以做出如下结论。

第一，迄今的中国财税体制改革所走出的基本轨迹，可以大致概括为：

从主要着眼于为整体改革“铺路搭桥”、以“放权让利”为主调到走上制度创新之路、旨在建立新型财税体制及其运行机制，从零敲碎打型的局部调整到立足于对财税体制及其运行机制做整体变革，从构建公共财政体制基本框架到建立现代财政制度。

第二，迄今的中国财税体制改革，事实上存在一条上下贯通的主线索：它始终作为整体改革的一个重要组成部分，服从、服务于整体改革的需要。在由经济体制改革走向全面深化改革的历史进程中，不断地对财税体制及其运行机制进行适应性的改革。以“财政公共化”匹配“经济市场化”，以“财政现代化”匹配“国家治理现代化”，以“公共财政体制”匹配“社会主义市场经济体制”，以“现代财政制度”匹配“现代国家治理体系和治理能力”，即是我们从这一适应性改革历程中可以获得的基本经验。

第三，迄今的中国财税体制改革实践之所以总体上是成功的，从根本上来说，是我们在扎根于中国国情土壤的基础上，深刻认知并严格遵从了财税体制及其运行机制的客观规律，按照客观规律的要求谋划并推进改革。作为事实上的中国财税体制改革实践的理论支撑，这些客观规律可以高度概括为：经济的市场化必然带来财政的公共化，国家治理的现代化要求和决定着财政的现代化。搞市场经济，就必须搞公共财政。推进国家治理现代化，就必须以建立现代财政制度为基础和重要支柱。

第四，随着中国特色社会主义进入新时代，全面推进以建立现代财政制度标识的新一轮财税体制改革更加紧迫。围绕新一轮财税体制改革的焦点、难点和痛点打一场攻坚战，以加快建立现代财政制度的行动，为推进国家治理体系和治理能力现代化发挥基础性和支撑性作用并最终完成全面深化改革的历史任务，势在必行。

第五，站在新时代的历史起点上，以习近平新时代中国特色社会主义思想为指导，回过头来重新审视并体会中共十八届三中全会围绕财政与财税体制的全新定位以及关于深化财税体制改革的系统部署，可以将现代财政制度的基本特征做如下归结：财政成为国家治理的基础和重要支柱，财税体制成为国家治理体系的基础性和支撑性要素。引申一步说，财政职能覆盖国家治理活动的全过程和各领域。以此对照当下的中国财政职能和作用格局，可以确认，进入新时代的中国财税体制改革，任重而道远。

参考文献

[1] 财政部财税体制改革司：《财税改革十年》，中国财政经济出版社，1989。

[2] 财政部综合计划司：《中国财政统计（1950—1991）》，科学出版社，1992。

[3] 高培勇、温来成：《市场化进程中的中国财政运行机制》，中国人民大学出版社，2001。

[4] 国家统计局：《中国统计年鉴（2015）》，中国统计出版社，2015。

[5]《国务院办公厅关于印发基本公共服务领域中央与地方共同财政事权和支出责任划分改革方案的通知》（国办发〔2018〕6 号），中央人民政府网，2018 年 2 月 8 日。

[6]《李岚清在全国财政工作会议上要求深化改革振兴财政确保明年财税目标实现》，《人民日报》1998 年 12 月 16 日。

[7] 刘仲藜、桂世镛、项怀诚、唐铁汉：《中国财税改革与发展》，中国财政经济出版社，1998。

[8] 楼继伟：《深化财税体制改革 建立现代财政制度》，《求是》2014 年第 20 期。

[9] 习近平：《决胜全面建成小康社会 夺取新时代中国特色社会主义伟大胜利》，人民出版社，2017。

[10] 项怀诚：《中国财政体制改革》，中国财政经济出版社，1994。

[11] 谢旭人：《中国财政改革三十年》，中国财政经济出版社，2008。

[12]《中共中央关于建立社会主义市场经济体制若干问题的决定》，中国共产党新闻网，1993 年 11 月 14 日。

[13]《中共中央关于全面深化改革若干重大问题的决定》，人民出版社，2013。

[14]《中共中央关于完善社会主义市场经济体制若干问题的决定》，中国共产党新闻网，2003 年 10 月 14 日。

[15]《中国财政年鉴（2007）》，中国财政杂志社，2007。

[16]《中国税务年鉴》编辑委员会：《中国税务年鉴（2007）》，中国税务出版社，2007。

[17]《中华人民共和国预算法（2014 年修正）》，财政部网站，2014 年 8 月 31 日。

[18] 中共中央、国务院：《深化国税、地税征管体制改革方案》，《人民日报》2015 年 12 月 24 日。

财政、国家与政党：建党百年视野下的中国财政*

吕　炜　靳继东**

摘　要：中国共产党领导的新型政党制度是我国国家治理和制度体系最本质的特征，贯穿于财政服从和服务于社会主义现代化国家建设的全部历史过程，决定着中国特色社会主义财政道路、制度和理论的根本内涵。本文试图从中国共产党建党百年的历史视野出发，按照财政、国家与政党的逻辑分析框架，通过对财政与国家共时性关系的历时性梳理，阐释政党影响和决定下的财政建设与现代国家治理之间互为促动的制度机理。然后，立足我国新型政党制度与国家建设实践，阐释财政与市场经济以及财政与社会主义市场经济间内在逻辑的一般性和特殊性，探讨和认识中国共产党领导下的独特道路所决定的财政本质与改革逻辑。最后立足中国财政的本质和逻辑，总结财政在社会主义市场经济改革发展中的独特贡献，为认识和构建新时代中国自己的财政基础理论做探索性思考。

关键词：建党百年　国家建设　政党制度　财政道路

---

* 原文首发于《管理世界》2021 年第 5 期，经作者本人和杂志社同意，收录于本书。

** 吕炜，经济学博士，教授，东北财经大学党委副书记、校长，主要研究方向为宏观经济与财政政策；靳继东，政治学博士，东北财经大学公共管理学院教授，主要研究方向为政策过程、财政理论、比较政府与政治。

一 引言

财政作为国家治理的基础和重要支柱，在实现“两个一百年”奋斗目标过程中始终服从和服务于社会主义现代化国家建设，其最本质的制度特征、最根本的历史经验是中国共产党的领导。在中国共产党领导下，始终坚持财政为建立和巩固社会主义国家政权服务，在社会主义制度下，始终坚持为我国现代化建设服务，这是中国财政的政治属性。其最具开创性和突破意义的历史贡献是在坚持社会主义制度前提下探索和形成了通过市场经济改革推进现代化国家建设的新道路、新模式，在“社会主义+市场经济”的实践中不断发展和完善着中国特色现代财政制度和理论体系。中国共产党从诞生开始，在追求共产主义理想、建立社会主义制度、推进现代化国家建设和实现民族复兴的历史伟业中，党的领导及新中国成立后形成的新型政党制度，作为内嵌于中国现代国家建设过程的决定性因素，始终发挥着关键作用。这一具有鲜明的现代化导向和独特“政党-国家”治理特征的历史主线始终贯穿于社会主义现代化国家建设的历史过程。这一历史和实践的主线，决定了财政建设为中国共产党维护社会主义国家政权安全、探索社会主义经济建设规律和推进社会主义市场经济改革服务的政治本质、实践特征和制度功能。因此，中国共产党领导的新型政党制度作为我国国家治理和制度体系最本质的特征，在根本上决定着中国特色社会主义财政道路、制度建设和理论体系的基本特征。这是新时代背景下进一步深化对中国财政实践的规律性认识，不断探索和构建符合中国实际、具有中国特色财政理论必须坚持的历史和实践前提。

站在“两个一百年”目标的历史交汇点，从中国共产党的领导这个最本质特征、开辟社会主义市场经济新道路这个最具开创性意义的改革道路入手，进一步推进构建具有中国特色的新时代财政理论体系，具有重要的实践和理论价值。对于这一理论和实践问题，本文思考和展开的逻辑如下：财政与国家之间存在本质联系，没有财政就没有国家，无论在哪个历史时代、何种制度条件下都是如此，这是财政与国家关系的一般性特征。但在不同历史和制度条件下财政与国家之间的关系又必然会呈现不同的实践形态和理论样式，现代国家建设过程中财政内涵及其发挥的作用和方式也必然因时代和制度条件的变化而发生深刻变化。历史地看，现代市场经济的兴起和发展是与资本主义生产方式和国家建设天然地联系在一起的，财政作为国家的手段和资源配置方式，一方面必然会深刻地嵌入资本主义生产方式和国家建设的历史过程，另一方面也会同步于这一历史过程中不同发展阶段政府与市场的关系演进。同样地，基于特定的历史场景和时代际遇，中国开辟社会主义市场经济道路的历史起点是与社会主义现代化建设要求和国家制度历史性地联系在一起的。财政作为社会主义国家在公有制条件下推进现代化建设的手段和资源配置方式，一方面必然体现和适应社会主义国家和基本经济制度的要求，另一方面也经历了从计划经济体制向市场经济体制改革探索的实践。进一步地，中国在社会主义制度条件下成功开启并深入推进市场经济改革，这种基于中国历史和实践所形成的改革道路和制度模式也必然深刻地影响和决定着中国特色现代财政的制度特征和理论脉络。为此，本文从中国共产党建党百年的历史背景出发，按照我国先建党后立国的独特历史道路和政党－国家－财政的实践逻辑，立足财政是以国家为主体的资源汲取和配置手段的本源性质和功能，围绕中国社会主义市场经济改革这个当代中国最显著的时代和实践命题，在与西方成熟市场经济发展和前社会主义国家市场化探索的双向对比中，阐释中国特色财政的历史道路、制度本质和功能形态的一般规律和独特经验，为认识和廓清中国自己的财政理论的基本问题、关系和特征提供方法论思考。

二　财政、国家、政党：共时性关系中的历时性逻辑

探索和构建符合中国实际、具有中国特色的财政理论，必须立足于财政服务社会主义现代化国家建设和民族伟大复兴的过程，以及在这一过程中所形成的财政特有制度特征和改革逻辑。这一立足点决定了政治从来都是认识财政本身、推进财政工作的第一思维，服从国家要求、服务国家需要从来都是财政的第一功能。这种财政在服务社会主义现代化国家建设的历史和实践中形成的独特性质，既深深扎根于中国共产党领导下建立社会主义国家政权、开辟社会主义现代化建设道路和推进社会主义市场经济改革的历史经验，也反映和体现着财政与国家一般关系在中国国情和制度实践中形成的独特发展规律。对于中国财政这种历史和实践独特性的理论认

识和呈现，尤其是从思想和学术上构建既具有中国特色又遵循财政发展一般规律的话语体系，需要我们回溯财政的本来面目，即财政与国家之间的本质性联系。按照财政与国家之间本质性联系的共时性和历时性双重逻辑，围绕财政和国家在现代化进程中发生的制度和功能形态的历史变化及其相互促动关系，深刻认识我国现代化进程中财政的经验道路和制度特征。

财政在最本源的意义上是一定社会形态下资源汲取和分配的方式，但只有在国家这种特殊形态的政治组织出现并垄断性地占有资源汲取和分配地位之后，财政才得以成为我们能够进行观察和分析的特定活动和现象。[①]因此，财政的本来面目只有在财政与国家的本质联系中才能呈现得更加清晰。财政与国家之间存在的本质联系，首先是指国家对于财政的根本性依赖，即财政是国家的基础和血液，国家的存续和一切活动都需要财政的保障。国家无论存在还是围绕其目标而展开的活动，都在根本上依赖从社会中汲取的财政资源。同样地，无论是古代国家为了扩张领土、军事征伐还是现代国家强调的维护国内秩序安全或者谋求经济增长赢得竞争优势，财政资源都在根本上构成对国家实现其目标的重要制约。财政作为国家存在的基础及实现国家目标和意图的手段，决定着财政对于国家而言的基本内涵和功能，并且由于在一定程度上超越了时代性条件从而形成了财政与国家关系的共时性逻辑，即无论在何种时代条件、何种国家形态下，国家都对财政存在根本性的依赖。与此同时，每个时代都要面临和解决自己时代的治理问题，由于不同时代国家面临的需求和挑战不同，有必要相应地创制或生成各自适当的治理方式，以适应时代的需要、社会的演进和国家的要求。因此，财政作为国家血液和手段的基本内涵和功能定位，也必须同时符合和回应国家存在和发展所面临的时代性问题，并随着时代发展和国家功能变化而发生历史性的深刻变化。显然，前现代国家汲取财政资源的方式以及将财政资源用之于己的目的，与现代国家汲取和配置财政资源的制度安排和作用方式存在根本性的差异。这种因时代变化而导致的国家在制度形态、基本功能和治理问题等方面的巨大差异，也要求和决定着财政

① 对于国家出现之前的原始社会或者国家消亡之后的共产主义社会，我们只能按照国家存在的历史和现实条件在想象和猜测意义上去推断。基于经验科学的这一基本立足点，对财政作为社会资源汲取和分配的基本方式的研究和思考，只有与国家联系在一起的时候才是可观察和可分析的。

作为国家基础和工具的定位必然随着时代发展和国家建设需要而呈现作用及方式的历史性变化，从而又形成和体现着财政与国家关系的历时性逻辑。在此意义上，无论是古代国家以“贡赋”方式还是现代国家以“税收”方式汲取财政收入，无论是古代社会在“家国一体”条件下配置财政资源还是现代社会条件下用于满足社会公共需求，无论是在古代专制政体下进行财政管理还是在现代民主条件下管理财政资源，无论是在计划体制下还是在市场体制下确定财政的功能范围和作用方式，显然又都是这种历时性差异和变化的显著反映。

（一）财政与国家关系嬗变之一：国家在财政中主体地位的确立

在人类社会发展过程中，财政与国家之间本质联系所发生的第一个历史性变化，是国家产生以后就在财政活动中占据主体地位。财政是否在本质上是一种超越国家存在的满足社会公共需求的资源汲取和配置手段，而国家的出现只是使财政资源汲取和配置获得了一种新的形式（何振一、2012；李俊生、姚东旻，2018；李家宏，2013），这是不少学者从本源上来探讨财政固有属性的重要话题，也是近年来财政学界在围绕社会主义市场经济条件下财政本质和功能反复讨论的一个重要基础理论问题。对此问题的解释和回应，可以从国家的本质属性及其历时性演进逻辑予以理解。不可否认，即便在没有产生国家的原始社会或者国家已经消亡的未来共产主义社会，也存在围绕社会公共需要而汲取和分配社会资源的现象。“所有的政治体系，甚至最原始的政治体系，都以人们对社会的义务性贡献的方式来提取某种资源”①，但问题的关键在于：国家的出现和发展对于这种作为社会资源汲取和分配的活动意味着什么？它使汲取和分配方式发生了什么样的历史性变化？恩格斯在对国家起源和本质问题研究时深刻指出，国家和旧的氏族组织相比其不同之处在于：一是国家是以地区为基础而非原有氏族以血缘为基础来划分它的国民；二是公共权力的设立，“这种公共权力

① 国家产生之前在资源的提取方式上是不同的，家庭集体义务、战争掠夺等都曾经是原始社会提取资源的方式。产生国家之后，才使公共资源的提取方式实现了制度化的变化：一是体现为常规性地从社会内部提取；二是资源提取方式转变为以国家权力为基础的强制性提取。〔美〕加布里埃尔·A. 阿尔蒙德、小 G. 宾厄姆·鲍威尔：《比较政治学——体系、过程和政策》，曹沛霖、郑世平、公婷、陈峰译，东方出版社，2007。

已经不再直接就是自己组织为武装力量的居民”，而是“与全体固定成员相脱离的特殊的公共权力”，而且“为了维持这种公共权力，就需要公民缴纳费用——捐税。捐税是以前的氏族社会完全没有的”。① 这就深刻揭示出国家的本质及因国家的出现而导致的社会资源汲取的历史性变化，即国家的出现从根本上讲是社会内部矛盾发展的产物，它的本质是出现了以特殊的公共权力为核心的组织形态，它的存在和发展需要通过捐税的形式维系其根本基础。国家的出现使汲取社会资源的范围和方式发生了历史性的变化，即由于国家主要是社会内部矛盾发展的结果，因而汲取资源的范围主要不是通过向外部掠夺而是主要从社会内部获得。由于国家是以地区为基础而非原有氏族以血缘为基础来划分它的国民，因而从社会内部汲取资源（比如家庭、村落）的方式不再是氏族组织以血缘为基础的义务性质，而是主要通过捐税这种以公共权力为核心的强制性（制度化的、常规性的）方式来获得。“任何国家都要首先并主要是从社会中抽取资源，并利用这些资源来创设和支持强制组织和行政组织”（斯考切波，2007）。这种以强制性公共权力为本质的国家存在，是我们理解财政内在规定性的关键所在。即便在原始社会或者未来的共产主义社会，也会存在为满足和实现公共需要而汲取和配置社会资财的公共活动，但问题的关键在于国家的出现所导致的财政强制性汲取和权威性配置的方式。因此，国家产生之前或国家消亡之后的社会公共资源汲取和配置意义上的“财政”，与国家状态下的社会公共资源汲取和配置意义上的“财政”，在本质规定性上是判然有别的。如果财政只是反映超越时代条件和国家制度因素的满足和实现一般性社会共同需要的实践活动，就势必要将国家强制性汲取和权威性配置资源的特殊性质也从财政中去除，同时必须剥离国家在特定社会形态、制度条件和发展阶段上财政实践的具体性和特殊性。换言之，如果财政不反映国家作为特殊性公共权力而非一般性公共权力的本质存在，或者将国家的出现仅仅视为

① 显然，与旧的氏族社会相比，国家以地区为基础而非以血缘为基础“划分”它的居民，其实质意义并不仅仅在于确定了社会共同体的疆域或边界，而在于它“管理”居民的方式发生了根本性的变化。即随着国家的出现形成了以地域为基础、以公共权力为手段的管理方式，并依靠强制性地汲取资源和权威性配置资源为这种新的管理方式提供物质基础和保障。恩格斯：《家庭、私有制和国家的起源》，载《马克思恩格斯选集》（第四卷），人民出版社，2018。

财政公共资源汲取和配置方式的新的形式，我们将如何认识国家财政和非国家财政之间的本质差别，以及国家出现后财政作为一般公共资源汲取和配置新形式的本质内涵呢？结果必然是，要么陷入重新界定国家状态下的财政新形式的本质及其所决定的财政功能的逻辑反复，要么就得面对难以解释不同国家形态、制度条件和发展阶段上财政的特殊历史和实践的理论困难。因此，只有立足于国家作为特殊性公共权力组织而存在的历史和实践，才能客观地认识和理解财政与国家之间的本质联系以及国家在财政中的主体性地位。

然而就财政与国家的关系而言，国家对财政的根本性依赖以及国家在财政中的主体性地位，仍然只是一种普遍性特征，或者说仍然只是财政与国家之间的一种共时性关系，是超越不同时代和不同制度条件的财政与国家的一般性关系。这一财政与国家关系的本质内涵和基础功能，只有在能够解释不同国家历史形态、制度安排形式和功能变化等条件下的财政历史和实践时，才能形成真正符合历史和反映实践的财政理论。恩格斯在阐释政治经济学的历史性质时深刻指出，“人们在生产和交换时所处的条件，各个国家各不相同，而在每一个国家里，各个时代又各不相同。因此，政治经济学不可能对一切国家和一切历史时代都是一样的”（邓子基，1988）。显然，财政与国家之间的一般性和普遍性联系也必然具有随时代条件的变化尤其是不同时代国家形态和功能的历史性变化所出现的历史性质，呈现历时性的实践形态和理论样式。对于财政与国家之间的普遍性关系的历史演进，在近代以来的现代化进程中，可以通过新型国家的兴起、发展与财政资源汲取、配置方式的互动关系而看得更加清晰。近代以来国家本身所发生的深刻变化，不仅体现为历史宏大叙事中的历史形态更迭，而且也深刻地表现为根据近代社会生产关系基础上政治角色以及功能和结构的变化越来越集中地与现代化进程中的新的国家特征联系在一起，现代国家建设过程中财政内涵及其发挥的作用和方式也必然因时代和制度条件的变化而发生深刻变化。

（二）财政与国家关系嬗变之二：现代化与近代新型国家形态的出现

近代以来，世界范围内的现代化进程，导致财政与国家关系发生了第二个历史性变化，即近代新型国家形态出现之后导致财政在制度和功能上的深刻变革。现代化作为世界范围内社会发展形态从传统走向现代的历史和制度变迁过程（罗荣渠，1993），在政治领域内集中地体现为，国家在形态上逐渐摆脱了前现代社会那种“邦国”“家国”“等级”[①] 等人格化语义内涵，开始越来越具有政治权力集中体现形式的理性化特征。尽管这种“聚焦于某一社会中国家权力的运作”（Tilly，1975）的新型国家理论被首次运用于研究近代以来西欧国家的形成过程，但伴随现代化和资本主义体系向全球扩展，它越来越具有历史发展意义上的普遍特征。恩格斯（2018）从社会内部矛盾运动尤其是阶级斗争的角度，揭示了这种理性国家仅仅在形式上具有“共同体”的虚假特征，突出了这种实现了历史类型更迭的新型国家的阶级本质。韦伯（1997）则从行政、司法、税收以及对暴力的合法垄断等维度描绘了这一新型国家作为“政治的强制机构”[②] 的制度特征，这种制度特征集中地表现为国家在特定领土范围内垄断性的支配地位，并且能够获得人们自愿服从（合法性）（Migdal，2001），以及从国内外环境中汲取力量和优势来维持其存在。这些揭示现代化进程中新型国家在本质和形式上特征的理论观点，相近或趋同之处在于：一是在本质上将国家视为代表某个阶级或具有自己独立意志，都把国家看作在特定地域范围内享有垄断性权威地位的活动主体；二是都在强调国家作为公共权力代表制定和执行制度规则的“普遍性”，它所制定和执行的制度规则对于全社会成员或组织具有普遍的约束力，是超越于社会成员和组织之上的一种独立存在。伴随现代化进程引发的社会形态的深刻变化及其日益向全球范围扩展，这种新的国家组织形态日益呈现与前现代国家之间的根本差异，并且以新的

① 在字源意义上，“国家”一词在古希腊的称谓有 Polis（城邦），在古罗马则使用 Republica（共和国），中世纪则使用 Civitas（共和国、民主国）。Bobbio 认为，“State”一词是从“Status”（等级、状态）一词演变而来的。在欧洲中世纪晚期的法学思想和我国传统政治文化中，“国”与“家”有着密切的联系。“修身－齐家－治国－平天下”不仅是政治人的生长逻辑，也可以视为“国”的家庭化或家族化的写照，从而具有等级化和人格化的特征。Bobbio，N.，*Democracy and Dictatorship*（Cambridge：Polity Press，1989）.

② 韦伯认为，政治的团体只有当它的存在和它的各种制度的适用，在一个可以标明的地理区域里，持续地通过行政管理班子使用有形的强制或以之相威胁作保证，才应该叫统治团体。国家如果而且只有当它的行政管理班子卓有成效地要求对合法的有形强制实行垄断以贯彻它的制度时，才应该叫作政治的强制机构。一种社会行为，包括团体行为，只有当它旨在（以非暴力方式）影响一个政治团体的领导，尤其是支配权力的占有，或剥夺，或重新分配或委派时，才应该叫作“以政治为取向”。〔德〕马克斯·韦伯：《经济与社会》（上卷），林荣远译，商务印书馆，1997。

面目出现在国际和国内领域：在国际领域，国家作为主权者的形成，即国家作为一定领土范围内排他性统治权的代表，主要体现为在自我和他者的关系中的国家，具有相对于外部其他国家的排他性统治权，履行保卫自身安全以及在与其他国家竞争中赢得优势等主要功能；在国内领域，国家作为主权者的形成，即国家作为对内政权所有者的代表，具有相对于社会共同体内部其他组织的排他性权威地位，履行通过制定和执行制度规则为社会提供内部秩序以及谋求经济稳定和发展等主要功能。

在以主权国家为主要形态的新型国家兴起和发展过程中，财政资源汲取和分配方式的变化与西方资本主义国家建构过程形成了重要的历史共生关系。由于这种新型国家形态首先在西方世界产生，因而也与西方近代资本主义的发展、现代国家的建构过程和财政制度的演进历史性地联系在一起。或者说，它们都是近代以来的现代化进程在经济、政治和社会诸领域不同侧面的体现。与现代化进程及其引发的经济社会变革相伴而生的资本主义生产关系，在深层次上破坏和瓦解着原有的社会关系和结构，导致社会形态在总体上出现迫切变革要求的危机状态，这种新型国家形态就是“为解决西欧社会特定发展时期的具体危机而出现的独特的社会发明”（Badie 和 Birnbaum，1983）。它既要求具有超越其他社会组织和原有社会结构的自主性，又需要建立较强的渗透或整合社会的能力以及有效汲取资源的能力，从而使围绕整合社会、汲取资源的制度方式选择越来越成为能否形成更强的国家能力的重要因素。“在西欧国家形成的过程中，国家缔造者与资本家之间有着密切的关系，资本主义促进了国家发展，而国家缔造者也促进了资本主义的扩张”（郭忠华、郭台辉，2017）。在因资本主义生产关系的出现和发展使国家能力和制度建设更加重要的同时，西欧前现代国家之间的争夺权力和持续战争更加迫切地要求建立集中化、垄断性的国家权力（Barkey 和 Parikh，1991；诺思，1994；希克斯，1987）。持续开展战争要求建立有效的具备资源汲取能力的国家，必然导致资源汲取和分配方式做出相应的变化。当国家依赖从人口中汲取各种重要的资源，国家就被迫与后者形成各种共生关系，正是这种共生关系下的选择性质决定了两种不同欧洲国家形态的出现（郭忠华、郭台辉，2017）。“若无财政需求，现代国家的发展会举步维艰”（皮尔逊，2017），但为满足国家资源汲取需求而建立起来的税收制度，何以能够成为正在逐步形成的现代国家最重要的制度特征？在新的国家形态形成过程中，由于集中的公共权力权威的确立，税收成为社会资源汲取的主要方式且按照制度化的常规性固定方式予以征收，并日益与国家在政治上寻求征缴税收的合法性努力联系在一起，从而使这种税收制度安排越来越成为现代国家的构成要素之一。在此意义上，熊彼特的“现代税收国家”只不过是这种现代财政资源汲取和国家形态之间的共生关系在税收制度和国家制度两个方面的同时体现。财政资源汲取的制度选择不仅在西方现代国家形成过程中发挥着重要作用，而且也对现代国家建设的演进路径产生了重要的历史性影响。近代国家理论研究者认为，早期解决税收问题的制度方式之所以受到关注，关键在于这些制度方式中蕴含着国家在制度选择方面的历史路径，不同方式的财政汲取制度影响甚至决定着国家究竟是走向专制主义、自由主义还是形成代议制政府（纳什、斯科特，2007）。从近代西方主要国家建构的历史方向来看，普鲁士通过建立中央强制实施的税收系统形成了“威权主义”的资源汲取模式，英国通过政治上“协商式”的议会改革建立起现代税收和公债体系，以快速商业化的经济所形成的资源基础满足财政需求，法国则走上了资本主义革命的道路。① 显然，西方国家兴起过程中财

① 道格拉斯·C. 诺思、曼瑟·奥尔森、詹姆斯·W. 汤普逊和托克维尔等诸多学者都观察到，在英、法两国近代国家形成过程中，尽管它们都共同面临着基于不同原因的财政压力或者危机，但两国在解决财政危机的历史方式上是不同的。由于这种解决财政危机的政治方式的差异，两国后续的政治发展出现历史性的分野。英国君主创造性地采取了一种“以权力换收入”的制度创新来缓解财政的巨大压力，这种以权力换财力的制度创新大大减轻了君主的财政压力，却没有同时触动议会的征税权，没有激化国王和议会之间的矛盾和冲突，从而保证了英国近代国家形成过程中权力的和平转移，没有引起激烈的政治革命。托克维尔在回顾法国大革命的历史背景时也指出，公共开支或战争费用导致的财政短缺问题对于西欧国家的君主们都是一样的。对于大革命之前的法国而言，最大问题不在于财政赤字的存在，而在于专制权力对财政危机的解决方式。英国成功的实质，是政府以权力换取收入，它改变了政府的权力运作方式和范围；法国走向革命的根源，则是政府以强权加重税负，拒绝任何改革自身权力的要求。总体而言，财政危机持续存在是推动两国摆脱传统并最终形成近代国家的共同肇因。为解决财政危机，英、法两国分别采取不同的制度改革措施——权力妥协和强化专制。解决财政危机的不同方略导致不同的政治后果——英国式的权力渐进转移和法国式的激进革命。〔美〕道格拉斯·C. 诺思：《经济史中的结构与变迁》，陈郁、罗华平等译，上海三联书店、上海人民出版社，1994；〔美〕曼瑟·奥尔森：《权力与繁荣》，苏长和、嵇飞译，上海人民出版社，2018；〔法〕托克维尔：《旧制度与大革命》，冯棠译，商务印书馆，1992；〔美〕詹姆斯·W. 汤普逊：《中世纪晚期欧洲经济社会史》，徐家玲等译，商务印书馆，1996。

政汲取资源和分配方式的变化也影响着国家建设和制度演进的方向和方式，围绕财政资源的收支而展开的政治过程也在持续推动着国家建设和制度完善。

财政资源汲取和国家形态之间的共生关系，还体现在现代国家发展的历史过程中对具体国家形态财政功能和制度安排形成的制约和型塑。在现代化进程中形成的新型国家，一个显著的特征是成为超越于社会关系和组织之上的自主性活动主体，它“所扮演的角色的异同主要取决于其自主性程度”（Barkey 和 Parikh，1991）。国家的自主性及其历史发展必然要求财政作为国家基础和工具的基本内涵随着现代国家的发展和多功能取向而发生变化。国家的存在使税收成为必需，但国家不仅仅要征税。“一旦国家成为一种现实……就会有进一步的发展，而且很快就会变成一种其性质无法再纯粹从财政的角度加以理解的东西，而财政将成为它的服务工具。如果财政创造了现代国家，那么现代国家则要从自己的角度出发去塑造财政……”（贝尔，1989）。随着现代国家建设的历史演进，国家作为自主行动者和规则制定者的角色日益凸显，其功能已经远远超出了原有的提供安全、秩序和稳定等传统范围，而且越来越多地表现为国家为顺应和推进现代化进程而在社会、经济和政治变迁中发挥着更加重要和关键的作用。这种承担着更多功能的现代国家的发展，势必要求作为资源汲取能力的财政功能和作用方式做出相应的变革。更重要的是，实现了非人格化的公共权力载体的现代国家，不仅表现在作为具有现代功能的自主性实体，而且在实质上越来越成为一系列制度规则的集合体，国家在制度设计、选择和执行机制上的一系列变化，也在深刻地影响着财政的制度安排和运行规则。历史地看，近代以来西方现代财政制度的形成与资本主义国家制度的发展是紧密联系在一起的。英国 19 世纪后期的议会改革推动了公共财政和现代预算制度的出现，20 世纪公民权利的全球性扩张和西方福利国家的出现导致了财政支出社会化的历史趋势。与此同时，由于西方国家民主政治等一系列制度建设措施使财政资源汲取和支出之间日益在形式上呈现类似公共选择的程序性特征，西方国家最终实现了从财政支出的公共化向财政制度的公共性的转变。

（三）财政与国家关系嬗变之三：政党 - 国家制度的形成

现代政党的产生且其日益成为国家制度的重要结构性因素，使财政与国家关系发生了第三个历史性变化，即政党 - 国家制度①成为深刻影响和制约财政建设的关键因素。在国家建设影响和型塑现代财政制度的过程中，最重要的同时也是对国家和财政实践产生最具历史意义的现象，是现代政党作为一种国家结构性制度要素的出现并日益在国家建设和历史发展中发挥关键作用，这必然对财政与国家的关系以及财政作为国家的基础和手段的功能和作用方式等产生重要影响。从历史发展过程来看，随着现代政党的出现以及其日益成为国家在政治上的主导性力量和组织，政党日益以现代国家公共权力实际主导者的姿态出现在国家的政治生活中，这首先是西方国家出现的。这种先发意义上的政治发展和制度特征经由全球范围内更

① 萨托利（2006）在分析世界各国政党制度的不同类型特征时，提出了“部分的政党”和“整体的政党”两个概念，并将政党 - 国家体制（Party-State System）特指为“政党在国家中而非在社会中”的“整体性政党”制度，并按照这一理解对西方国家的政党制度与社会主义国家的政党制度予以区分。乔纳蒂（2008）在对匈牙利、罗马尼亚和中国等社会主义国家的比较研究中，沿袭了萨托利关于政党制度的类型划分观点，以“政党 - 国家体制”一词来总结社会主义国家中执政党和国家权力之间的关系特征。显然，这种观点将“政党 - 国家”范畴限定性地特指为社会主义国家中关于政党在国家政权体系中的领导地位的制度形态是有失偏颇的。这是因为：从字源意义上讲，“政党 - 国家”这一术语本身是对政党与国家关系的一种描述和刻画，应该同时包括资本主义国家的政党与国家关系和社会主义的政党与国家关系。尤其在对二者进行比较研究时，这个概念本身应该是“可通约性”的（库恩，1980）。从历史和实践意义上讲，无论是西方政党在现代国家发展过程中产生并日益在国家政治生活中发挥关键作用，还是社会主义国家往往是在共产党领导下才得以建立并因而使共产党在国家政权体系中处于领导地位并在国家发展中发挥关键作用，二者都不过是政党与国家关系在不同历史背景和社会条件下形成的具有巨大差异的实践方式而已。林尚立（2012）认为，现代国家最终都必然生成政党与政党制度，并与宪法所规定的国家制度一起共同运作现代民主，治理和维系现代国家。从这个角度讲，现代国家最终确立起来的体制都是“党国体制”。党国体制的根本使命是维系现代国家的内在一体性，而西方和中国基于不同历史背景和条件而分别走出“多元整合一体”“一体包容多元”的历史道路，根源不在于政党 - 国家的制度本身，而在于历史条件约束的差异性。为此，本文在宽泛或一般意义上使用“政党 - 国家”这一范畴，即从政党作为一种政治组织与国家作为政治权力载体之间的关系出发，突出围绕政党在现代国家的形成、建设和发展中所扮演角色和功能的制度特征，以及政党在政治生活中影响、支配或控制国家政治权力而形成的制度安排形式。〔意〕G. 萨托利：《政党与政党体制》，王明进译，商务印书馆，2006；〔美〕T. S. 库恩：《科学革命的结构》，李宝恒、纪树立译，上海科学技术出版社，1980；林尚立：《政党与国家建设：理解中国政治的维度》，《复旦政治学评论》2012 年第 2 期。

多国家尤其是发展中国家或地区卷入现代化进程而具有了形式上的普遍特征。迄今为止我们能够看到的大多数国家的政治生活基本上是由政党来主导的，“政党-国家”的制度安排已经成为现代国家建设、制度演进过程中最显著的特征。但需要强调的是，这种无论是在功能意义上还是在制度意义上的现代国家普遍形式，最终还只是表现在理论上的相似而没有呈现经验上的趋同。正如 Tilly（1975）在考虑到后发展国家或地区建设历史时所强调的，“从欧洲历史中细心重建的事件发生的确切次序不会再重演”。西方国家政党政治的历史路径及其形成的“政党-国家”制度安排，以及这种制度安排所型塑的财政与国家关系、财政在国家中的功能和作用，显然与因不同历史际遇走上现代化进程而分别走着不同的现代化历史和实践道路的发展中国家或地区存在根本差异。从西方国家政党政治的历史发展来看，政党是在现代国家形成后的内部发展过程中产生的，并且深刻地内嵌于西方国家建设过程中形成的议会政治、权力分立、选举竞争等制度框架，以及在这一制度框架内主要以权力争夺为中心而形成影响、支配和控制政权的“政党-国家”制度。从制度意义上来看，这种制度模式主要体现为政党对国家重要权力机关的实际控制，这一特征即便是在现代西方国家中仍然是普遍存在的。从功能意义上来看，这种制度模式主要表现为在国家政权体系中政党所发挥的作用，但这一作用仍然取决于现代西方国家的制度形式和功能要求的发展变化。在自由放任的经济制度下，政党在经济资源的权威性分配中处于边缘地位；在国家积极干预的经济制度下，政党在经济价值的总体分配中则处于更加重要的地位（布隆代尔、科塔，2006）。在现代西方国家中，政党最重要的活动领域是选举竞争，财政与国家之间的本质联系以及财政作为国家手段履行的对外对内的基本功能并没有发生根本性改变。但受到政党竞争和政府更迭的影响，不同政党控制下的政府在财政政策方向和侧重上还是会出现显著差异，政党对财政的主要影响体现在为实现本党所代表的利益阶层或团体要求而展开预算博弈。从发展中国家或地区的历史看，政党大多产生于摆脱殖民统治、实现民族解放的革命斗争，其先天地承载着实现建立独立主权国家、进行现代国家建设和推进现代化进程等多重目标和使命。卷入现代化进程的历史起点、国家建设道路的选择以及采取的现代化策略模式等因素，在根本上决定了不同发展中国家或地区现代化绩效和国家建设的成败，也在根本上决定着财政如何服务本国的现代化建设、在国家建设过程中发挥作用的方式等。显然，只有从不同发展中国家或地区各自走上现代化和国家建设道路的历史和实践出发，这种政党－国家－财政的历史逻辑才能真正解释不同国家财政和国家建设的历史和实践，从而形成既符合财政与国家关系一般性规律、又充分阐释各国不同财政实践特征的理论体系。

（四）财政与国家关系嬗变之四：中国共产党、社会主义国家与现代化的新探索

社会主义国家产生尤其是由中国共产党建立社会主义国家所形成的“政党－国家”制度，使财政与国家关系发生了第四个历史性变化。中国走上现代化道路以及其现代国家建设的独特性，在根本上决定了中国财政的制度本质和基本功能。与其他发展中国家或地区相比，中国19世纪中叶以来的现代化进程同样面临着主权独立、国家建设和经济发展等领域的多重命题，但中国通过革命化的方式走向现代化的独特道路（罗荣渠，1993），深刻影响着中国推进现代化的历史道路和国家建设特征。1921年中国共产党的成立，不仅使中国革命从此面貌一新，而且历史性地决定了在中国共产党的领导下通过革命斗争建立社会主义国家政权和基本制度，在社会主义制度下真正卓有成效地开辟了现代化国家建设的历史道路，也在根本上决定了财政为中国共产党建立社会主义国家政权服务、为社会主义现代化建设服务的政治本质和制度特征。罗荣渠（1993）在分析我国现代化历史道路时指出，“就现代化的特定意义而言，在19世纪后半叶，它只是中国近世社会大变动诸流向中的一个流向；到本世纪初清王朝解体，现代化才异常艰难地上升为诸流向中带有主导性的趋势；到本世纪五十年代以后，它才逐渐上升为大变革的主流，即占支配地位的大趋势”。究其原因，这一时期现代化面临的首要问题不是经济发展，而是创建和形成推进现代化建设的制度条件，也就是旧国家政治体系的打破和新国家制度的重建。这种历史要求决定了中国共产党成立以后的首要革命任务是推翻旧有的、衰败的、难以推动甚至日益阻碍着现代化建设的制度体系，创建一个有利于追求现代化的现代国家和政府体制。尽管在这一革命时期还没有出现和形成中国共产党领导下的全国性中央政府权威和统一的政权体系，但围绕中国共产党领导下以创建现代国家和制度体系为主要革命目标的财政建设已经出现了。早在中华苏维埃时期，1933年3

月的《闽浙赣省第二次工农兵代表大会——财政与经济问题的决议案》就明确提出为赢得革命斗争和阶级政权而建立革命财政的必要性。① 在抗日战争时期，毛泽东指出“发展经济，保障供给，是我们的经济工作和财政工作的总方针”，并根据当时的革命形势和统一战线要求创造性地提出了服务于抗日战争需要的既发展人民经济和公营经济，又在公私关系上体现“公私兼顾”“军民兼顾”的财政原则。② 陕甘宁边区政府财政厅厅长南汉宸（1944）指出，“财政工作是整个政权工作的一个重要部门，它保证我们政权的存在、巩固和发展，不仅我们的财政是这样，任何国家都如此……我们边区是新民主主义的政权，我们的财政是服务于这一政治任务的，今天我们的政治任务是统一战线，因而财政也是统一战线的”。

经过长期的革命斗争，1949 年建立了中国共产党领导下的新中国政权体系和社会主义制度体系。只有在这一新的国家政权和制度下，我国近代

---

① 苏维埃政权是中国共产党在新民主主义时期建立的具有政权意义的革命组织形式。从历史视角看，这种新的革命组织在创建和发展过程中所形成的重要原则和制度形式，对于后续革命建设甚至新中国成立后的政权组织原则和制度建设都具有深刻影响。《闽浙赣省第二次工农兵代表大会——财政与经济问题的决议案》指出，“财政是国家的命脉，财政工作不好，直接便影响到军事与经济，间接则影响到整个社会经济与整个阶级政权，尤其是目前革命与反革命决死战斗，大规模革命战争激烈开展的时候，更须要发展苏区经济改善群众生活开发财政来源，增加财政收入，以充裕战争经费，使广大工农群众与红军，在长期的残酷战争中，不致受到敌人的封锁，与给养的困难，这对于争取革命战争的完全胜利，是含有决定的重要意义”。其中蕴含的财政服务和服从于中国共产党的革命斗争要求、服务和服从于革命政权建设等一系列重要政治原则，对于新中国成立以后财政建设的政治方向、基本功能和制度形式，都具有深远的历史影响。《闽浙赣省第二次工农兵代表大会——财政与经济问题的决议案》（1933 年 3 月 31 日），载江西省税务局、福建省税务局、江西省档案馆、福建省档案馆：《中央革命根据地工商税收史料选编（1929. 1—1934. 2）》，福建人民出版社，1985。

② 1942 年 12 月，毛泽东在西北局高级干部会议上做了“经济问题与财政问题”的报告，后收录于《毛泽东选集》（第三卷）时改为《抗日时期的经济问题和财政问题》。在报告中，毛泽东从这一时期争取整个抗战胜利的总目标出发，阐述了保障财政供给对于巩固边区政权、支持抗战需要的极端重要性，批评了从单纯财政管理角度出发通过增加税收来解决财政困难的错误观点，提出了通过发展经济来保障财政供给、通过改善人民生活来服务抗战大局的重要观点，“财政政策的好坏固然影响经济，但决定财政的是经济，未有经济无基础而可以解决财政困难的，未有经济不发展而可以使财政充裕的”，“如果我们的党员政府不注意动员人民并帮助人民发展农工商业，则人民生活既不能改善，抗战需要亦不能供给”。报告中所阐释的党的政治任务、建设人民经济等一系列重要思想，为中国共产党领导经济建设工作积累了丰富经验，也确定了中国共产党领导的财政建设重要政治和经济原则。毛泽东：《抗日时期的经济问题和财政问题》（1942 年 12 月），载《毛泽东选集》（第三卷），人民出版社，1991。

以来就追求的现代化进程才真正得以展开。[①] 这种革命背景下先建党再成立新中国的独特历史道路和实践路径，不仅使我国革命化、现代化过程中的国家建设确立了无产阶级政权这一新的历史本质，而且在国家制度建设上始终围绕着中国共产党追求共产主义远大理想、建设社会主义现代化国家的目标和使命，从而形成了中国独特的“政党 - 国家”制度。在这一制度模式下，执政党不仅仅像西方国家那样成为国家的结构性制度要素，而且作为“国家的缔造者和建设者”（王绍光，2018）的中国共产党及其领导地位本身已经成为国家建设的决定性制度因素。与西方国家的“政党 - 国家”制度相比，中国在革命过程中形成且与追求现代化目标始终相连的“政党 - 国家”制度，不仅在制度意义上实现了无产阶级政党对国家重要权力机关实际控制的政治本质，而且在功能意义上决定着国家的发展和现代化建设始终置于中国共产党的领导之下，并根据党在不同历史时期的阶段性使命和要求而做出相应的调整和变化。这种新型的“政党 - 国家”制度，在革命时期所形成的财政服务于革命政权建设的根本原则，随着社会主义制度的建立而延伸和转换，具有了为中国共产党实现革命理想服务、为社会主义政权安全服务和为现代化国家建设服务的制度特征。从中国共产党成立 100 年以来的革命、建设和改革等不同时期的历史发展来看，财政也始终围绕着服务建立新的国家政权和维护政权安全、服务社会主义革命和改造、服务社会主义现代化建设，以及服务按照计划经济和市场经济等不同手段而推进社会主义现代化国家建设等做出阶段性调整和转换。在新中国成立初期，国家建设的首要任务是建立统一的中央权威和控制，从而为即将开启的大规模社会主义现代化建设奠定基础和创造条件。除了依靠党强大的社会动员和组织能力因素，将革命根据地时期历史形成的分割化财政统一为由中央政府集中统一管理的国家财政，为建立统一的中央政府和权

① 大多国内外学者已经认识到，只有在中国共产党领导下的新中国成立之后，中国近代社会所追求的现代化进程才真正开始。罗兹曼（2003）在对中国和日本、俄罗斯从 19 世纪后期就开始现代化进行比较之后也认为，直到 1940 年代，中国“现代化的基础依然是薄弱而不平衡的”，现代化在很多方面甚至还没有达到日俄在 19 世纪八九十年代的水平。直到 20 世纪 50 年代，随着中国疾速地迈向了社会主义道路，中国的现代化也才开始缩短与日俄的距离。罗荣渠：《现代化新论——世界与中国的现代化进程》，北京大学出版社，1993；〔美〕吉尔伯特·罗兹曼主编《中国的现代化》，国家社会科学基金“比较现代化”课题组译，江苏人民出版社，2003。

威提供制度支持，也为新中国成立初期维护新生政权安全、支持战争胜利和维护经济稳定奠定物质基础。社会主义革命和建设时期，财政围绕中国共产党在过渡时期的总路线以及建立强大的社会主义工业化国家的要求，建立新型的社会主义财政制度支持完成社会主义改造、按照中共八大确定的实现从落后的农业国向强大的工业国转变筹集和配置建设资金，同时也在维护着国家政权稳定（王丙乾，2009）。社会主义改革时期，财政围绕党和国家工作重心的历史性转移以及社会主义初级阶段的总路线，在不同经济发展阶段的重大改革环节中都发挥着重要牵引和推动作用。围绕各项改革的推出进行政策调适和体制机制配套，为持续推进社会主义市场经济发展，充分发挥市场机制在资源配置中的作用，形成统一的市场经济秩序。通过提供基本公共服务和产品供给等保障性功能，为改革成本进行兜底，维护社会公平正义等政治性功能，为实现国家长治久安尤其是保障中央政府的宏观调控能力和集中统一领导提供财政制度支撑。

综上，由于财政与国家之间的本质性联系，财政理论根本地依赖国家理论，财政制度和财政功能也根本地取决于国家的制度性质和目标任务。中国共产党的成立使近代以来中国卷入和谋求现代化的历史进程发生了时代性的变化，在建党百年以来走过的革命、建设和改革的历史道路和伟大实践中，形成了与其他国家不同的建党建国模式和“政党－国家”的制度特征。这种中国现代国家建设的特殊历史路径和“政党－国家”制度在根本上决定着中国财政建设的政治方向、制度本质和功能定位。在中国共产党领导下，财政始终围绕谋求社会主义现代化强国建设和实现中华民族伟大复兴的历史方向而发挥作用。伴随革命、建设和改革等不同历史时期发生的深刻的历史性变革，又同时呈现“革命财政”“建设财政”“改革财政”等不同历史形态，这是我国财政在建党百年历史过程中走过的历史和实践道路。尤其是，在中国共产党领导下成功地探索和开辟了社会主义市场经济的新道路，着力推进“社会主义＋市场经济”的改革实践，“既要‘有效的市场’，也要‘有为的政府’，努力在实践中破解这道经济学上的世界性难题”（习近平，2020），不断完善和发展社会主义经济制度，形成显著的制度优势和治理效能，从而使开辟社会主义市场经济新道路成为最具开创性意义的制度经验。解释和反映这一最具中国特色和最具开创性意义的社会主义市场经济改革伟大实践，既是构建中国特色财政理论必须要回答的基本理论问题，也可能蕴含着形成中国财政理论原创性贡献的重要机遇。

三 市场经济与公共财政：两种制度条件下的不同历史和实践

中国社会主义市场经济的改革探索和实践道路，不像西方市场经济形态那样是在长历史周期中自然演进和形成的，而是在中国共产党领导下持续谋求现代化建设的历史使命过程中主动改革探索的产物。这不仅要求在较短时期内形成和建立市场体系、市场机制，完成国家角色、政府职能等的相应调整，而且市场经济也要与我国特殊的“政党－国家”制度、社会主义公有制相适应，与计划经济体制的现实基础相衔接。在这一过程中，财政改革的意义体现在服务政党政权安全、国家现代化建设和政府资源配置上，同时也在推动市场从无到有的改革破题、既扶持市场发挥资源配置作用又驾驭和规范市场自发成长的负面后果等方面体现出实践上的复杂性和丰富性。这种扎根于社会主义市场经济改革过程的财政制度的一般性和特殊性，只有置于与西方国家市场经济形成和发展及其以成熟理论形态呈现的“公共财政”制度的比较中，才能够更加清晰和深刻地呈现出来。

（一）资本主义市场经济下的公共财政逻辑

市场经济作为人类社会配置资源的一种方式，深刻地内嵌于特定的政治、社会和经济等制度之中，并在特定制度形式下实现商品和服务的市场化配置过程。从历史分析来看，市场不是一个实现商品和服务交易的抽象过程，而是一种社会实践的经济形式。市场经济的历史形成和进化动力也不是出于被抽象化的人的自利性（斯密，2009），而是必然和历史的、政治的、社会的各种现实要素和条件联系在一起的。尽管在19世纪社会科学发展过程中，经济学理论要实现对市场机制研究的精确性、纯粹性从而强调舍弃掉其他因素的、其他条件均同（ceteris paribus）假设的有效性（华勒斯坦等，1997），但从历史和实践的角度来看，经济学教科书中关于商品、货币、分工等市场的基础理论分析“都不过是以对市场历史的虚构为前提的”（山口重克，2007）。因此，市场经济的发展并不是一个单线条的抽象进化过程，而是在社会形态尤其是国家制度演进过程中呈现历史的、政治的和社会的显著特征。在近代资本主义经济方式和国家制度产生之前，就已经产生了诸如为了商品而进行生产、为了交换而出现货币、为了专业化而出现分工的交易市场，也出现了在市场交换基础上形成价格并因价格信号的变动而导致市场诸要素与其一致性的变动，甚至也出现了市场体系的逐步扩张以致最终将整个经济都纳入其中的历史趋势。但市场经济的本质特征只有将市场体系和它得以在资源配置中发挥作用的历史、政治、社会甚至文化等制度因素和条件全部纳入进来之后，才能够完整和彻底地展现出来。换言之，市场经济的历史形成不仅仅在外在形式上体现为商品生产、货币交换、专业分工等交易过程，也不仅仅在规模形态上表现为市场作为一个系统日益将以往呈现相对独立运动的外部市场与地域市场整合为一体，而是根本地取决于是否创造出使市场交易、市场价格得以发挥资源配置基础性作用，并越来越按照这种作用机制和系统将整个生产、交换、分配和消费全部纳入市场体系之中的制度条件。显然，“这种意义上的市场体系，并不是由市场的自生性发展引发的”（山口重克，2007），而是随着近代以来现代化进程中新的国家形态和资本主义生产方式的产生和发展，才越来越具有市场体系的现代形式，并由于和新的国家形态和资本主义生产方式的历史性关联，从而越来越具备了现代意义上的经济制度形式。

资本主义市场经济既不是自然发生的，也不是与生俱来的，而是与资本主义生产关系特别是资本主义国家制度的形成历史地联系在一起的。从历史角度看，作为强制性组织的国家与作为交换的市场二者的产生并没有直接联系，它们的起源相互独立。国家的产生源于社会内部矛盾运动尤其是经济上相对立的集团需要获得在政治上维护那种秩序的新手段。市场的出现则比国家更为久远，是为了满足人们日益扩大的物质需要。但一旦建立了国家，市场与国家之间就形成了相互利用、共同成长壮大的关系（山口重克，2007）。在这种国家和市场的一般性关系中，市场的存在和发展是与国家内部存在的诸如互酬性交换、强制性交换等各种非市场关系及其制度结构同时存在的。从这一意义上讲，列宁（1984）所说的“哪里有社会分工和商品生产，那里就有‘市场’；社会分工和商品生产发展到什么程度，‘市场’就发展到什么程度”，实际上是在强调，如果去除了特定国家及其制度形式，作为商品和交换意义上的市场经济形式，是和不同历史形态下的国家可以并存和相容的。但如果将这种一般性关系放到历史的发展进程中就会发现，作为越来越具有“特定的”现代意义的经济制度形式，

“市场经济要么是以某种特定的非市场关系为前提发展起来的，要么是在与其他市场关系或对抗、或重叠、或结合，作为一个世界市场发展起来的……甚至市场秩序本身也是在与围绕其自身的政治秩序相结合的情况下，经过几多历程才形成的……随着资本对生产过程的支配，市场关系在生产过程的组织化方面必须在深层次上依赖非市场关系”（山口重克，2007）。这里所说的“非市场关系”就是指历史的、政治的和社会的制度形式。随着非市场关系中前现代社会传统关系的历史性退出，以新的、现代国家权力面目出现的资本主义国家形式产生，市场经济也相应地形成具有“特定”现代意义的经济制度形式。换言之，只有近代以后形成了资本主义生产方式和国家形态，国家与市场的一般性关系才越来越表现出一种新的历史性质。市场经济本身日益紧密地与资本主义国家建设联系在一起，呈现新的制度形态，即资本主义制度下的市场经济形式。这种新的市场经济制度形式，也由于资本主义在西方国家的先发性出现、在现代化进程中向全球范围内的历史性扩张，不仅将其他发展中国家或地区日益深刻地纳入资本主义经济体系中，而且也越来越呈现某种程度上的普遍性特征。

但是，资本主义市场经济条件下的国家与市场的关系也不是一成不变的，而是在资本主义发展过程中呈现不同国家、不同发展时期上的历史性演进和变化趋势。在资本主义市场经济发展的早期阶段，国家处于与市场关系中的主导地位，早期王权国家为了积累和掠夺财富而采取的保护本国市场、鼓励向外扩张的措施，客观上起到了推进本国工业化发展、鼓励占优势地位的产业和资本向国外扩张的历史作用。市场的快速发展和对外扩张也要求和加速着国家建设的进程，逐步形成集中化、垄断性的国家权力控制，最终使这种新的国家在功能上越来越倾向于通过管理和扩大市场经济来实现国家利益。[①] 国家出于积累

① 尽管学术界对于资本主义市场经济的历史起点是否可以追溯到重商主义时期仍有争论，但无论是亚当·斯密为了“摧毁它”才创造出“重商主义”这一概念，还是恩格斯在评价亚当·斯密创造近代财政学的历史本质时所强调的，资本主义首先是要“进攻”“摧毁”“掏空”旧的国家形式进而在制度上实现“财产的统治”，都深刻地揭示出资本主义市场经济孕育于前近代的国家政治和经济制度结构之中，并随着资本主义和市场经济的发展和壮大而在国家与市场关系上呈现历史变化的根本趋势。在这个意义上，重商主义时期的国家和市场关系，成为我们对资本主义市场经济的成长和发展进行历史性考察的重要起点，实际上也自然地成为亚当·斯密意义上的国家与市场关系的逻辑起点。恩格斯：《英国状况（十八世纪）》，载邓子基《马克思恩格斯论财政》，厦门大学出版社，1988。

和掠夺财富目的而在全球视野中扶持和推进本国贸易和资本的对外扩张，不仅将市场推向了全球化，同时也将谋求实现国家利益的实践活动越来越置于世界范围内，即国家越来越在全球范围内谋求自身利益的最大化。在这一历史进程中，不仅国家形态经历了王权国家、过渡型国家和现代国家等不同形式，而且市场经济也经历了特许或垄断型市场、反特许或垄断型市场和自然放任型市场等不同阶段，二者关系的发展演变深刻呈现国家与市场相互利用、共同发展并在发展过程中相互制约和力量博弈的历史性质。从重商主义时期国家利用市场汲取财富到19世纪自然放任时期国家放纵市场，再到20世纪以来的国家对市场的“管制”和“放松管制”，在这种历史性的变化中逐步形成了不同的国家和市场关系实践。在资本主义和市场经济发展的三百多年历史中，市场经济发展在总的趋势上经历了国家垄断特许市场、国家放纵市场、国家规制市场等不同发展阶段，在这一长历史周期中形成了现代成熟市场经济形态以及与这一形态相适应的国家角色和政府功能定位，所谓有效市场→市场失灵→政府介入→公共选择这一逻辑也是在这种历史和实践中最终成为成熟的抽象理论形态。在这一历史和实践中，财政作为国家的重要工具，在功能形态上经历了从利用保护性关税保护国内市场、建立统一财政制度以统一国内市场；与国家放纵市场的自由放任时期相适应的在资源配置领域更多地让位于市场，从而履行“守夜人”的提供保卫、安全、秩序等基础性公共产品的职责；以及由于市场在更加复杂动态的公共管理问题和公共物品供给上的失效，形成与国家积极干预时期相适应的维护宏观经济稳定、提供公共物品和调节分配等功能。由于财政更多的是作为资源配置手段而介入经济社会的公共事务管理中，从而越来越呈现所谓“财政公共化”的功能形态。在制度形态上，财政随着国家制度形式的发展尤其是资本主义民主政治的发展，从而在资源汲取和支出之间形成某种形式上的公共选择机制，进而实现了从家国财政向国家财政、从王权财政向民主财政的制度性转换，最终形成了财政公共性的制度形态。显然，从资本主义市场经济发展的长历史过程来看，有效市场→市场失灵→政府介入这一市场经济条件下的政府与市场关系的理论逻辑，只不过是对西方资本主义市场经济在历史发展到最后成熟时期、市场经济与资本主义国家制度适应性调试机制较为成熟阶段上的理论呈现，它本身是在与资本主义国家发展过程逐渐相适应的、历史的、实践的产物。同样地，在西方资本主义制度下国家和市场关系历史发展过程中形成的“公共财政”制度和功能形态，也只是在西方资本主义国家建设和市场经济发展到成熟时期的理论总结，本身也同样是历史和实践发展的产物。

（二）社会主义市场经济下的财政治理逻辑

正像习近平（2016）所指出的：“一些理论观点和学术成果可以用来说明一些国家和民族的发展历程，在一定地域和历史文化中具有合理性，但如果硬要把它们套在各国各民族头上、用它们来对人类生活进行格式化，并以此为裁判，那就是荒谬的了。”与资本主义市场经济发展的历史和实践相比，中国社会主义市场经济改革的独特性，一是在相对较短历史周期内面临市场经济发展和国家制度建设的双重使命，从而决定了在改革过程中两者之间的互为促动关系更加突出和紧密；二是市场经济改革的制度前提是社会主义的基本国家制度和公有制，市场经济的成长和最终形成并不是市场本身逐步摆脱传统的非市场制度结构而日益与新的国家制度结构相联系的产物，而是市场在计划经济体制下从无到有，并且逐渐从边际改革走向重点突破、全面深化的制度变革过程；三是市场经济改革实际上也不是朝向所谓一般性共同目标或未来状态而采取的独特的改革途径①，而是在特殊性改革路径中逐步探索和形成了以社会主义制度不断完善和发展为主要标志的独特改革道路和制度形态。显然，正确认识和评价我国在改革过程中走过的财政建设道路，必须从社会主义国家制度和现代化建设战略需要出发，立足于我国改革的历史和实践过程，才能够深刻理解财政改革实践形态的独特价值和普遍意义。

---

① 曾任波兰政府第一副总理、财政部部长的格泽戈尔兹·W. 科勒德克更倾向于用“转轨”一词来总结和刻画波兰等苏联东欧社会主义国家的市场化改革过程。在他看来，转轨意味着实质性的改变和引入全新的制度安排，是一个以新制度代替旧制度的过程而不是仅仅通过改进运行方式来完善旧制度的另一次尝试。显然，科勒德克是在对苏联、东欧国家在社会主义制度条件下市场化改革最终失败，进而纷纷转向资本主义制度条件下自由市场经济体制的历史总结中，不正确地将“转轨”视为由市场化改革引致政治制度根本变化为最终结局的过程。在此意义上，中国社会主义市场经济改革的成功，恰恰为阐明中国改革的独特道路和原创价值提供了实践依据。〔波兰〕格泽戈尔兹·W. 科勒德克：《从休克到治疗：后社会主义转轨的政治经济》，刘晓勇、应春子等译，上海远东出版社，2000。

财政制度和功能取决于社会主义的国家制度和现代化建设的战略需要，这是认识和理解在社会主义市场经济条件下财政制度及其功能形态变化的基本前提。从世界各主要国家的现代化进程来看，强有力的（以中央集权为显著特征）现代国家既是在现代化进程中产生的，也是有效推进现代化的重要动力和制度前提，“两者是相互作用的，甚至是互为因果的”（林尚立，2017）。中国走向现代化的独特历史背景和革命路径，决定了现代国家形式在中国形成和成长的历史过程，也最终决定了这个独特历史过程中形成的国家制度形态。在围绕现代化目标进行的革命过程中产生、成长和壮大起来的中国共产党，其夺取政权、组建国家和开展建设过程中始终围绕着现代化这个历史使命而展开。实现现代化既是近代以来实现中华民族伟大复兴的必然要求，也是中国共产党追求共产主义远大理想和实现人民利益的必由之路。为了追求社会主义现代化强国建设，就必须坚持中国共产党的领导及其建立的国家政权安全。为了保障中国共产党的领导地位和政权安全，就要求建立社会主义基本政治经济制度。与此同时，现代化建设本身也为巩固和发展社会主义制度提供了重要保障。在此意义上，中国共产党所追求的共产主义远大理想、所建立的社会主义国家制度、所持续展开的社会主义现代化建设是高度统一的。① 在这种历史和实践中形成的现代国家制度，集中地体现为中国共产党领导的“政党－国家”制度以及由此而形成的国家制度安排和社会主义的政治价值。这种在中国革命、建设和改革中形成和日益完善的现代国家，不仅在于中国共产党作为国家制度的决定性要素和核心领导力量，使政党和国家在组织上和制度上更加紧密地联系在一起，形成了政党领导国家、建设国家的制度形式，而且更深层次上表现为中国共产党始终以现代化为根本导向的使命型政党（李海青，2018；张紧跟，2019；韩冬雪、胡晓迪，2020）的政治属性，以及围绕实现现代化而建立的国家政权性质及其制度形式的历史本质。这种以现代化为

① 社会主义道路为现代化国家建设提供了制度条件，现代化建设的实践发展又成为坚持和巩固社会主义制度的重要保障，也就是邓小平（1994）所讲的“在无产阶级专政的条件下，不搞现代化……我们的社会主义政治制度和经济制度就不能充分巩固，我们国家的安全就没有可靠的保障”。而无论现代化建设还是社会主义，都只有中国共产党的领导，才能为坚持社会主义制度和推进现代化建设提供最根本的政治保障。邓小平：《在全国科学大会开幕式上的讲话》，载《邓小平文选》（第二卷），人民出版社，1994。

鲜明导向和历史使命的“政党－国家”制度，不仅决定了新中国成立以后国家在功能上的基本方向，而且形成了新中国成立以后国家在制度上的具体安排。在中国共产党领导下，始终以建设社会主义现代化国家为战略目标及与之内在统一的实现人民利益的价值取向，建立社会主义民主形式的政治制度、公有制经济为基础的经济制度、中央政府的高度权威和集中统一领导以及注重发挥“两个积极性”的央地关系体制，这些构成了新中国成立70多年来社会主义革命、建设和改革等不同阶段国家制度的根本特征。在这一国家制度特征下，财政作为国家基础和工具的一般性关系，在中国的国情和实践语境中就体现为财政必须服从和服务现代化的历史使命、服务中国共产党领导和社会主义国家制度的功能上的特殊性。财政制度作为国家制度的重要组成部分，深刻地内嵌于中国共产党领导、社会主义的民主政治和公有制为基础的经济制度、中央政府集中统一领导和“两个积极性”的央地关系体制等基本制度之中。在实践上，财政建设始终围绕党的根本宗旨和不同时期的路线方针、始终围绕着服务社会主义现代化国家建设，从而在制度和功能上形成独特的政治本质、制度内涵和功能定位。在这一基本国家制度前提下，无论是计划经济体制还是市场经济改革，都是党和国家为了建设社会主义现代化国家而在不同阶段采取的不同工具和方式。同样地，在社会主义市场经济中所形成的公共财政建设要求和现代财政制度形式，在本质上也是财政在新的历史时期和条件下，继续服务社会主义现代化国家建设的新形式。它既应该在功能定位上遵循市场经济一般要求，在资源分配领域让位于市场，也必须在制度本质上仍然内嵌和服务于国家制度的根本要求和现实指向。尽管计划经济体制并不等于社会主义的本质特征是我们在长期历史中才得以澄清的，但从追求社会主义现代化这一更高的历史使命和战略目标的角度，它在当时也是必要的工具和手段。随着计划经济体制在长期发展中所形成和积累的种种弊端充分显现，就迫切需要发现和选择更有效率的实现社会主义现代化建设的工具和手段。因此，如果说计划经济是集中必要资源加快推进工业化进程和现代化建设的必然选择，那么从计划体制向市场体制转换的改革抉择同样也是为了更好地推进社会主义现代化建设。而一旦开启从计划经济体制向市场经济体制转型，这种新的经济体制所带来的国家管理体制和经济运行机制的历史变化，必然导致财政在制度形态和功能形态上的深刻变化。

在社会主义市场经济改革实践过程中，财政在制度和功能形态上发生的这种历史性变化，是否以及在何种意义上体现为一种新的财政形态？从中国共产党成立以来夺取和建立国家政权、建立社会主义制度和开展社会主义现代化建设、在改革开放新历史时期开辟市场经济改革道路的百年历史来看，财政在不同的历史时期分别表现为有显著差异的功能和作用，也因而被总结为“革命财政”“计划财政”“市场财政”等不同称谓。进入新时代以来，也有学者根据党的十八届三中全会提出“财政是国家治理的基础和重要支柱”的新判断，将新中国成立以来的财政发展划分为“计划经济财政”、“市场经济财政”和“国家治理财政”等不同阶段。这些对不同历史时期我国财政实践形式的经验总结和类型划分，有的是基于财政建设的不同阶段性目标，有的是基于财政在计划和市场两种经济体制下功能和作用的显著差异，有的则是基于国家在财政中主体性地位的复归和强调。应该说这些观点都有其历史和实践的合理性，也反映了在不同历史时期财政的实际作用和功能（吕炜、靳继东，2019b）。然而，在建党百年历史过程中，财政在不同时期服务党和国家战略大局的主要方向以及财政作为资源配置手段与计划和市场等不同经济体制的联系交织在一起，可能使我们难以区分不同历史发展时期财政制度形态和功能形态的根本差异，或者只能是简单地把它与历史阶段相联系，从而相对忽视了不同历史时期财政在体制、功能方面的联系和差异。显然，要从根本上阐释社会主义市场经济条件下公共财政与资本主义市场经济条件下公共财政之间的本质差异，尤其是清晰地呈现和反映我国在社会主义市场经济改革过程中的财政制度和功能，仍然只能从中国共产党领导下我国现代国家建设的历史实践和制度逻辑中找答案。从我国现代国家形成和成长的历史逻辑来看，“用政党及其领导的军队进行革命，并以此来支撑和推动中国现代国家的成长”（林尚立，2017），是中国近代以来以革命化形式进入现代化进程的历史经验，也根本上决定了在革命过程中诞生、成长和最终夺取政权的中国共产党，必然成为新创建的现代国家的领导者和缔造者，从而使中国共产党的领导地位必然成为国家建设和制度安排的决定性因素。中国共产党夺取国家政权、现代国家建设从革命逻辑转换为现代化逻辑之后，中国的社会结构、基本国情和现代化的逻辑也依然决定了现代国家对强有力政党的内在需求，从而使中国共产党不仅是新国家的缔造者和领导者，更是在现代国家制度内有效推进现代化的领导者和建设者。相应地，财政在功能形态上也必然从服务夺取国家政权的“革命财政”走向创建现代国家制度的“国家财政”和推进现代化建设的“建设财政”，在制度形态上由根据地和战争时期彼此分割的区域财政走向集中统一的全国财政，以及与社会主义政治制度和经济制度相适应的财政的政治决策、体制安排和执行过程等制度体系。从新中国成立以后建立支撑和推动现代化建设的国家制度和发展路径来看，在经济社会相对落后的条件下实施赶超性现代化策略，需要强有力的国家资源汲取能力和加快实现从农业化向工业化转换的资源支撑能力，计划经济体制作为当时条件下适应这一国家需求的有效手段，成为为迅速推动社会主义现代化采取的国家管理经济的体制形式。相应地，财政也在国家管理经济的手段意义上与计划经济体制天然地联系在一起。随着计划经济体制弊端的充分显现，党和国家为更好地推进现代化建设而开辟和形成社会主义市场经济这一服务现代化建设的新路径、新手段，财政在国家管理和建设经济的资源配置手段意义上，自然需要与社会主义市场经济体制相适应。党的十八届三中全会全面总结新中国成立以来尤其是改革开放以来社会主义市场经济改革成功经验，面对全面建设社会主义现代化强国的新时代命题，提出了“财政是国家治理的基础和重要支柱”的论断，是党和国家在新时代对财政的重新定位。其核心要义是对中国市场经济改革和建设的“社会主义”制度前提的再次肯定和强调，而不是要否定市场经济条件下财政的定位和功能。既不是强调新的阶段的财政形态是一种此消彼长或非此即彼的新的制度本质，也没有否定财政作为服务党和国家的制度工具以及国家在财政中的主体性地位的一般性，而是社会主义市场经济发展到更高阶段对财政制度和功能更为成熟的理论思考。

在社会主义市场经济条件下建设“公共财政”实践过程中，“社会主义”的制度前提如何体现并决定着“公共财政”的制度属性？作为市场经济条件下的财政形态，“公共财政”主要是强调财政在功能上的公共化和在制度上的公共性。在西方市场经济发展的历史过程中，财政在功能上的公共化是在国家和社会二元结构框架内，从国家权力私有化的“家国财政”向国家权力公共化下的国家财政历史性转换过程中实现的，具体体现为从原有“取自家之财办自家之事”逐步演变到“以众人之财办众人之事”的财政功能的公共化过程。而财政在制度上的公共性，主要是在资本主义国家制度逐步向民主化演进过程中，在财政资源汲取和分配之间实现了政治上的公共选择程序，从而在制度上形成的财政制度的公共性质。显然，这个历史过程形成的“公共财政”是与资本主义国家制度和资本主义市场经济相联系的。我国在社会主义市场经济改革过程中的公共财政建设，不仅在功能上体现为与市场经济所要求的一般财政定位和作用范围逐步适应和调试，而且在制度上更本质地与市场经济改革的社会主义前提相联系。从我国市场化改革过程中的财政功能变化来看，市场经济和财政建设的发展并不是在西方意义上、冲突和对抗意义上的国家和社会二元结构中形成的，而是在中国共产党领导下国家与社会利益高度统一前提下开始的。即便是改革开放前财政资源主要来源于公有制经济、主要投向公有制单位，但公有制属性所决定的国家自有之财实际上也是国家代表的全民之财，财政资源主要投向国家重点建设和公有制领域本身就是全民共有之事业。进入改革开放时期，随着民营经济成分的产生和发展，国家逐步将财政资源汲取范围扩展到各种类型的经济单位，将更多的资财再分配到民生保障和社会事业，在资源配置意义上更多地将市场推向主体性地位，从而使原本在计划经济条件下财政功能的公共化转为市场经济条件下的新的公共化形态。从我国市场化改革的社会主义制度前提来看，市场经济条件下的公共财政在财政汲取和财政分配之间的制度程序，显然是和我国的“政党－国家”制度、社会主义公有制为主体的经济形态相联系的。其公共性本质不是像西方国家政治体制下那样通过政党竞争、议会控制、利益集团等制度机制，调和多元分立甚至相互冲突的不同社会利益诉求而形成和实现的，而是在中国共产党的领导下以实现“两个一百年”和中华民族伟大复兴为根本目标、通过执政党代表人民确定国家民族发展目标并广泛吸纳人民群众共同参与财政决策过程等人民民主途径实现的。在中国共产党统一领导下围绕共同发展目标而形成的财政基本制度安排和运行机制，在根本上不同于西方国家有关财政决策和支出的“公共”过程以及强调立法、行政之间的冲突和控制，而是体现为以人民共同利益和民族整体利益为根本目标的“公共性”实质以及强调立法、行政之间的一致性和协调性（吕炜、靳继东，2019a）。显然，只有在深刻阐释社会主义公共财政的制度本质基础上，才能阐释政府与市场关系框架下我国在市场化改革过程中的财政功能的一般性和特殊性问题。

在“社会主义”条件下发展市场经济，应该如何理解和认识政府与市场在资源配置意义上的角色和定位，以及由此而确定的财政功能范围和作用方式的变化？党的十八届三中全会提出推进国家治理现代化、财政是国家治理的基础和重要支柱以来，如何认识“公共财政论”（张馨，2021）所主张的财政理论逻辑，成为引发财政理论界热烈讨论的一个新话题。在这场学术讨论中，关于社会主义市场经济条件下的财政功能范围和作用方式与社会主义国家及其制度安排联系在一起是毋庸置疑的。讨论的焦点在于，是否应该按照西方国家在历史发展过程中形成并日益成熟的一般市场经济体系中财政功能、范围和作用方式来认识、评价甚至构建我国社会主义市场经济改革过程中的财政功能、范围和作用方式。客观而论，作为资源配置方式的市场经济体系，对财政的功能、范围和作用方式要求有着去除不同制度形式后的趋同性。然而，在社会主义市场经济过程中，财政在制度属性上仍然根本地与中国共产党领导、社会主义制度、公有制经济为主体的国家制度联系在一起，在功能属性上服务于中国共产党领导下的社会主义国家政权安全、服务于中国共产党以市场为手段推进社会主义现代化建设的阶段性需要并适时调整和变化。财政作为国家汲取和配置资源的主要手段，不仅与市场经济体制相连，而且在更深层次也是国家实现其战略目标的重要工具和政府介入资源配置领域的政策手段。这就决定了社会主义市场经济改革过程中的财政本质和功能，在分别对应不同关系层次时也必然呈现多向度的功能定位。① 具体地，在财政与国家的关系层次上，财政的

① 在讨论和研究市场经济条件下的财政功能问题时，大多数现代文献和著述是在政府与市场关系的维度和层次上展开的，即从实现资源配置最大化的基本经济学逻辑出发，进而去推导政府和市场分别在资源配置中的角色和地位——市场应在资源配置中发挥决定性、基础性作用，而政府应发挥补位性、辅助性作用。在我国社会主义市场经济改革过程中，这一经济学逻辑有其实践上的合理性，因为我国的市场经济改革也应该遵循政府与市场关系的一般性，也需要在政府与市场关系框架内来探讨财政作为政府配置资源手段的功能和范围。但如果把这种政府与市场关系放到长周期历史和实践中就会发现，财政显然并不只是对应着政府与市场关系的单一维度和层次，而是分别对应着国家、政府和市场等多重关系层次。第一，即便没有现代市场经济的形成和发展，财政作为国家实现其内外目标的汲取和配置资源的基础性工具、作为政府实现国家意图和战略的政策手段仍然存在并发挥着重要作用，而财政在市场经济条件下的功能和作用只不过是它作为国家和政府的治理基础和政策手段，在市场经济条件下获得和实现新的形式。第二，尽管在资源配置意义上，国（转下页注）

体制变化和功能调整必须继续坚持国家的主体性地位，作为国家发展的基础和血液，以服务国家政权安全、服务国家现代化建设为基本功能向度。在国家与市场的关系层次上，市场经济改革本身就是国家实现其目标和战略的一种手段，[①]财政在服务国家推进现代化建设而采取市场化手段的意义上，要通过自身改革以更好地适应市场经济在资源配置领域发挥决定性作用的要求。与此同时，国家既要扶持和发展市场也要驾驭和规范市场，从

（接上页注①）家和政府作为政治权力在介入时没有根本差异，但市场经济在本质上同时包括资源的市场化配置和使这种资源配置作用充分发挥的制度条件，尤其是在这种制度条件仍然具有历史的、政治的、社会的显著特征的条件下，国家和政府则还是存在显著差异。国家在国际关系领域作为主权者的地位、在国内关系领域作为基本制度规则制定者的角色，显然不是政府所能够替代的，政府只能作为国家的代表和制度规则执行者的角色出现并发挥作用。许多学者在相关研究中以政府替代国家、从政府与市场关系角度探讨资源配置意义上的财政功能和范围，一方面与现代经济学发展过程中越来越将制度框架作为资源配置中的既定"常量"，从而将研究范围越来越限定在这一既定"常量"内的资源配置效率有关；另一方面也与现代西方国家发展过程中日益出现了制定制度规则的政治过程和执行政治规则的政府过程的历史分野有较大关系。随着制度分析在解释市场经济发展和社会整体变迁中的作用越来越凸显，尤其是西方国家政治过程和政策执行日益深入的彼此交织和相互作用趋势，比较历史社会学、发展经济学和制度经济学者纷纷强调"从根本上重新思考国家在经济和社会中的角色"，强调把国家作为社会、经济和政治变迁中的核心解释变量。第三，基于我国的特定历史、国情和制度等政治建设路径，推进社会主义现代化建设和实现中华民族伟大复兴从来都是以国家为本位的，尽管国家作为实现人民民主的主权者、政府（尤其是中央政府）作为实现国家战略的执行者、市场作为服务国家推进社会主义现代化建设的重要手段，三者在本质和方向上是高度统一的，但国家、政府、市场在社会主义市场经济改革过程中的各自角色、功能和方式还是有区别的。因此，本文试图将对社会主义市场经济条件下财政功能的认识和理解，放到国家、政府、市场这个更加丰富和完整的层次上予以解释，从而建立财政－国家、国家－市场、政府－市场、财政－市场等多组对应的概念关系。显然，这既有助于超越从经济学逻辑和市场经济条件下政府市场关系的单一视角去探讨财政定位和功能，从而能够更加全面地认识和理解我国社会主义市场经济下财政的功能定位和实际作用，又能够呈现和反映我国财政在服务党的"两个一百年"目标和国家现代化建设战略中从计划型财政走向市场型财政的历史和实践的一般性和特殊性。〔美〕乔尔·阿伯巴齐、罗伯特·普特南、伯特·罗克曼等：《两种人：官僚与政客》，陶远华、元强国、谭一青等译，求实出版社，1990；Evans, P., and Skocpol, D., *Bringing the State Back in* (New York: Cambridge University Press, 1985); Barkey. K., and Parikh, S., "Comparative Perspectives on the State", *Annual Review of Sociology*, 17 (1), 1991: 523－549.

① 邓小平早在改革开放之初，就大胆提出了计划和市场都是服务社会主义的手段。在南方谈话回顾整个改革开放进程时，他进一步明确指出："计划多一点还是市场多一点，不是社会主义与资本主义的本质区别。计划经济不等于社会主义，资本主义也有计划；市场经济不等于资本主义，社会主义也有市场。计划和市场都是经济手段。"《邓小平文选》（第三卷），人民出版社，1993。

而保障市场经济改革服务于社会主义国家建设的方向，防范无序的过度的市场竞争可能导致的负面后果。相应地，财政既应该按照市场经济发展要求来不断调整和改变自身的体制机制和功能范围，也必须承担通过自身改革和体制完善来规范市场的重要功能。在政府与市场的关系层次上，财政要按照市场经济所要求的政府职能转换调整自身的功能，让市场在资源配置中发挥决定性作用。与此同时，财政作为政府进行资源汲取和分配的手段，也要为政府履行经济调节、市场监管、社会管理、公共服务、生态环境保护等更加广泛的职责提供保障。在财政与市场的关系层面上，社会主义市场经济自然也应该具备一般市场经济所要求的政府与市场关系的共同特征，财政作为政府进行资源配置的重要手段与市场作为资源配置的决定性手段成为并列的对应性范畴。总之，尽管在我国从计划经济向市场经济改革过程中，财政作为资源配置手段在范围和方式的变化上与一般市场经济条件下的要求有着形式上的殊途同归趋势，但财政的功能定位显然不仅仅是弥补市场失灵所决定的财政活动这一个单线条的逻辑，而是分别对应着国家、政府和市场等不同关系层次的要求。因此，只有立足于我国改革过程中财政在服务党的“两个一百年”目标和国家现代化建设战略，从计划型财政走向市场型财政的历史和实践的特殊性，才能更加准确地理解和认识社会主义市场经济条件下财政制度和功能发生的深刻变化。

四　社会主义与市场经济：财政对改革的原创性贡献

党的十一届三中全会以来，我国成功开辟了通过社会主义市场经济更好推进社会主义现代化建设的新道路。之所以称之为最具开创性和突破意义的社会主义伟大实践，一方面是因为它在根本上证明了社会主义制度与市场经济体制可以兼容，打破了因市场经济从一开始就与资本主义制度相联系从而被认为只能适应于资本主义国家制度及私有制等条件的传统观念束缚；另一方面还在于它同时证明了在计划经济向市场经济转型过程中所遇到的体制性障碍和深层次矛盾，不仅不必也不应该归咎于社会主义制度本身，而且完全可以通过社会主义国家制度的完善和发展予以破解，从而证明了社会主义本身的强大生命力和显著制度优势。在改革开放的伟大实践中，我国能够同时取得市场经济改革成功和社会主义制度体系和治理效能的完善提升，源于中国共产党自诞生以来就具有的鲜明现代化建设实践导向，始终按照建设社会主义现代化国家和实现民族伟大复兴的根本使命和历史担当，在坚持社会主义制度的同时始终推进实践创新和理论创新，不断突破不适应现代化建设需要和不适应阶段性要求的观念束缚。坚持把计划经济体制和市场经济体制都作为实现社会主义现代化建设国家战略的工具和手段，从而得以开辟社会主义市场经济的新道路、新境界。“共产党持续执政肯定是中国经济改革中最显著的特征之一……苏联国家的经济转型中，曾经的共产党政权相继解体，为市场经济改革让步，而中国因共产党政权和市场经济共存共荣而独一无二”（科斯、王宁，2013）。显然，只有立足于中国共产党领导下的“政党－国家”制度，立足于财政服务社会主义现代化建设和市场经济改革的历史和实践，才能从根本上回答中国社会主义市场经济改革的原创性贡献，并在这种贡献中形成对中国独特财政改革道路的深刻理论认识。

（一）社会主义与市场经济的理论与实践尝试

回顾中国40多年的改革开放历程，在社会主义制度下进行市场经济改革，没有固定的模式可以遵循，更缺乏成功的经验可以借鉴，遇到的首要理论问题是：社会主义根本制度与市场经济运行机制是否可以兼容？与这一质疑相联系的是：马克思和恩格斯对资本主义市场经济的批判是否同时意味着社会主义制度与市场经济是矛盾的？从历史和实践上看，市场经济作为实现资源有效配置的重要手段，是在与资本主义历史性结合的进程中充分展现出来的。正是在此意义上，马克思和恩格斯（1972）历史性地肯定了市场经济在资本主义社会创造的生产力，“比过去一切世代创造的全部生产力还要多，还要大”。然而，这是否同时意味着，市场经济只有在资本主义制度条件下才能够发挥有效资源配置的作用，或者市场经济本身只是资本主义的本质特征从而与社会主义制度格格不入呢？早在对商品经济的历史考察中，马克思就在根本上否定了商品交换和市场经济源于人类自身固有天性的观点（斯密，2009），指出“商品交换过程最初不是在原始公社的内部出现的，而是在它的尽头，在它的边界上，在它和其他公社接触的少数地点出现的”（马克思、恩格斯，1962）。这种市场经济“外生性”论断强调的是，市场经济能够与任何一种社会制度要素相结合。早在近代资本主义和国家制度产生之前，国家内部仍然存在商品交换，但这种商品交换是以特有的社会组织和制度为前提的，即家庭与家庭、庄园与庄园以及人与人之间都存在商品交换关系。近代，随着资本主义生产方式和国家制度的产生和发展，市场经济越来越广泛地打破了原有的组织边界，并日益将这些原有的组织统一或整合到不断扩张的市场体系。历史地看，这意味着市场经济在形式上具有比资本主义生产方式更加宽泛和古老的历史性质，所谓市场经济与资本主义在历史意义上的天然联系实际上并非是市场经济在本质上的固有属性。“在人类历史上，也正是资本主义第一次在劳动力成为商品的基础上，将市场经济转变为社会内部的经济秩序，从而使市场经济具有了资本主义特有的历史性质”（尤绪超，2015）。尽管在历史上市场经济是和现代私有资本主义的兴起紧密相连的，但市场经济作为一种途径并不一定非要限制在那种制度下不可（贝尔，1989）。以此来看，一方面在于马克思、恩格斯在19世纪对市场经济的批判和否定，他们所批判的是无序的、垄断的和显失公平的市场经济，他们揭示的是市场经济给人类社会带来的巨大灾难的历史根源——资本主义的私有制以及保护私有制的资本主义国家制度。而如果将“工资和剩余价值，必要劳动和剩余劳动”等市场经济“独特的资本主义性质去掉，那么，剩下的就不再是这几种形式，而只是它们的为一切社会生产方式所共有的基础”（马克思，1975）。另一方面则是由于19世纪的马克思、恩格斯所预期的共产主义社会应当是随着贸易自由的实现和全球市场的建立而出现的全球现象，这种全球现象的共产主义革命尽管在形式上而非内容上应该首先在一国范围内爆发，但他们所强调的是在相对发达的资本主义国家首先出现，而没有预见到20世纪社会主义革命实际上是在资本主义的薄弱环节，也就是经济不发达的、同时也是市场经济不发达的国家首先发生。因而也没有预见到对于经济物质基础相对落后的社会主义国家而言，市场经济的充分发展仍然是社会主义制度建立后解放和发展生产力不可逾越的重要阶段。

如果说马克思、恩格斯对资本主义市场经济的批判以及对社会主义应该在消灭私有制后采取计划方式来摆脱经济的无序和混乱状态的预言还只是出于没有预见到未来社会主义国家建设实践的话，那么当20世纪社会主义国家相继产生以后，“现实的社会主义”国家就不得不面对这样一个基本的共同事实：它们都是在不成熟的条件下开始向社会主义转变的（布鲁斯、拉斯基，1998）。在不具备一定先决条件（包括经济规模、自然资源禀赋和一定的初始工业基础）的国家建设社会主义，“我们为什么不能首先用革命手段取得达到这个一定水平的前提，然后在工农政权和苏维埃制度的基础上赶上别国人民呢?”（列宁，1995）显然，关于在不成熟条件下建设社会主义的思想实质，就是运用国家力量来摆脱经济落后状态，达到建设社会主义所要求的水平。为了运用国家力量完成经济现代化和“赶上其他国家”的任务，在实践中就采取了由国家接管全国大部分的物质资本（生产资料）即实行生产资料的公有制，并且要求国家应当控制资源配置和利用的全过程，即为实现经济现代化而集中地汲取和配置社会资源。这就历史性地决定了，在社会主义国家建立之初形成高度集中统一的计划经济体制，即以国家力量为主导的全社会资源汲取体制和分配体制。进而，由这种“现实的社会主义”国家战略所驱动而形成计划经济体制下财政的基本制度和功能，即在计划经济体制下财政必然是国家实施赶超战略的基本制度安排并为快速工业化而集中性地汲取和分配资源。历史地看，这种在国家赶超战略下所形成的计划经济体制和高度集中的财政体制，在社会主义国家快速推进工业化进程及维护政权安全等方面发挥了重要的历史作用，但同时也引发了在社会主义公有制及计划经济体制下能否有效实现有助于微观经济行为的经济核算大讨论（哈耶克，2003；兰格，1981）。而且，随着高度集中的计划体制所固有的内在缺陷不断显现和爆发，在社会主义制度下是否以及如何更好地利用市场的作用逐步成为社会主义国家在理论和实践上必须面对的重要问题。在理论上，东欧等社会主义国家先后出现“含内置市场机制的计划经济模式”（布鲁斯、拉斯基，1998）、“有宏观调控的市场协调模式”（科尔内，1987）、“以市场机制为基础的分配计划模式（希克，1982）”等试图将计划与市场结合起来的一系列理论观点。在实践上，以匈牙利、波兰、捷克斯洛伐克和罗马尼亚等国家为代表，许多前社会主义国家也开始了社会主义制度条件下的市场化改革探索。怎样评价这些国家的市场化改革探索成效，或者说怎样衡量改革了的经济体制成功或失败？关键在于，与过去的体制相比或者与未改革的体制相比，社会主义的经济改革是否在经济活动的环境和经济主体的行为方式方面带来了预期的结果。换言之，与传统的命令体制相比，已经开启的市场化改革与社会主义经济的嫁接是否（如果是，又在什么程度上）带来了经济运行方面的真正变化

（布鲁斯、拉斯基，1998）。从前东欧社会主义国家的市场化改革探索来看，这些国家试图扩大市场机制作用的新经济机制主要集中于提高经济效率，其内容更多的是实际政策上的变化而未触及（至少是深层次上的）体制变化。国有企业只是在形式上不再完全按照计划运转，改革的基本主张不是放弃中央计划而是强调运用经济手段来消除"计划的自相矛盾"。从 20 世纪 90 年代前社会主义国家市场改革探索最终失败的历史教训来看，在社会主义制度条件下进行市场化改革，至少与能否处理好这样一些重要问题和关系有关：一是如何处理探索适合自身国情的改革道路与坚持社会主义制度尤其是公有制的意识形态之间的关系。① 二是如何有效地实现计划体制向市场体制两种经济秩序的历史性转换。无论是在改革初期单纯强调发挥市场的作用而不触及相应的体制机制改革和制度变革，还是在改革后期以西方国家在其长历史周期中形成的市场经济机制及其制度框架为参照进行放弃社会主义根本制度的变革，都是失之偏颇的。从历史的角度看，这两种体制的转变不可能短时期内一蹴而就，而是需要在较长的历史过程中逐步培育和健全市场机制形成所需要的系统性措施和为改革成本消化提供充足资源。科尔内（1987）在描述匈牙利市场化改革过程时曾经指出，"天真的改革家……认为，在废除了命令体制，从直接控制转到间接控制以后，就具备了市场顺利运行的充分条件"，这种对改革的长期性和复杂性估计严重不足的态度显然是不足取的。三是如何认识和处理市场化改革遇到的体制性障碍和深层次矛盾。在遇到种种障碍时是将挫折归咎于社会主义制度本身，② 还是强调通过完善和改革社会主义制度为市场化改革创造条件，也就是说，是否能够高度重视和正确认识改革本身对完善和发展制度的反向倒

① 捷克斯洛伐克理论家希克（1982）认为，僵化的意识形态对市场化改革有阻碍作用，在"社会主义国家"人们出于意识形态的原因，特别是出于政权利益，把一切试图重新运用市场基本作用的企图都当作"资本主义的""修正主义的""反社会主义的"行为加以追究，并压制其相应的理论和探讨，迫害这些理论的代表者。〔捷〕奥塔·希克：《第三条道路》，张斌译，人民出版社，1982；〔英〕莫舍·卢因：《苏联经济论战中的政治潜流——从布哈林到现代改革派》，倪孝铨、张多一、王复加译，中国对外翻译出版公司，1983。

② 科尔内（1987）在评论匈牙利的市场化改革过程时认为，改革措施与所有制形式是矛盾的，已经采取的强化利润动机、自由进入市场、硬化预算约束、灵活的工资决定、有效的资本市场等改革措施，与社会主义国家所有制的制度形式是矛盾的。〔匈〕亚诺什·科尔内：《理想与现实——匈牙利的改革过程》，荣敬本、邱树芳、高新军、詹小洪译，中国经济出版社，1987。

逼和突破价值。四是如何掌控改革的方向和过程，即是否能够始终坚持市场化改革为社会主义制度服务的初衷。从市场化改革本身所蕴含的从计划经济体制向市场经济体制转轨的含义来看，转轨过程初期必然会伴随缩小国家活动范围、减少政府干预的实践过程，但在此过程中是否保持国家的必要控制和政府的主导作用，不同国家的实践最终导致在转轨效果上的显著差异。20 世纪 90 年代以来，世界上有 30 多个实行计划经济体制的前社会主义国家先后开始了向市场经济体制的转轨，大部分国家选择了将经济转轨与政治体制变革联系起来的“休克疗法”，在市场自由化、产权私有化的同时，推进以弱化国家作用和大规模放开政府干预的策略，从最终效果上看这种“激进模式”使不少转轨国家陷入了长期的衰退和制度困境。

（二）中国社会主义市场经济改革中的财政逻辑与独特贡献

我国在社会主义制度条件下进行的市场经济改革，最直接的任务是实现资源配置方式和经济运行机制从计划经济向市场经济的根本转变，从而实现社会主义制度与市场经济运行机制的有机统一，使市场经济能够有效地为社会主义国家战略和现代化建设服务。在经济运行机制和资源配置方式上，财政作为国家管理经济和配置资源的主要手段，在由计划向市场转轨的过程中必然要面临资源配置方式的市场化转变。在国家实现现代化战略目标及其实现路径上，财政作为国家的重要基础和政策工具，也同样面临服务市场经济改革的任务。上述两个方面决定了财政成为改革的突破口和推进改革的重要手段，必然呈现某种程度上的改革形态。这种特殊改革过程中的财政形态，同时承担服务国家现代化建设战略和服务两种经济秩序转换的双重使命。在理论上对这种特定改革形态财政实践的认识和评价，也必须同时反映和呈现财政的双重作用。无论哪一方面，都需要回归到财政作为国家资源汲取和配置手段的本源功能，总结财政在这一特定历史过程中为推动市场经济改革而采取的举措和走过的实践道路，从而真正回答中国财政改革为实现社会主义市场经济这一最具开创性和突破价值的实践道路所做出的历史性贡献，真正认识在这一过程中形成的中国特色的财政制度和理论体系的独特价值。

第一，从中国共产党建党百年的历史视野来看，尽管财政作为资源汲取和配置手段是始终如一的，但在中国共产党领导下的社会主义革命、建设和改革等不同历史时期，财政始终都围绕着党和国家战略重心和阶段性任务而不断调整和变化。换言之，不同历史发展阶段的财政活动、功能范围和作用方式的变化，始终是在党和国家实现现代化国家建设和民族复兴的历史大局中展开的。基于这种始终坚持财政围绕服务现代化建设和民族复兴根本目标、围绕党和国家不同时期推进现代化建设的战略大局的上位逻辑，党和国家才得以实现计划和市场“两者都是手段，市场也可以为社会主义服务”（邓小平，1993）的理论突破和创新。既然市场经济改革本身也是服务于社会主义现代化国家建设而采取的途径和手段，财政在这一过程中为培育、壮大和规范市场而进行的体制机制变革，同样也是为实现社会主义现代化国家建设根本目标而必须采取的举措。正因如此，财政改革才能逐渐摆脱将计划经济当作社会主义本质属性的观念障碍，财政在计划体制下作为政府直接管理经济和配置资源的手段才得以转变为市场经济体制下的政府宏观调控手段，在资源配置中更多让位于市场机制发挥决定性作用。财政作为服务国家现代化战略的基本手段，也是服务市场经济建设的重要手段，我国在市场经济改革过程中对于财政功能定位、作用范围和方式的判断和选择，从来都不是简单地将财政与计划经济体制或者市场经济体制先天地联系到一起，而是根据国家开展市场化改革、推进市场经济建设的阶段性需要而做出适应性的调试和转变。应该说，这是财政改革得以有效地服务市场经济改革过程、探索适合我国国情的市场经济和财政改革道路的重要原因。与苏联、东欧等社会主义国家改革难以突破僵化的意识形态束缚和深层次体制机制障碍相比，我国坚持财政为社会主义现代化建设服务、为“两个一百年”战略目标服务的实践取向，使财政改革成为计划经济体制的突破口，并逐步形成适应市场经济需要的财政体制和运行机制。这种在市场经济改革过程中形成和积累的重要历史经验，为阐释我国显著制度优势和特征提供了实践基础（韩博天，2018）。

第二，财政作为国家资源配置的重要方式，在改革过程中通过深入推进体制机制改革不断激发和释放资源配置活力，为市场经济改革提供了重要动力。从计划体制向市场体制转轨的关键问题是改革进程中政府与市场资源配置主体角色的转换方式、步骤和过程。但就社会主义国家市场化改革的实际过程而言，市场化改革的开启并不意味着市场能够自然地出现和自动发挥作用，“如果转轨的目标是引入能促进持续发展的市场因素，那么很明显市场无法自己完成这一过程或者无法独自完成……市场这个目标是不能通过将其自身作为工具而达到的。也就是说，如果已经有了市场，就不会有转轨，如果有转轨，就还没有市场”（科勒德克，2000）。显然，在改革过程中如何培育发展市场、提供市场得以发挥有效配置资源作用的制度条件和激励，是市场经济改革中必须面对的重要问题。在市场经济改革初期，财政通过不断放权让利做减法，通过“分灶吃饭”“财政包干”等改革措施持续向地方政府分权、向企业微观主体放权，激励地方政府发展动力并为微观企业主体注入活力，通过推进价格改革、“双轨制”培育体制外市场力量的发展，实现了市场机制从无到有的历史性破题。在改革迅速推动市场形成和经济增长的基础上，针对改革过程中出现的区域性市场分割、国家调控能力下降等突出矛盾，推出以增强中央政府调控能力和建立全国统一市场为主要目标的分税制改革，推动公平竞争市场环境的形成和要素自由流动。立足发展实际完善央地财政关系，为地方政府谋求发展提供制度激励，保障市场经济发展的正确方向，为建立和发展社会主义市场经济提供了重要体制基础。在深入推进市场经济发展过程中，通过建立和完善社会主义公共财政制度，推进农村税费改革和税收制度改革，推进财政支出的公共化和支出结构的合理化，为实现社会主义和市场经济的有效对接提供了重要的制度保障。党的十八大以来，以习近平同志为核心的党中央根据我国社会主要矛盾的深刻变化，做出“财政是国家治理的基础和重要支柱，科学的财税体制是优化资源配置、维护市场统一、促进社会公平、实现国家长治久安的制度保障”的新论断，全面推进改进预算管理制度、完善税收制度以及建立事权和支出责任相适应的制度等系统性财政改革，为新时代继续深化中国特色中央和地方财政关系改革、实现有效市场和有为政府的有机统一、全面推进社会主义现代化强国建设奠定了制度基础。

第三，财政作为国家汲取资源的手段，在市场经济建设过程中为内生性改革成本提供兜底保障，为实现社会大局稳定和市场化深入推进提供了重要保障。改革必须有必不可少的资源以支持所进行的变革（科勒德克，2000）。从计划经济和市场经济两种经济秩序的转变来看，市场化改革在形式上体现为资源配置方式和经济运行机制的深刻变革，在实质上导致社会利益关系和利益结构的日益分化和深刻调整，也必然会产生因两种经济秩序转换而产生的大量内生性改革成本。比如，新旧体制过渡的制度转轨成本、改革次序和发展战略导致的结构性成本、特殊发展阶段下被累积和隐藏的跨期成本。这些内生于改革过程的成本难以由市场自主消化（吕炜，2005），而必须由国家最终承担，为市场经济改革持续推进提供支撑，财政汲取和保障能力就成为市场化改革顺利进行的重要条件。在从计划经济向市场经济的转型过程中，通过实施价格双轨制、发展乡镇企业、实行分权化改革、允许地方非规范性财政收入存在以及为市场主体提供公平统一的法律和政策环境等改革措施，让地方政府、国有企业等传统经济主体得以部分地跳出传统体制约束，使市场机制在传统体制框架外形成边际改革效应并最终走向资源配置的中心地位，同时也在体制外不断创造出新的财政资源汲取来源和方式。市场体制转型的一个关键步骤，是要提升要素市场的地位（科斯、王宁，2013）。在财政改革的实践过程中，我国通过将原有国家垄断和掌控的生产要素渐进地实现市场化，持续创造和开辟了新的资源汲取来源，提升了财政对承担市场化改革的汲取和保障能力，确保了改革内生成本的消化和社会大局的稳定。由于这些改革措施，中国的市场化过程呈现某种程度上的“资源创造型”改革特征，而没有出现其他社会主义国家市场化改革的“自我掠夺型”改革现象（乔纳蒂，2008）。对比苏联、东欧国家在20世纪90年代市场化改革面临社会稳定和利益矛盾而手足无措的状况，我国财政在改革过程中不断创造和激发新的资源汲取方式，不能不说是保障市场经济改革顺利推进尤其是有效缓和社会矛盾和冲突的独特贡献。当然，在改革过程中曾经出现了许多不规范的财政筹资方式，尤其是与成熟市场经济相比存在很多不规范的财政行为和活动，但历史地看，这些看似不尽规范的财政现象和活动恰恰在保障改革顺利进行中发挥了重要作用，是这个阶段财政活动的一种特殊形态。相比之下，20世纪90年代苏联和东欧国家在面临改革困境时按照西方国家开出的“市场化改革药方”严格规范财政收支、削弱国家财政能力等脱离实际的做法，不能不说是个巨大的失误。

第四，从为市场化改革提供基础性制度激励、保证改革为社会主义制度和国家战略服务的角度看，强调国家在财政中的主体性地位和作为国家代表的中央政府权威始终是我国社会主义市场经济改革形成的显著制度特征和优势。从前社会主义国家市场化改革的政治经济背景来看，经济短缺、软预算约束（科尔内，1987）只是传统计划经济体制问题的表征而并非其根源，原有体制下形成的市场对国家、经济对政治、地方对中央事实上的高度依附关系，才是导致资源配置扭曲的制度根源。因此，在市场化改革过程中，一方面必须按照市场经济的一般性要求，让市场发挥资源配置决定性作用，国家从也微观活动和资源配置领域持续退出，但就改革整体进程而言，国家还始终面临培育壮大市场和纠偏市场内生性问题的双重任务。这就决定了国家在市场经济改革过程中所扮演的角色绝不仅仅是“守夜人”或者是为市场服务的工具，而应该在引导经济社会发展方向、实现社会公共利益和国家战略目标中占据主导性地位。“没有一个强有力的政府和合理的经济社会政策，就不会有社会主义”（张宇，1997）。从中国市场化改革成功的经验角度来看，始终强调和重视充分发挥央地“两个积极性”的体制机制，从而保障国家对市场经济改革方向、步骤和过程的掌控能力，无疑是推动我国市场经济改革取得成功的体制根源。[①] 从我国中央和地方财政关系调整的实践过程来看，不同发展阶段央地财政关系的调整，地方政府的激励也始终贯彻着中央向地方纵向分权、政府向市场横向放权的双重趋向，从而确保了社会主义制度条件下不断深化市场化改革的基本方向。与此同时，财政在体制上坚持主要财权集中于中央政府从而保障中央政府权威，为市场经济改革始终保持正确的政治方向提供了重要的体制基础。[②] 这种既强调向地

① 事实上，在从 1949 年新中国成立到 1978 年长期实行计划经济体制的过程中，党和国家始终立足于探索社会主义建设规律而对财政体制进行不断调整。尽管改革开放之前的财政体制调整更多体现为中央和地方的行政性集权和分权特征，但这些计划经济条件下对财政体制进行调整的实践探索也构成了改革开放后财政体制改革的历史基础和经验积累。在这些历史基础上，我国 1978 年之后开展了央地财政体制和关系调整，最显著的特征在于中央政府对地方政府开始真正意义上赋权（改革之初的“分灶吃饭”改革，使地方政府拥有了一定的自主支配的财力，可以自主选择过去受中央支配的收支活动，从而才导致了真正意义上的地方政府经济行为）的同时，进行了诸如放开价格、扩大企业自主权、鼓励乡镇企业和个体私营经济发展等市场化改革措施。这就使在过去计划经济体制下由中央集中配置资源逐渐向地方配置资源、市场配置资源等方式转变，从而形成了中国特有的市场化改革与经济发展道路的模式。

② 曾任财政部部长的项怀诚回顾分税制改革背景时曾提及 1987 年在南斯拉夫考察时该国副部长提出财政收入占国民收入比例过低（11%）的问题。对比之后南斯拉夫发生的事件，指出财政收入占 GDP 的比重、中央财政占全国财政收入的比重，这个比例关系是决定国家命运的，如果下降到 11%，政府的职能想要维持都很难，国家政权安全也难以得到保障。中国经济体制改革研究会：《见证重大改革决策——改革亲历者口述历史》，社会科学文献出版社，2018。

方、市场分权从而不断深化市场经济改革，又强调驾驭市场、避免市场化手段可能产生的负面后果以始终保持社会主义方向的财政改革，其主要特征和建设经验如下。一是坚持确保中央政府权威和激励地方竞争双重导向，即一方面通过财政责权利下放为地方政府提供有效的制度激励，形成地方政府谋求推动经济增长和市场改革的重要动力；另一方面始终注重保持中央政府权威、宏观调控能力和整体改革进程，保障市场经济发展始终服务于国家发展的战略目标和方向。二是坚持根据市场化改革不同阶段要求动态调整央地财政关系，即一方面中央政府在坚持现代化强国建设总体战略下，为地方政府提供较大的财政弹性空间，形成对地方政府的持续激励；另一方面根据市场化不断成熟的阶段性要求，逐步禁止与取缔地方政府过度的不规范财政行为，逐步规范地方政府行为方式以符合市场化改革方向，从而形成了适应改革过程要求、充满弹性张力的制度安排。三是坚持向地方下放财政权力以增强地方积极性与推动政府向市场放权以释放市场活力并行推进，推进政府和市场关系的进一步理顺，确保政府成为市场化改革和经济发展的“扶持之手”而不是“掠夺之手”，为激发和释放市场主体活力和经济发展动力提供了制度保障。

第五，财政作为国家治理的基础和重要支柱，在社会主义市场经济改革过程中通过自身体制机制改革推动市场在资源配置中发挥决定性作用的同时，也在不断发展和完善着扎根于中国改革过程的财政制度，从而经典地诠释了社会主义市场经济发展推动国家治理体系和治理能力现代化的制度经验。从社会主义国家市场化改革的历史经验和教训来看，社会主义和市场经济能不能以及如何更好地结合，是关系社会主义市场经济改革成败的重大问题。具体来看，就是在不断建立和完善市场经济所要求的一般性基础条件的同时，能否形成通过改革持续推动社会主义制度不断完善和发展的制度机制，从而使社会主义制度本身能够在市场化改革中更加成熟、更加定型。从中国改革实践来看，社会主义及公有制条件下的市场经济建设，不仅范围和深度已经远远超出了科尔内（1987）认为不可能解决的强化利润动机、自由进入市场、硬化预算约束、灵活的工资决定、有效的资本市场等问题，而且在体制和制度含义上早已突破了传统社会主义所有制形式和经济运行体制。以公有制为基础的多种所有制形式共同发展，社会主义市场经济体制成为社会主义基本经济制度的重要内容，不仅在实践上越来越证明着社会主义和公有制与市场化改革是兼容的，而且在更深刻的意义上表明市场经济的改革和发展也可以不断丰富和完善社会主义制度本身。在我国社会主义市场经济改革的特殊历史过程中，财政在服务国家现代化建设、服务由计划经济到市场经济两种经济体制转换中，在自身不断改革调试和发展完善的同时，也在日益深刻地推进着财政与国家、财政与市场关系的不断完善，如改革过程中出现的具有试错、调适性质的阶段性改革措施，以及财政功能在改革过程中所呈现出来的“包容性”制度设计和渐进演进特征。财政在改革过程中展现出来的以激励性机制促进市场发展和改革深化，又通过强有力的中央政府控制来驾驭市场和规范改革等一系列实践特征，本身也构成了发展和完善中国特色社会主义制度体系和国家治理效能的重要实践源泉。正是在此意义上，财政作为国家治理的基础和重要支柱，在改革实践中所形成的功能和制度两个层面上的完善和发展，是其为中国社会主义市场经济和国家治理现代化所做出的真正贡献。经由这种历史过程和成功实践，财政改革不仅提高了社会主义制度条件下建设市场经济的理论可能性，而且进一步在实践上形成了中国特色社会主义的显著制度优势和治理效能，从而有助于社会主义国家治理和制度体系更加成熟、更加定型，证明了社会主义制度自我调适、完善和与时俱进的强大生命力。①

五　结论

关于中国社会主义市场经济改革可能具有的世界意义，邓小平（1993）早在改革开放初期就预言式地指出，“我们的改革不仅在中国，而且在国

① 恩格斯在致奥托·伯尼克的信中就已经指出，“所谓‘社会主义社会’不是一种一成不变的东西，而应当和任何其他社会制度一样，把它看成是经常变化和改革的社会”。这不仅指出了社会主义社会本身作为从资本主义向共产主义过渡的一种特定形态，是发展的、历史的性质，而且也深刻地揭示出社会主义制度本身应该随着历史和实践而不断地进行制度调适和改革演进的科学规律。从社会主义国家发展的历史经验道路来看，社会主义从来不是也不应该是一种僵化的教条和固定的模式，而应该将马克思主义关于社会主义发展的科学预见和一般规律与各国社会主义建设实践相结合，走历史和实践的社会主义道路。恩格斯：《恩格斯致奥托·伯尼克》（1890 年 8 月 21 日），载邓子基《马克思恩格斯论财政》，厦门大学出版社，1988。

际范围内也是一种试验，我们相信会成功。如果成功了，可以为世界上的社会主义事业和不发达国家的发展提供某些经验”。经过 40 多年的伟大改革实践，我们不仅完全可以相信改革已经取得了历史性的成功，而且能够为世界上其他发展中国家或地区提供更多的道路经验和发展启示。在社会主义市场经济改革成功服务社会主义现代化国家建设的历史和实践中，我国不仅已经顺利完成“建党百年”的宏伟目标，向全面开启建设社会主义现代化新征程的“建国百年”目标迈进，而且走出了一条完全不同于西方资本主义制度发展模式、能够在社会主义制度下进行市场经济建设的新道路。归根结底，改革的成功及其所形成的中国道路和中国经验，最本质的制度特征、最根本的历史经验在于中国共产党领导下的“政党 - 国家”制度及其显著优势，它完全展现了社会主义事业的强大生命力和未来光明前景。

本文在中国共产党建党百年的历史视野下，提出财政、国家与政党的逻辑框架，用以观察和分析百年来中国共产党领导下财政服务社会主义现代化国家建设的历史和实践。将当前对于社会主义市场经济条件下财政本质、功能和方向的认识和讨论，放到中国共产党领导下建立社会主义国家政权、开辟社会主义现代化建设道路和社会主义市场经济改革的历史逻辑中，放到资本主义和社会主义两种制度条件下的不同改革实践中，为全面认识在中国国情和制度实践中形成的财政建设道路、财政本质特征和财政制度安排提供了一种方法论基础。这不仅有助于我们客观评价财政在我国不同历史发展时期的实践和理论形态之间的内在联系和差异，而且有助于从国家、政府、市场等不同关系结构中有效辨识财政功能范围和方式的不同向度和层次，从而跳出单纯从某一历史时期、某一经济体制角度认识和评价财政实践活动和理论形态的短周期视界，在历史长周期和我国特定制度框架内形成对我国财政本质、道路、制度和理论的基本认识。这既有财政在党的十八届三中全会的重要定位后重新认识社会主义市场经济条件下财政本质、财政功能的现实动机和实践需求，也在更深层次上反映了面向新时代实现第二个百年目标重大使命时，我们需要在思想和理论上重新认识和构建中国自己的财政话语体系，从而实现基于实践经验和时代要求的财政理论自觉和理论自信的根本要求。

参考文献

[1]〔波兰〕奥斯卡·兰格：《社会主义经济理论》，王宏昌译，中国社会科学出版社，1981。

[2]〔捷〕奥塔·希克：《第三条道路》，张斌译，人民出版社，1982。

[3]〔美〕丹尼尔·贝尔：《资本主义文化矛盾》，赵一凡、蒲隆、任晓晋译，生活·读书·新知三联书店，1989。

[4]〔美〕道格拉斯·C. 诺思：《经济史中的结构与变迁》，陈郁、罗华平等译，上海三联书店、上海人民出版社，1994。

[5] 邓小平：《对中国改革的两种评价》（1985 年 8 月 21 日），载《邓小平文选》（第三卷），人民出版社，1993。

[6] 邓小平：《视察上海时的谈话》（1991 年 1 月 28 日 ~2 月 8 日），载《邓小平文选》（第三卷），人民出版社，1993。

[7] 邓小平：《在全国科学大会开幕式上的讲话》（1978 年 3 月 18 日），载《邓小平文选》（第二卷），人民出版社，1994。

[8] 邓子基：《马克思恩格斯论财政》，厦门大学出版社，1988。

[9] 恩格斯：《家庭、私有制和国家的起源》，载《马克思恩格斯选集》（第四卷）人民出版社，2018。

[10]〔英〕F. A. 冯·哈耶克：《个人主义与经济秩序》，邓正来译，生活·读书·新知三联书店，2003。

[11]〔意〕G. 萨托利：《政党与政党体制》，王明进译，商务印书馆，2006。

[12]〔波兰〕格泽戈尔兹·W. 科勒德克：《从休克到治疗：后社会主义转轨的政治经济》，刘晓勇、应春子等译，上海远东出版社，2000。

[13] 郭忠华、郭台辉：《当代国家理论：基础与前沿》，南方出版传媒、广东人民出版社，2017。

[14]〔德〕韩博天：《红天鹅：中国独特的治理和制度创新》，石磊译，中信出版集团，2018。

[15] 韩冬雪、胡晓迪：《论中国共产党领导地位形成的历史逻辑——基于使命型政党特质与中国现代化进程的分析》，《湖南大学学报（社会科学版）》2020 年第 3 期。

[16] 何振一：《关于“社会共同需要论”的研究及其发展》，《中央财经大学学报》2012 年第 1 期。

[17]〔美〕华勒斯坦等：《开放社会科学》，刘锋译，生活·读书·新知三联书店，1997。

[18]〔美〕吉尔伯特·罗兹曼主编《中国的现代化》，国家社会科学基金“比较现代化”课题组译，江苏人民出版社，2003。

[19]〔美〕加布里埃尔·A. 阿尔蒙德、小 G. 宾厄姆·鲍威尔：《比较政治学——体系、过程和政策》，曹沛霖、郑世平、公婷、陈峰译，东方出版社，2007。

[20] 江西省税务局、福建省税务局、江西省档案馆、福建省档案馆：《中央革命根据地工商税收史料选编（1929.1—1934.2）》，福建人民出版社，1985。

[21]〔英〕凯特·纳什、阿兰·斯科特：《布莱克维尔政治社会学指南》，李雪、吴玉鑫、赵蔚译，浙江人民出版社，2007。

[22]〔英〕克里斯多夫·皮尔逊：《论现代国家》，刘国兵译，中国社会科学出版社，2017。

[23] 李海青：《中国共产党：马克思主义的使命型政党》，《江西社会科学》2018年第2期。

[24] 李家宏：《财政，社会主义大厦的首席构筑师》，中国文史出版社，2013。

[25] 李俊生、姚东旻：《财政学需要什么样的理论基础？——兼评市场失灵理论的“失灵”》，《经济研究》2018年第9期。

[26] 列宁：《论我国革命》，载《列宁选集》（第四卷），人民出版社，1995。

[27]《列宁全集》（第一卷），人民出版社，1984。

[28] 林尚立：《政党与国家建设：理解中国政治的维度》，《复旦政治学评论》2012年第2期。

[29] 林尚立：《中国共产党与国家建设》，天津人民出版社，2017。

[30]〔英〕罗纳德·哈里·科斯、王宁：《变革中国：市场经济的中国之路》，徐尧、李哲民译，中信出版社，2013。

[31] 罗荣渠：《现代化新论——世界与中国的现代化进程》，北京大学出版社，1993。

[32] 吕炜、靳继东：《国家治理现代化框架下中国财政改革实践和理论建设的再认识》，《财贸经济》2019a年第2期。

[33] 吕炜、靳继东：《始终服从和服务于社会主义现代化强国建设——新中国财政70年发展的历史逻辑、实践逻辑与理论逻辑》，《管理世界》2019b年第9期。

[34] 吕炜：《转轨过程的最终费用结算与绩效评价》，《中国社会科学》2005年第1期。

[35] 马克思、恩格斯：《马克思恩格斯全集》（第十三卷），人民出版社，1962。

[36] 马克思、恩格斯：《马克思恩格斯选集》（第一卷），人民出版社，1972 。

[37] 马克思：《资本论》（第三卷），人民出版社，1975。

[38]〔德〕马克斯·韦伯：《经济与社会》（上卷），林荣远译，商务印书馆，1997。

[39]〔匈〕玛利亚·乔纳蒂：《自我耗竭式演进：政党—国家体制的模型与验证》，李陈华、许敏兰译，中央编译出版社，2008。

[40]〔美〕曼瑟·奥尔森：《权力与繁荣》，苏长和、嵇飞译，上海人民出版社，2018。

[41] 毛泽东：《抗日时期的经济问题和财政问题》（1942 年 12 月），载《毛泽东选集》（第三卷），人民出版社，1991。

[42]〔英〕莫舍·卢因：《苏联经济论战中的政治潜流——从布哈林到现代改革派》，倪孝铨、张多一、王复加译，中国对外翻译出版公司，1983。

[43] 南汉宸：《陕甘宁边区的财政工作》（1944 年 8 月），载中国财政科学研究院主编《抗日战争时期陕甘宁边区财政经济史料摘编》（第六编 财政），长江文艺出版社，2016。

[44]〔美〕乔尔·阿伯巴齐、罗伯特·普特南、伯特·罗克曼等：《两种人：官僚与政客》，陶远华、元强国、谭一青等译，求实出版社，1990。

[45]〔法〕让·布隆代尔、〔意〕毛里齐奥·科塔主编《政党政府的性质——一种比较性的欧洲视角》，曾淼、林德山译，北京大学出版社，2006。

[46]〔日〕山口重克主编《市场经济：历史·思想·现在》，张季风等译，社会科学文献出版社，2007。

[47]〔美〕T. S. 库恩：《科学革命的结构》，李宝恒、纪树立译，上海科学技术出版社，1980。

[48]〔法〕托克维尔：《旧制度与大革命》，冯棠译，商务印书馆，1992。

[49]〔波兰〕W. 布鲁斯、K. 拉斯基：《从马克思到市场：社会主义对经济体制的求索》，银温泉译，上海三联书店、上海人民出版社，1998。

[50] 王丙乾：《中国财政 60 年回顾与思考》，中国财政经济出版社，2009。

[51] 王绍光：《政党政治的跨国历史比较》，《文化纵横》2018 年第 4 期。

[52]〔美〕西达·斯考切波：《国家与社会革命——对法国、俄国和中国的比较分析》，何俊志、王学东译，上海人民出版社，2007。

[53] 习近平：《不断开拓当代中国马克思主义政治经济学新境界》，《求是》2020 年第 16 期。

[54] 习近平：《在哲学社会科学工作座谈会上的讲话》，《人民日报》2016 年 5 月 19 日。

[55]〔英〕亚当·斯密：《国富论》，胡长明译，人民日报出版社，2009。

[56]〔匈〕亚诺什·科尔内：《理想与现实——匈牙利的改革过程》，荣敬本、邱树芳、高新军 、詹小洪译，中国经济出版社，1987。

[57] 尤绪超：《社会主义市场经济：溯源、争论和发展》，中国财政经济出版

社，2015。

[58]〔英〕约翰·希克斯：《经济史理论》，厉以平译，商务印书馆，1987。

[59]〔美〕詹姆斯·W. 汤普逊：《中世纪晚期欧洲经济社会史》，徐家玲等译，商务印书馆，1996。

[60] 张紧跟：《论使命型政党的治理机制》，《四川大学学报（哲学社会科学版）》2019 年第 2 期。

[61] 张馨：《“市场失效论”和“公共产品论”不成立吗——论市场经济下财政学的理论基础》，《财贸经济》2021 年第 1 期。

[62] 张宇：《社会主义与市场经济的联姻》，《经济理论与经济管理》1997 年第 3 期。

[63] 中国经济体制改革研究会：《见证重大改革决策——改革亲历者口述历史》，社会科学文献出版社，2018。

[64] Badie, B., and Birnbaum, P., *The Sociology of the State* (Chicago: Chicago University Press, 1983).

[65] Barkey, K., and Parikh, S., "Comparative Perspectives on the State", *Annual Review of Sociology*, 17 (1), 1991: 523-549.

[66] Bobbio, N., *Democracy and Dictatorship* (Cambridge: Polity Press, 1989).

[67] Evans, P., and Skocpol, D., *Bringing the State Back in* (New York: Cambridge University Press, 1985).

[68] Migdal, J. S. "The State in Soiety: An Approach to Struggle for Domination", *in* Migdal, J. S., Kohli A., and Shue, V., *State Power and Social Forces: Domination and Transformation in the Third World* (Cambridge University Press, 2001).

[69] Tilly, C., *The Formation of National State in Western Europe* (Princeton University Press, 1975).

中国共产党领导的财政事业：历史回顾与未来展望*

杨志勇**

摘　要：学习百年党史，要做到学史明理、学史增信、学史崇德、学史力行。中国共产党领导的财政事业的发展是百年党史的重要组成部分。文章结合财政事业发展，谈学习百年党史的体会，并思考财政事业发展中的一些重要问题，主要内容包括四个方面：党领导的财政事业成功的原因；财政事业发展中克服困难增强信心信念；财政事业探索中的忠诚与专业能力；财政更好地服务于党和国家的事业全局。学党史、悟思想、办实事、开新局，对于财政理论工作者来说，就是要对照现实，创新财政理论，按照加快构建中国特色哲学社会科学的要求，加快构建中国财政学。

关键词：财政事业　中共党史　党史学习教育　财税改革　中国财政学

一　引言

在中国共产党成立一百周年之际，中共中央印发《关于在全党开展党

* 原文首发于《财贸经济》2021年第7期，经作者本人和杂志社同意，收录于本书。

** 杨志勇，经济学博士，教授，中国社会科学院财经战略研究院副院长、研究员，主要研究方向为财税理论、比较税制、国际税收。

史学习教育的通知》，就党史学习教育做出部署安排。2021 年 2 月 20 日，习近平总书记在党史学习教育动员大会上的讲话中指出，“党中央印发的《通知》，对这次学习教育工作提出了明确要求，总的来说就是要做到学史明理、学史增信、学史崇德、学史力行，教育引导全党同志学党史、悟思想、办实事、开新局”（习近平，2021）。历史是最好的老师。学习党史，就是要从党的百年伟大奋斗历程中汲取继续前进的智慧和力量。党领导的财政事业的发展是百年党史的重要组成部分。学习一百年来党领导的财政事业发展史，对于做好当下财政工作、更有效地发挥财政在党和国家事业发展中的财力保障作用有着重要意义。文章结合财政事业发展史,[①] 谈学习百年党史的体会，并进一步思考财政事业发展中的一些重要问题。

二　马克思主义与中国财政实践的结合推动党领导的财政事业成功

学习中国共产党领导财政事业的历史，具体说来，就是要通过学习，掌握规律，回答以下问题：中国共产党领导的财政事业为什么能成功？马克思主义与中国实际相结合，是如何指导中国财政实践的？中国特色社会主义好的原因是什么，在财政事业上是如何体现的？事实上，这三个问题是密切相关的。

（一）财政事业成功的关键

中国共产党领导的财政事业的成功，是中国共产党坚持以马克思主义为指导，坚持马克思主义的立场、观点、方法，紧密结合中国实际，并做出正确选择的结果。1938 年毛泽东在中共六届六中全会上首次提出马克思主义中国化这一命题。坚持马克思主义，要坚持的是马克思主义的立场、观点和方法。坚持马克思主义的人民立场，就是始终站在人民大众的立场上，一切为人民，一切相信人民，一切依靠人民，全心全意为人民谋利益。

① 本文参考党史学习教育指定书目《论中国共产党历史》、《毛泽东　邓小平　江泽民　胡锦涛关于中国共产党历史论述摘编》、《习近平新时代中国特色社会主义思想学习问答》、《中国共产党简史》，以及高培勇等（2019）、金冲及（2021）、刘尚希和傅志华等（2019）、杨志勇（2020）、王丙乾（2009）等相关文献。

坚持马克思主义，就是要坚持辩证唯物主义和历史唯物主义，立足国情，解决现实问题。以人民为中心的财政事业，得到了人民的拥护和支持，这是成功的重要前提条件。

（二）摆脱教条，立足中国财政实践

教条化地理解马克思主义，会给中国革命事业带来巨大挫折。中国财政实践的成功，是在摆脱教条的基础上获得的。新中国的财政实践生动地反映了这一点。20 世纪 50 年代，新中国财政较多地参考苏联实践，加上实践中的冒进，导致财政运行一度陷入困境。立足中国实际，解决现实问题，经过“调整、巩固、充实、提高”，20 世纪 60 年代初中国财政开始好转。教条化地理解公债，认为“无债一身轻”，把既无内债又无外债当作社会主义优越性的体现，这在特定条件下是可以理解的，但教条化地看待公债，无法发挥其应有的作用，导致政府可用财力的缺乏。改革开放后，对于公债的观念发生了转变，适应社会主义经济建设的需要，为经济建设筹集资金，中国恢复发行公债，促进了经济建设的顺利进行。不仅如此，公债在宏观调控中的作用也得到了充分发挥。过去财政赤字曾令人畏之如虎，谈之色变，不再教条化地理解财政赤字，从财政年度平衡到周期性平衡，再到更多地强调财政政策的积极作用，强调社会总供需平衡，强调宏观经济稳定，国家理财的狭隘思路因此被打开。从计划经济到市场经济，是马克思主义中国化在新时期的生动体现。社会主义市场经济改革目标的确立，极大地释放了市场和社会的活力，财政也发生了极大的变化，构建与社会主义市场经济体制相适应的公共财政框架目标随之提出，并将工作重点放在完善公共财政体制上。进入新时代，党领导的财政事业进入新发展阶段，适应财政是国家治理的基础和重要支柱新定位的需要，建立现代财政制度的改革目标因此确立。

立足国情，中央和地方财政关系的处理是其中又一个生动的案例。1956 年毛泽东在《论十大关系》中就提出发挥中央和地方两个积极性。对地方探索积极性的尊重，明显区别于苏联计划经济体制，也因此为改革开放之后更好地调动地方积极性打下了基础。1980 年的财政“分灶吃饭”以及后续的财政包干制，无不是对地方财政积极性的尊重，并进而引发地方创新、推动地方经济发展。1994 年分税制财政管理体制改革，在很大

程度上也是在吸收既有改革实践有益做法的基础上，对中央和地方财政关系的规范化。

（三）实事求是，因时因势而变

一般地，人们将财政与国家财政画等号，这并不太准确。新中国是在中国共产党成立28年之后才成立的，在这之前，中国共产党就在财政事业上进行了重要探索。可以说，有公共组织就有财政问题，有政权就有财政问题。财政一直服务于党和国家事业的全局。在不同时期，财政事业有不同的具体任务。中国共产党领导的财政事业坚持实事求是，因时因势而变，同样是其成功的重要原因。

财政事业的重要功能是筹集财力。因时因势，灵活筹集财政收入，保障了财政财力功能的实现。中国共产党一成立就面临经费的筹集问题，革命根据地和解放区政权运作离不开财力保障。在政权建立之前，中国共产党人在财政理论与政策上就开始了重要探索。在建党之初，中国共产党明确反对苛捐杂税。革命战争年代，中国共产党适应特定形势筹集财政收入，特别注意发展生产、保障供给。无论是中央苏区时期，还是延安时期，财政收入都无法做到与和平时期一样正常筹集。在中央苏区，打土豪的收入、抓生产的收入、税收收入都是财政收入的来源，但税收收入占比极小。在延安时期，税收在财政收入中的地位同样微弱，发展生产是事业进行的重要保障。革命战争年代，尽管财政面临各种各样的困难，但中国共产党领导的军队坚持铁的纪律，不拿群众一针一线，靠自己的力量，克服了一个个困难，并最终取得革命胜利。革命胜利后，中国共产党在政权建设上进行全面探索，财政事业发展进入新阶段。财政事业开展的重要前提是筹集充分的财政收入。国民经济恢复时期，在中国共产党的领导下，国家财政收入结构适应城市经济占比大幅度提高的需要，实现了国家财政收入从公粮为主到税收为主的转变；适应全国统一的新形势，实现了税政统一和财经统一。社会主义改造时期，税收手段促进了社会主义改造任务的完成。陈云（1995）对这段历史有生动的描述。进入计划经济时期，随着公有制经济在国民经济中占据绝对支配地位，国家财政与经济基本上是一体的，税收作用淡化并进一步简化，来自国有企业的财政收入（企业收入）成为财政收入的最重要形式。随着市场化改革的启动，税收作用进一步得到重视，“利改税”后，税收收入成为最重要的收入形式，收入占比远远超过其他收入形式。对外开放引出新的财政问题，为适应维护国家税收主权的需要，中国开征新的税种，如个人所得税、外商投资和外国企业所得税等，建立了涉外税制。随着涉外税务的增多，中国从涉外税收管理进入国际税收管理新阶段，积极参与国际税收规则制定。随着中国特色社会主义进入新时代，建立现代税收制度，助力国家治理体系和治理能力现代化，就成为税收领域最重要的任务。

为适应财政管理的需要，建立预算管理制度并不断进行完善。公共资金的使用方法和方向，代表财政的现代化水平。在延安时期，中国共产党就重视民主理财问题，进行了预算民主探索。新中国成立伊始，建立国家预算制度，编制财政收支概算。改革开放以来，从《国家预算管理条例》的颁布到《预算法》的出台及修正，按照现代预算制度的要求，预算改革目标的表述从“全面规范、公开透明”转到“建立全面规范透明、标准科学、约束有力的预算制度，全面实施绩效管理”，预算改革按照国家治理体系和治理能力现代化的要求不断推进，提高了财政资金效率，保障了党和国家事业的顺利进行。

（四）围绕党和国家的中心任务发展财政事业

党领导的财政事业，一直围绕党和国家的中心任务展开。中国特色社会主义好，在财政事业上的突出表现是，正确处理好效率和公平的关系，极大地促进生产力的发展，并进而为经济、政治、社会、文化、生态文明建设打下坚实的财力基础，为各项事业的开展提供强大的财力保障。

改革开放初期，由于经济发展水平较为落后，按照效率优先、兼顾公平的要求，财政事业围绕这一目标展开。随着经济的发展，公平问题得到更多重视，财政事业与时俱进。进入新发展阶段，促进社会共同富裕的目标指引财政事业的发展方向。脱贫攻坚，全面建成小康社会，离不开财政的支持，是党领导财政事业成功的生动体现。尽管中国已经处于新发展阶段，中国共产党清醒地认识到社会主义初级阶段的国情未变，中国还是一个发展中国家，经济建设仍然是中心任务，财政事业仍然要立足于这样的国情。超越经济发展水平的社会福利承诺，最终只会让经济停滞。生态文明建设，从资源税到环境保护税，新税种的推出，老税种的完善，都是在奔向生态文明建设目标。建立绿色税制和财政投入巨资改善环境，都是在推动生态文明建设。财政事务绝不是就钱论钱，而是与国家治理体系和治理能力现代化紧密联系在一起的。

三 克服财政事业发展的困难，增强对事业的信心信念

党领导的财政事业取得了极大成功，但这不代表财政事业就一帆风顺。这在不同时期有不同的表现。学习党史，要在困难克服过程中增强对事业的信心信念。

（一）困难无所不在，但方法总比困难多

财政事业不仅仅在经济条件较为艰苦的过去困难重重，就是在改革开放以后，中国经济实力不断增强，创造了经济奇迹，财政事业也不时遇到困难。改革开放初期，大量知识青年回城，解决就业问题，提高生活待遇和增加工资，都给财政支出带来巨大压力，经济建设资金存在巨大缺口，财政收支平衡压力较大。办法总比困难多，公债因之恢复发行。公债制度的确立，不仅解决了经济建设资金缺口问题，而且在宏观经济调控的改善中也发挥了作用。

20 世纪 80 年代，中国经济的快速增长并没有带来财政收入的同步增长。如何“振兴财政”？最终选择的是制度改革方法。分税制财政管理体制改革是通过制度改革的方法来解决财政困难问题。提高财政收入占国民收入的比重，提高中央财政收入占全国财政总收入的比重，这是现实的“两个比重”问题，解决的前提是经济增长达到一定水平。分税制改革较好地化解了财政难题，中国经济也因此重新进入增长的快车道。

解决财政困难的方法也在逐步优化。在党领导财政事业不断取得进步的过程中，经济 - 财政 - 经济观念深入人心。在财政收支矛盾突出的情况下，财政政策反而更加强调减税降费。大规模减税降费政策的实施，肯定会给当时的财政收支运行带来影响，但是财政事业发展着眼的是更长远的利益。落实“六保”“六稳”任务，释放市场活力，保住市场主体，留得青山在，财源问题就一定能够得到解决。事实上，财政困难在不同时期有不同的表现。在延安时期，陕甘宁边区为了解决财政困难，采取的是大生产

运动，用生产来弥补财政支出缺口。“大跃进”时期，财政也曾陷入困境，但经过“调整、巩固、充实、提高”，财政收支困难得到了有效缓解。“文革”时期，国民经济处于崩溃的边缘，财政运行同样遭到严重影响。改革开放，中国先是恢复农村经济，之后再推进城市改革，财政困难问题一步步克服。财政困难，不能用保守的办法来解决，要用发展的眼光去应对。可以说，财政困难一次次得到解决的经验表明，中国共产党领导财政事业有方，否则，不可能有财政实力的逐步增强。

（二）用历史的眼光看待财政困难的解决

这里仅结合税收作用以及财政在宏观经济管理中的作用加以说明。税收在解决财政困难中的作用也有一个过程。中国共产党执政之前，一直反对苛捐杂税。新中国成立之前的红色政权建设也利用税收筹集经费，但这是特殊情况下的税收，税收收入占财政收入比重不高。新中国成立之后，随着城市经济力量的加强，税收的作用得到进一步发挥，税收收入占比迅速提高，它取代公粮收入成为财政收入的第一大来源，支持了国民经济的恢复和社会主义改造。社会主义改造完成之后，税收的作用又被淡化。而规范国家与企业之间的分配关系，又走向强调税收的作用。对外开放也要有税。“利改税”更是全面强调税的作用。税收作用的准确把握是一个曲折前进的过程。财政收入质量指标的探索包含税收收入占财政收入比重，这是建立在对税收作用全面了解的基础之上的。正确运用税收，才能在解决财政事业困难中恰当地发挥税收的作用。

宏观经济管理离不开财政的作用。新中国成立后，在党的领导下，宏观经济管理经过不断探索，中国特色的国民经济平衡理论逐步形成，先有财政、信贷、物资三大平衡的“三平”理论，后有财政、信贷、物资、外汇四大平衡的“四平”理论。这既是对实践经验的总结，也是对中国特色财政政策理论的探索。财政平衡和信贷平衡关系的处理有一个过程。20 世纪 50 年代初，动用财政结余，由于信贷资金已经安排，资金“一女二嫁”，通货膨胀发生，后问题暴露，错误纠正。财政、信贷与物资平衡是资金与物资的平衡。在计划经济条件下，资金与物资有对应关系。没有物资保障的资金供应容易引发通货膨胀。“四平”是国内外平衡、内外资金与物资的平衡。坚持“四平”，实现了宏观经济稳定。在计划经济时期，由于经验不足，国民经济综合平衡是在不断探索中获得经验的。当时，中国财政与信贷实际上是一体的，信贷出问题，财政也会出问题。货币发多了，就需要回笼货币。20 世纪 60 年代有过出售高价商品回笼货币的实践探索，它促进了物价稳定。改革开放以来，市场化改革实践让市场在资源配置中的作用得到了更好发挥，这并不是一蹴而就的，其中蕴含着不少前期探索得来的经验。

由于政府掌握资源的减少，社会总供给与社会总需求平衡的理论逐步取代了“四平”理论。这不能理解为“四平”做法的不合理和“四平”理论的错误。相反，这说明经济环境的变化要求有不同于“四平”的理论指导实践，要求换个角度去解决问题。政府掌握资源的减少，说明按照老方式进行调控已经无法奏效。随着中国人民银行开始专门行使中央银行职能，商业银行成为独立的经营主体，在财政与信贷的平衡关系上，意味着原先的做法已经无法沿用。物资供应体制发生了天翻地覆的变化，多数企业已经不能按照物资调拨的方式配置资源。市场经济体制下，国家统一调拨物资的方法虽然有用，但是影响较小。中国共产党在宏观经济管理上的探索，更好地发挥了财政政策的作用，促进了宏观经济的稳定和增长。

宏观经济管理从最初的单一经济目标走向更加多元化。充分就业、物价稳定、国际收支平衡、经济增长都是政策目标。为适应新时期的需要，宏观经济管理在发生变化，财政政策因时因势而变。社会总供给和总需求的平衡超越“四平”，更加灵活地利用财政赤字、赤字财政，实施积极财政政策，形成了与社会主义市场经济相适应的财政政策。中国成为世界第二大经济体，财政政策功不可没。

艰难困苦，玉汝于成。党领导的财政事业遇到了一系列困难，但经过努力，困难都得到了解决，这进一步增强了我们的信心信念。对于未来事业的发展，肯定还有这样那样的困难。只要我们有信心、有信念，难题总是能解决的。

四　财政事业探索中的忠诚与专业是保障财政事业顺利推进的关键

对党领导的财政事业忠诚，不能停留在口头上，而要看行动，要看如何想方设法为党领导的财政事业尽心尽责。在各条战线上工作的共产党人，为财政事业的发展尽心尽力，这是党领导的财政事业发展史的主流，从中可见共产党人对财政事业的忠诚。

（一）忠诚与能力

忠诚需要能力。党领导的财政事业的专业性，决定了仅有满腔热情是远远不够的，必须要有相应的专业能力，才能满足事业发展的需要。最初的能力主要是文化要求。随着经济社会的发展，财政服务事业全局要求的复杂性与日俱增，财政专业化水平要求越来越高。这意味着，为财政事业工作，就需要相应的高专业水准。财政事业的专业性，意味着一般人难以理解财政事业内部的事。即使有财政信息的公开，也仍存在信息不对称问题。并不是所有公开的信息都会被理解，并不是所有公开的信息都会被用于有效治理。在这种条件下，财政制度建设很重要。防患于未然，财政领域的腐败治理，可以促进财政制度的执行。当遵守制度蔚然成风时，从业人员的道德水准就会相应提高。道德在一定程度上得到了制度的保障。政府采购制度的建立，节约了大量采购成本。当然，政府采购制度自身也有进一步优化的问题，优化后政府采购制度效率将进一步提高。总体上看，财政制度建设是第一位的，但仅此是不够的。作为执政党，共产党人本身就有更高的道德要求。私德的培养，可以降低治理成本。私德与公德要有机结合。德治与法治的共同作用，可以让党领导的财政事业取得更大的辉煌成就。法治国家并不排斥道德的建设。过去一直有法治和儒家治理之争，现代国家是法治国家，但中国传统的儒家思想完全可以和法治形成互补。每个人从内心排斥腐败，并有抵御腐败的能力，就能给社会构筑一道防腐的阵线，将道德转化为行动。

（二）崇德与敬业

崇德要转化为敬业，要转化为对职业的激情。财政事业不能掉以轻心，不能有“轻舟已过万重山”的心理。在当前各种挑战较多的情况下，财政事业在不同时期不同地方都可能遇到不同程度的挑战。面对挑战，党的财政工作者不能当逃兵，而应该坚决地、积极地去应对。崇德转化为一种精神境界，才能将事业进行到底，才能让党领导的财政事业发展得越来越好。

崇德与树立正确的党史观有着密切的联系，要正确地看待失误和挫折。

失误和挫折会对事业造成破坏，但学史的目的不是揪住问题不放，而是要找到解决问题的规律性办法。学习党史，要对失误和挫折有正确的认识，不是去抹黑，而是要对失误和挫折的形成原因有更深入的思考，以防未来再犯类似错误或再遭遇类似挫折。一个具有先进性的学习型组织，也不可能不犯错误，经验不足、情况复杂、新问题出现都会导致知识储备不足、应对经验不足、对策思路不够准确等问题的发生。重要的是把握财政事业发展的主线，学习老一辈无产阶级革命家在财经战线上如何去克服困难、如何去实现奋斗目标。要用辩证唯物主义的方法去认识财政事业发展的问题。成就是主要的，失误和挫折在特定时期造成损失，但绝对不能构成主线。

（三）关心“国之大者”

发展财政事业，需要学习，形式主义、官僚主义敷衍了事，只会增加各方面的负担，而不利于党和国家事业发展的全局。学习党史，要和财政事业发展紧密结合起来，要有针对性地学，让党领导的财政事业发展史凝聚成新的力量，推动财政事业开新局。发展财政事业，要关心“国之大者”。党领导的财政事业，在全国层面，属于“国之大者”，这是由财政是国家治理的基础和重要支柱决定的。财政事业的发展又需要各部门各地方的参与，各部门各地方有局部利益，但必须服从整体利益，要从党和国家事业发展的全局来服务财政事业，从而让“国之大者”得到真正的关心和落实。老一辈无产阶级革命家在这方面就做出了表率。新中国成立初期，财政很困难，各种矛盾都反映到财政上来，预算盘子很难定，中财委开会给各地区定指标面临很多困难，地方和中央上下一心克服了困难。相关事例可参见戎子和（1980）。正是共产党人的全局观保证了党领导的财政事业的顺利发展，学习党史，当从中汲取力量。

学史崇德。崇德的最具体表现还是要切实为群众办实事、解难题。为群众办实事、解难题同样属于“国之大者”，这本来就是党的优良传统。学习党史，就是要把传统发扬光大。适应新时代人民群众需求的新变化，财政收入占国内生产总值（GDP）之比多少合适？宏观税负怎么定？这直接关系人民群众的负担，关系经济的可持续发展。党领导的财政事业发展史表明，财政问题不能就财政谈财政，财政与经济有着天然的密切联系。经济决定财政，财政影响经济。获取财政收入（税收收入）不能竭泽而渔，要放水养鱼，水大鱼大。财政支出要充分体现人民群众公共服务改善的需求，财政支出致力于改善民生，这在和平时期尤其重要。财政事业发展的好坏在很大程度上是以公共服务的财力保障是否充分来判断的。毫无疑问，财力需求是无限的，在一定条件下，所能满足的只能是部分。办实事、解难题，同样需要能力。不是财力投向哪里就代表办了实事，不是筹集收入就代表办了实事。这里有如何办实事的问题。

五　财政更好地为党和国家事业全局提供保障

建党百年之际，正值“两个一百年”的交汇点，开启全面建设社会主义现代化国家新征程，财政的重要性与日俱增，财政在国家治理体系和治理能力现代化中扮演着重要角色，要成为基础和重要支柱，需要做的事情很多。立足新发展阶段，贯彻新发展理念，构建新发展格局，深化财税改革，加快建立现代财政制度，实施更加有效的财政政策，深入研究重大财政问题，加快财政智库建设，加快财政学科建设，等等，都是保证财政事业顺利前行所要做的工作。

（一）理论工作者的担当与财政学科建设

财政是政府与市场关系的交汇点。财政如何正常运行？财政可持续性如何保证？财政政策空间有多大？财政风险如何有效防范？对这些问题的回答都离不开理论的指导。中国特色社会主义是前无古人的事业，需要不断推进理论创新，用理论来指导实践。2021 年是习近平总书记主持召开哲学社会科学工作座谈会并发表重要讲话五周年，深入贯彻讲话精神，书写加快构建中国特色哲学社会科学新篇章（谢伏瞻，2021），需要理论工作者加快构建中国财政学，为加快构建中国特色哲学社会科学添砖加瓦。

加快构建中国财政学，就要加快财政学科建设，推进财政理论创新。财政学科建设最终是为解决财政问题服务的。财政智库建设着力解决的主要是现实财政问题，财政学科建设则为财政问题的解决提供知识并增加人才储备。财政学科建设要遵循学科演变规律。近代以来，学科有了根本性的转变，传统中国人做学问，经史子集在一起，文史不分家。在西学东渐中，财政学逐步独立出来，现实中又有经济学视角的财政学、政治学视角的财政学、法学视角的财政学等之分。同样是财政学，有文字描述多的财政学，有数字应用多的财政学，这是学科精深化的表现，但也说明中国财政学发展还不够成熟。财政学科建设还有许多问题需要解决，包括发展方向、研究方法、学科体系等，需要进一步努力。

财政学科建设的重要性，必须体现在它能做其他学科所不能做的事情上。财政学科发展面临严峻的挑战，挑战并非源于财政问题不重要，而是财政问题太重要了，各学科都在投入资源加强财政及其相关问题的研究。会计学研究中有政府会计和政府综合财务报告的内容。公共管理学研究中有公共政策和公共财政问题。法学研究中有财税法问题。金融学研究涉及财政金融关系、国债、地方债。社会保障本来是一个标准的财政问题，在学科归类中，公共管理学下设社会保障二级学科。对于一个交叉学科问题，这未尝不可。关键是财政学能提供一些与众不同的研究成果吗？如何结合人口老龄化的特征提出相应的对策是个大问题（都阳，2021），从财政视角来看，社会保障支出将随着人口老龄化的加快而面临更大的挑战。发达国家财政支出中有一大半用于社会保障支出，中国财政支出中的社会保障支出占比还较低，但人口老龄化有增加财政支出的内在趋势，社会保障的成本在不断抬升，社会保障支出占比肯定会持续攀升。而且在未来，同样的社会保障服务，可能意味着所需要的财力更多。对社会保障支出的预测，仅考虑物价水平、只分析消费者物价指数（CPI）是不够的。养老服务价格的上涨速度可能超过一般物价，物价水平的影响需要结合物价结构进行分析。与人工相关的公共服务支出肯定会扩大，那么它是如何提高的？随着信息技术的进步，人工智能等新技术的应用，一些养老服务的提供可能为机器所取代，这会不会降低养老服务的成本？将来有许多未知数，这都需要深入研究。在财政学科建设中，财政学者不能放弃自己的领域，要去深入研究其中的精深问题。毕竟不少财政学具体领域的知识带有专业性，望文生义不能解决问题。当然，这不等于要排斥他人研究。所有对财政问题感兴趣者均可以自己的专业知识和能力参与攻关。

财政学研究和教学都应该有高地，以发挥引领作用。要对真正的财政问题进行梳理，大量科研资源应该投入真正有用的地方。财政学科的重要性在于专业化分工，让有共同偏好的人士一起研究财政问题。财政学教学中也有许多问题需要解决，面对重大财政问题，构建中国财政学，编写中国财政学教材，都是现实问题。财政实践与财政理论、财政学科建设是相互促进的。财政事业的发展，需要多条战线协同。一方面抱怨理论工作者脱离实际，另一方面又不让接触实际信息，这显然自相矛盾。政府信息的公开透明有助于解决这一矛盾。财政决策让更多人参与，好处是“众人拾柴火焰高”，但现实可能是，担心这样那样的社会反应，方案出台前只是让极少数人知道。结果少数人知识的局限性可能直接导致本来在决策阶段就可以解决的问题不能得到解决，甚至引发新问题。共产党人没有自身的利益，只有人民群众的利益。公共资金的筹集和使用体现人民的利益。财政事业越来越复杂，仅凭少数人的参与是远远不够的。财政事务，需要更多人的参与。

财政知识的普及日益重要。在中国这样一个政府配置资源占比较高的国家，不少公共问题都与财政有关，各行各业都懂财政，就可以减少在财政问题上犯错。人人都要懂财政学，这不是站在一个学科或局部团体的立场上说话，而是基于公共利益所发出的倡议。财政所筹所用的都是公共资金，在现代国家，公共资金涉及众人利益，所有人对这样的大事都有点常识，是有助于问题解决的。公务员考试更应该专门设置财政学板块的内容。财政学基础知识应加快传播，融入通识教育，使其成为现代社会的通用知识。

（二）应对重大现实问题，更好地发挥财政作用

“共同致富，我们从改革一开始就讲，将来总有一天要成为中心课题。社会主义不是少数人富起来、大多数人穷，不是那个样子。”[①] 这是邓小平1990年12月24日同几位中央负责同志谈话的要点之一。从脱贫攻坚战到乡村振兴，从全面建成小康社会到扎实推进共同富裕，都离不开财政的支持，这同样是一项前所未有的工作，需要我们共同去探索。新发展格局下的财税改革，无疑要直面这个难题（朱青，2021）。收入分配与共同富裕，如今已经是一个全球性问题。

---

① 邓小平：《善于利用时机解决发展问题》，载《邓小平文选》（第三卷），人民出版社，1993。

全球事务的开展离不开财政。人类命运共同体的构建，需要财政资金的支持。构建人类命运共同体，需要考虑各国的约束条件。中国目前所处的新发展阶段还是社会主义初级阶段，发展中国家的国情决定了中国不可能像发达国家那样，有那么充裕的财力。“一带一路”倡议的落实，人类卫生健康共同体的共建，需要各国政府在其中共同发挥作用，需要全球视野的财政与财政学来促进国际财政问题的解决。

疫苗接种是公共卫生问题。一个小小的新冠病毒，让世界不得安宁。这也可以看出人类的脆弱。未雨绸缪，为人类的生存和发展构筑更加有效的安全防线，不是一个国家甚至任何一个大国就能做到的。任何疫苗封锁的做法最终是不得人心的，最终损害的是全人类的利益。近代以来，世界经济发展受益于世界市场的形成，受益于分工的扩展。将自己封闭起来，即使是一个技术保持领先的国家，也可能因此失去更快发展的机会；对于技术落后的国家，一开始封闭，最先受损，但国内的某些产业也可能因此获得发展机会，这是就具体而言的。总体来看，封闭市场，让世界市场分割，最终会让全人类受损。因此，从财政的视角来看，就需要有对应的研究。政府如何服务世界市场的形成和发展？财政在其中能发挥什么样的作用？这样的事情，在全球化程度不高的背景下，是不会得到研究的。需求促进研究，时代命题推动研究。

数字财政是新问题。在数字经济的冲击下，国家治理发生了极大的变化，已不能熟视无睹。财政管理方式也在发生变化。财政资金直达机制如何进一步优化？数字经济的发展，财政国库管理的现代化，让许多过去不可能的事变成可能。财政支出执行，政府间财政关系也面临新的变化。直达机制对中间层级的财政有什么新要求？直达机制又进一步提出了预算编制的科学性和准确性问题。数字税收问题也是需要解决的难题。

六　结语

学党史、悟思想、办实事、开新局。学习党领导的财政事业发展史，就是要把握财政事业发展的规律和大势，始终掌握财政事业发展的历史主动，将其转化为解决实际财政问题的能力。以大历史观把握历史发展规律和大势（中国历史研究院，2021），更进一步把握财政发展的规律，对照现实，创新财政理论，按照加快构建中国特色哲学社会科学的要求，加快推进中国财政学的构建，对于财政理论工作者来说，这是当仁不让的战略任务。20 世纪 50 年代至 80 年代，中国财政理论工作者摆脱苏联财政理论的束缚，对财政本质和职能等理论进行创新性研究，逐步形成了国家分配论、剩余产品决定论、再生产理论、价值分配论、国家意志论、社会共同需要论等学术流派。社会主义市场经济体制改革目标确定后，双元结构财政模式和中国式公共财政理论应运而生（叶振鹏、张馨，1995；张馨，1999）。进入新时代，与建立现代财政制度相适应的现代财政理论也在逐步形成和完善之中，需要对现代财税体制的理论源流进行探索（高培勇，2021）。构建中国财政学已经取得了重要进展，但仍然需要实践的推动，需要理论工作者的不懈努力。

参考文献

[1] 本书编写组：《中国共产党简史》，人民出版社、中共党史出版社，2021。

[2]《陈云文选》（第二卷），人民出版社，1995。

[3]《邓小平文选》（第三卷），人民出版社，1993。

[4] 都阳：《人口老龄化对经济社会发展的影响及应对思路》，《财经智库》2021 年第 2 期。

[5] 高培勇：《“基础和支柱说”：演化脉络与前行态势——兼论现代财税体制的理论源流》，《财贸经济》2021 年第 4 期。

[6] 高培勇等：《中国财政 70 年》，经济科学出版社，2019。

[7] 金冲及：《二十世纪中国史纲》（增订版），生活·读书·新知三联书店，2021。

[8] 刘尚希、傅志华等：《新中国 70 年发展的财政逻辑》，中国财政经济出版社，2019。

[9] 毛泽东：《论十大关系》，载《毛泽东文集》（第七卷），人民出版社，1999。

[10] 戎子和：《总结历史经验 提高财政工作水平》，《财政》1980 年第 7 期。

[11] 王丙乾：《中国财政 60 年回顾与思考》，中国财政经济出版社，2009。

[12] 习近平：《论中国共产党历史》，人民出版社，2021。

[13] 习近平：《在党史学习教育动员大会上的讲话》，《求是》2021 年第 7 期。

［14］谢伏瞻：《深入贯彻习近平总书记在哲学社会科学工作座谈会上的重要讲话精神 书写加快构建中国特色哲学社会科学新篇章》，《中国社会科学报》2021年5月18日。
［15］杨志勇：《新中国财政政策70年》，中国财政经济出版社，2020。
［16］叶振鹏、张馨：《双元结构财政——中国财政模式研究》，经济科学出版社，1995。
［17］张馨：《公共财政论纲》，经济科学出版社，1999。
［18］中共中央党史和文献研究院编《毛泽东　邓小平　江泽民　胡锦涛关于中国共产党历史论述摘编》，中央文献出版社，2021。
［19］中共中央宣传部：《习近平新时代中国特色社会主义思想学习问答》，学习出版社、人民出版社，2021。
［20］中国历史研究院：《以大历史观把握历史发展规律和大势》，《人民日报》2021年4月27日。
［21］朱青：《论“新发展格局”下的财税改革》，《财贸经济》2021年第5期。

新中国财政基础理论探索篇

国家视角下的新中国财政基础理论变迁*

刘晓路　郭庆旺**

摘　要：本文从财政与国家的关系视角出发，以陈共教授的学术思想变化为代表性线索，梳理新中国财政基础理论的发展变化，将其分为计划经济财政学、市场经济财政学和国家治理财政学三个时期。三个时期经历了从强调“国家”到忽视“国家”到再度强调“国家”的“否定之否定”过程，表明在中国当前的现实背景下，国家与财政的关系问题尚有进一步研究的必要，应当从国家自主性角度重新认识国家在财政学理论中的地位，以及从满足国家治理需要的角度探讨我国的财政职能定位问题。

关键词：财政基础理论　国家自主性　财政职能

财政是一种以国家为主体的行为。界定财政学基本概念与范畴的财政基础理论，必须回答财政与国家之间的关系这一问题。在新中国的历史上，根据两者关系的不同，可以将财政学基础理论的发展划分为“计划经济财政学”（1945～1977年）、“市场经济财政学”（1978～2012年）与“国家治理财政学”（2013年至今）三个时期。其间经历了从强调“国家”到忽

---

* 原文首发于《财政研究》2017年第4期，经作者本人和杂志社同意，收录于本书。收录时作者对原文进行了修改。

** 刘晓路，经济学博士，副教授，中国人民大学财政金融学院财政系副主任，主要研究方向为财税理论与政策、财政改革问题；郭庆旺，经济学博士，教授，中国人民大学财政金融学院财政系，主要研究方向为财税理论与政策、宏观经济理论与政策、经济增长理论。

视“国家”到再度强调“国家”的“否定之否定”过程。

研究理论变迁的困难之一，在于一个较长时期中的理论变化，同时包含了时代的共性差异和不同时期代表性学者的个性思想差异，两者交织在一起，往往难以区分引发思想变化的到底是时代的影响还是学者自身的因素。所幸，作为新中国财政理论奠基人之一的陈共教授，不但亲身参与见证了这段历史，而且在每个时期都发表了重要观点，特别是他对“国家分配论”的一贯坚持，使我们可以从他的思想变化入手，最大限度地降低学者个体差异对于理论变迁的影响。因此本文将他的观点作为研究新中国财政基础理论的基本线索。

一　计划经济财政学：特殊与一般

计划经济时期，陈共（1965）指出，财政与国家的本质联系是由社会主义的性质决定的，是国家实行无产阶级专政的工具。换言之，财政的目的就是满足国家的政治需要，而满足的方式则是调节以国家为主导的各种分配关系，如国家与国营企业的关系、国家与集体经济的关系、国家与居民个人的关系等。这决定了财政的基本特征是集中性与无偿性。集中到何种程度，无偿转移的社会产品的规模有多大，关键在于对社会产品价值中c、v、m三者间合理比例关系的判定。由于c是补偿价值，v是用于劳动者消费的部分，两者的用途都已事先确定，因此调节三者比例的关键就在于m。国家通过财政对m进行分配，就能够对社会产品价值创造过程进行有效控制。因此陈共明确指出，财政分配的对象是m，财政收支在物资上的对应物就是“补偿全社会物质消耗以后余下的生产资料”和“补偿生产领域消费基金以后余下的生产资料”。这一观点被称为“国家分配论”，是计划经济时代我国财政学研究的主导性理论。

与上述理论提出的时间相距10年左右，西方财政学也出现了一次基础理论的重大突破，这就是Musgrave（1957）的财政三职能理论。他认为财政的主要职能为配置、分配与稳定，其目的在于修正市场失灵的结果。他赞同凯恩斯主义得出的市场失灵不可避免的结论，也认识到不同类型的市场失灵需要匹配不同的纠正手段，因而经验性地归纳了应对三种主要市场失灵后果的财政干预措施。财政的配置职能用于解决公共物品或社会物品提供不足的问题，财政的分配职能用于解决不公平的收入分配状况导致选民无法正确选择预算规模的问题，财政的稳定职能用于解决失业与通货膨胀问题。Musgrave（1989）承认，三职能之间有可能存在相互冲突的情形，并不能为解决现实中的财政问题提供“一般性”的解决方案，其更实际的作用是提请决策者注意，财政活动需要在三方面相互协调，避免偏颇。

我们将两种理论的差异进行总结（见表1），从中可以看到，两者相互区别的根本不在于理论表述，而在于其生长的政治与经济制度的土壤不同。Musgrave强调的市场主导资源配置和市场机制引发的宏观经济不稳定，都是市场经济制度的产物，计划经济中没有对应的现象，因而也不会有对应的理论。而他所说的分配职能，则建立在西方选举制度的基础上，其含义自然也和“人民民主专政”国家的分配活动毫无相似性可言。若是将“计划经济”看作自近代以来全球范围内“市场经济”发展过程中的一段错误的弯路，那么“计划经济财政学”或许也只是整个财政学发展史上的一个偏离主流趋势的插曲。但如果将计划经济看作新中国在国际孤立、百废待兴中集中力量谋求迅速发展的国家战略，则“计划经济财政学”必然包括了一些与中国国情相适应的特殊性在内。这种特殊性在此后的国家发展中仍然不能忽视。

表1　20世纪60年代中外财政基础理论的对比

作者	制度基础	理论依据	财政的目的	财政的对象
Musgrave	西方民主制度 市场经济制度	凯恩斯主义经济学	纠正市场失灵	配置、分配与稳定
陈共	人民民主专政 计划经济制度	马克思主义政治经济学	满足国家需要	调节分配关系

从适应国家需要这个角度看，“国家分配论”与“财政三职能论”其实是有共性的。因为后者本身也是适应战后重建、铁幕形成和福利国家运动勃兴等现实状况而提出的，与此前的古典自由主义的财政观念相比，在倡导国家积极干预方面有着极大的进步。回顾西方财政学的发展历程，每一次学术浪潮变化时财政基础理论都会做出相应的调整，但这种调整总是基于当时走在现代化发展最前沿的国家增强国家能力的需要，这可以说是财政学发展的一般性规律。①

① 参见刘晓路和郭庆旺（2016）对财政学近三百年来发展脉络的梳理。

二　市场经济财政学：适应与不适应

改革开放之后，市场经济成分的引入对中国的经济制度产生了重大冲击，势必要求财政理论做出相应的变化。在1982年的《论以再生产为前提建立社会主义财政学》（陈共，1982）一文中，虽有大量对社会主义财政与资本主义财政加以区别的讨论，但陈共已认识到两者之间“无疑是具有某些共同的地方”，进而提出“从根本上说，决定财政的产生与发展的不是国家，而是经济条件……任何国家权力最终要受经济条件的制约”。虽然仍旧强调国家分配论在解释财政本质与起源上的有效性，但在分析现实问题时，重心明显远离“国家”，偏向“经济”。这种表述上的差别，正是计划与市场调节相结合的经济制度调整在财政思想上的反应。

1992年邓小平南方谈话后，中国经济体制转轨的市场趋向性日益明显，财政思想的变化也因而更加全面和系统。陈共（1993）应这种变化提出了“社会公共需要论”。他指出，“在现代市场经济背景下，即使主张财政是以国家的存在为依据，但也必须从市场经济出发来重新认识并界定财政的职能范围”。市场和财政是两种不同的资源配置方式，“市场是通过要素价格实现分配，主要是满足个人和企业的个别需要；而财政是一种政府行为，是满足市场所不能满足的那些需要，概括地说，可称为社会公共需要”。社会公共需要的范围，则依据西方经济学中“公共产品理论”的非竞争性与非排他性来界定。在1994年出版的《财政学》中，陈共列出了资源配置、收入分配、稳定与发展三项财政职能。这种分类法与Musgrave（1957）的财政三职能理论在形式上高度近似。西化之门一开，便成不可阻挡之势。此后，国内的财政学教科书趋近于西方主流财政的趋势越来越明显。

西方主流的财政理论，具有一种“国家缺失”的特征。在当前流行的中外财政学教科书中，很少见到“国家”（State）一词，涉及国家的收支活动时，往往写作“政府收支”。这主要是因为西方主流的财政理论以一种特定的政治模型为前提。在这种模型中，国家作为一个独立的组织是不存在的，因为它没有使自己区别于其他经济与社会主体的特殊目标。政府被认为是一个角斗场，各种利益团体在其中斗争与妥协，形成最终的政策。Buchanan本人就明确地指出，政府本身不过是一个复杂的交互过程，没有内在一致的选择函数（Buchanan 和 Musgrave，1999）。既然财政所依托的“政府”仅仅是一套代入利益团体之后才能得出结果的程序，哪里来的国家呢？哪里还有必要讨论国家对财政的影响呢？

一切成功的理论都以能够最好地解释现实作为自己成功的基石。改革开放后，西方财政理论之所以能够在我国大行其道，就是因为中西两者的经济制度基础开始趋同，并且近似度越来越高。陈共在 1982 年论文中的表述，反映的正是这样一种情况。但在基本政治制度不同的情况下，这种理论上的趋同显然是有极限的。国家以及与国家相关的各项政治安排对财政的影响，终将变得越来越突出。西方主流财政理论中的“国家缺失”现象，是依托于西方民主制度而存在的。然而，在中国不存在这样的制度基础的情况下，西方主流财政学的适用性就受到了很大的制约。那么，是不是随着中国市场经济的完善，中国的政治制度就会自然转向西方模式，西方财政理论就能完全适用于中国了？持这种想法的人，恐怕忽视了一个重要的政治学概念——“国家自主性”。

三 国家自主性对财政基础理论的影响

作为一种对特定领土和人民主张其控制权的组织，国家可能会确立并追求一些并非仅仅是反映社会集团、阶级或社团之需求或利益的目标，这就是通常所说的“国家自主性”（斯考克波，2009）。对于财政基础理论来说，国家自主性的影响主要体现在以下两个方面。

（一）国家是否存在自主性，决定着财政学的逻辑起点到底是“国家”还是“市场”

如果国家具有自主性，则以选举为核心的民主制度的运行结果就不足以完全决定国家行为，也就不能仅仅依靠对“经济市场”与“政治市场”的理解来认识财政活动，必须将国家的意志与能力放入分析之中。国家意志不同或是发生了变化，财政理论也会相应调整，因此没有在任何国度、任何时期普遍适用的财政理论。而如果国家没有自主性，那么就如 Buchanan 所指出的，财政活动只是各个社会利益集团相互斗争与妥协的结果，那么“国家”就只是一个容纳和规范这种斗争与妥协的平台，本身不是一个需要特别重视的因素，西方财政学的理论应当在任何市场经济国家中都具有普适性。

关于“国家自主性”的研究，传统上主要围绕马克思主义和韦伯主义展开。早期马克思主义认为，“国家，政治制度是从属的东西，而市民社会，经济关系的领域是决定性的因素”（恩格斯，1995b）。更进一步，“国家……在一切典型的时期毫无例外地都是统治阶级的国家，并且在一切场合本质上都是镇压被压迫被剥削阶级的机器”（恩格斯，1995a）。既然国家是以社会为基础的上层建筑，那么就不存在脱离社会的国家自主性，因此在国家问题上采取一种以社会为中心的分析视角。Weber（2015）则认为，“国家是有限地域范围内合法使用暴力的唯一垄断者”，并且指出“民族国家绝非只是单纯的上层建筑，绝非只是统治阶级的组织，相反，民族国家立足于根深蒂固的心理基础，这种心理基础存在于最广大的国民中，包括经济上受压迫的阶层”（韦伯，1997）。这意味着国家是一种独立于社会之外甚至超脱于社会之上的组织，因而具有自主性，这一看法发展为以国家为中心的分析视角。

二战之后，多元主义在西方国家（特别是美国）盛行（斯考克波，2009），这种观点否认一元国家论，认为国家的权力来源有多个，因此论及国家问题时往往倾向于使用“政府”一词。政府被视为一个平台，各个利益集团在其中透过民主程序相互斗争与妥协，最终决定公共政策。显然，多元主义与早期马克思主义的结论比较相近。由于美国是这一时期财政学的主要研究中心，因此这一观点也成了 Musgrave 和 Buchanan 所发展的现代财政理论的前提和基础。然而进入 20 世纪 70 年代之后，马克思主义阵营中出现了反对政治多元主义的新国家自主性理论。

新马克思主义学者发展了恩格斯提出的国家具有“相对自主性”的看法。恩格斯在分析法国波拿巴主义和德国俾斯麦主义时谈道，“有这样的时期，那时相互斗争的各阶级达到了这样势均力敌的地步，以致国家权力作为表面上的调停人而暂时得到了对于两个阶级的某种独立性”（恩格斯，1995a）。恩格斯认为这种国家不代表统治阶级的状况是一种特例，不具有一般性。但波朗查斯（波朗查斯，1982）在重新审视这些历史时期后指出，“资本主义国家在履行其政治功能的时候，要依赖被统治阶级，并且有时候愚弄它们去反对那些统治阶级。它在这么干的时候确实意识到了它所具有的包含在国家制度中的那种针对统治阶级的相对自主性”。换言之，国家自主性是国家履行职能的充要条件，绝不仅仅是暂时或偶然的例外情形。而国家的职能是什么呢？“严格说来，国家的技术经济职能、意识形态职能或‘政治’职能是并不存在的：存在的只是由国家所处地位而注定的综合的调和职能”（波朗查斯，1982）。不具有“相对”的自主性，国家就无法进行必要的调和，也就无法从根本上保证统治阶级的长期利益。因此，具体到某个特定的时期，国家的“相对自主性”实际上无异于“绝对自主性”，以一种维护社会共同利益的面目出现。

另一位新马克思主义学者密利本德，反对传统的“国家是经济上居于支配地位的统治阶级的工具”这一说法，认为这是“建立在阶级权力自动转化为国家权力这个假定之上的，实际上，并不存在这种自动转变”（密利本德，1984），这就为“国家自主性”留出了空间，与波朗查斯的结论是一致的。但密利本德除了在理论上分析国家自主性是否存在以外，更从现实的角度，提出了根据国家形式来分析某个特定国家“自主性”程度高低的方法，也就是从一国的国家相关制度特征入手，探讨其自主性的现实来源及其后果。密利本德据此对发达资本主义国家、第三世界国家和共产党国家的自主性进行了分析。例如他指出，发达资本主义国家中采用的民主制度，使国家具有了一定程度的自主性，但“根据社会出身、教育和阶级状况，那些在国家体制中控制着所有支配职位的人，主要并且在绝大多数情况下来自实业界和有产者，或是来自自由职业中产阶级”。许多“新马克思主义”学者都采用类似方法对国家问题进行探讨，涉及国家在封建主义向资本主义转型过程中的作用、发达工业资本主义民主国家政府对社会经济事务的干预，以及资本主义世界经济体系下依附型国家政府的本质和作用等（Anderson，1974；Esping-Andersen 等，1976；Offe，1974；Therborn，1978；Wallerstein，1980），产生了深远的影响。

（二）如果国家具有自主性，那么影响自主性程度高低的因素有哪些，财政在其中发挥着什么作用？

新韦伯主义学者视“自主性”为国家的基本属性，因此他们对国家自主性的研究主要集中于“国家如何提出自己的目标”以及“国家如何实现自己的目标”这样与国家治理直接相关的问题上。对于他们而言，“国家自主性”与“国家能力”是一对相辅相成的概念。一方面，国家希望做什么，总是要受到国家能够做什么的制约。国家若是能够动员全部的社会资源，那么，这样的国家自主性在一国之内确实可以达到“自在自为”的程度。但事实上，没有任何一个国家有这个能力。在受到社会成员抵抗或不合作的情况下，国家的自主性的大小势必取决于可能动员的社会资源量的大小。但另一方面，能力总是相对于目标而言的，没有稳定持久的目标，国家能力的度量也无从谈起。因此，Skocpol 将国家能力概括为“贯彻公务目标方面，尤其是通过克服强有力的社会集团实际的或潜在的反对力量来贯彻这些目标”的能力（Evans 等，1985）。Migdal（1988）则认为国家能力是“国家通过种种计划、政策和行动实现其领导人所寻求的社会变化的能力”，主要表现为“影响社会组织、规制社会关系、抽取资源和拨款或以特定的方式使用资源”。他们都在强调国家能力大小对国家自主性强弱的双向影响。

认识到国家自主性与国家能力的一体两面性质，意味着财政作为国家能力中资源汲取能力[①]的主要手段，不但是国家实现自身意志的工具，同时也具有塑造国家意志的功能。根据韦伯对国家的定义，国家是合法的暴力使用者，因此强制力当然是国家能力的一个重要来源。强制力固然能够使社会服从，却会压制社会的自主创造能力，最终导致可供国家抽取的社会资源不足，从而削弱国家能力。Nordlinger（1987）认为，国家能力不仅体现在国家能够排除社会的抵抗力量实现目标，还在于国家能够改变个人的行为模式甚至社会和经济的结构。从这个意义上说，财政不仅要为政府的强制力提供经济支持，还包括引导社会精神文明建设、营造稳定的经济环境、促进社会成员自立自强、提供风险保障等职能。西方传统财政学从市场失灵的角度也对这类职能进行了论述，但国家从自身发展需要出发有意识地执行这类职能与被动地满足市场经济的需要而提供这类职能，性质显然不同，表现形式也不会一样。

更为重要的区别是，弥补市场失灵的财政活动并不会改变市场机制的

① Kugler 和 Domke（1986）指出，国家与社会之间存在资源配置上的竞争。社会资源指的是一国人口所产生的人力与物质资源的总和。政府资源则是为了实现执政者的目标而从社会资源中抽取出来的部分。Wang 和 Hu（2001）将国家汲取能力定义为政府从社会获取财政资源的渗透能力，并认为这是国家制度建设（State Building）的首要任务。

运作，但财政活动对个人行为模式、社会经济结构的影响反过来会作用于国家意识本身，形成一种正向或反向的互动。这有助于我们超越静态的财政职能理论，从动态的角度理解财政发展的含义。在某些特殊的阶段，执政者会意识到必须实行社会政策、经济改革和制度变迁才能实现发展或渡过危机，而因此受到影响的既得利益群体往往在社会中占据主导地位。执政者需要有能力克服主导利益群体的反对，才可以将改革贯彻到底。例如，个人所得税在欧洲曾长期遭到资产阶级的强烈反对，正是战争中筹措军费的需要推动了该税的产生，也是在二战中，它才成了西方各国普遍接受的税种。随着所得税成为主体税种，财政的收入分配职能也变得日益突出。在这个过程中，国家对抗主导利益群体的影响、创设新财政制度所展示出来的明确的自主性，是当前发达国家成为今日这种形态的一个关键。这点认识对于发展中国家的财政实践来说至关重要。

综上所述，“国家自主性”作为一种客观事实，其存在的依据和表现的形式被各个方面的研究揭示得越来越清楚。理论分析和国际比较都表明政治多元论和早期马克思主义对“国家自主性”的否定判断是不可靠的，而“国家自主性”作为分析现实问题的工具的作用也在不断增强。特别是与之紧密关联的“国家能力”概念，被广泛用于政治、经济问题的讨论，成果众多。从这些研究进展看，主流西方财政理论不考虑“国家”的立场，是值得商榷的。只要国家存在自主性，就不存在一种唯一的、最优的国家制度。即使同样采用市场经济体制，各个国家也会由于国情的不同，相互之间有所区别。特别是在中国，国家自主性比西方国家表现得更加明显，政治制度与西方趋同的可能性也就更小，将中国财政学的理论基础建立在西方国家的市场经济理论上就显得尤为不恰当。

四　国家治理财政学的兴起

2013 年党的十八届三中全会《中共中央关于全面深化改革若干重大问题的决定》（以下简称《决定》）中提出将财政作为“国家治理的基础和重要支柱”后，财政学界在财政与国家关系的问题上出现了新的认识，主要体现为对财政理论过于偏向“经济学”的反思。陈共（2015）指出，“我国财政理论界过去对财政学对象的研究是有成果的，但也存在一种明显的倾向，主要是侧重或者限于经济这个侧面，忽视政治这个侧面，重视从经济学角度研究财政学，轻视从政治学角度研究财政学，强调财政学是研究财政运行规律，忽视财政收支治理的实践”。可以这样理解，强调政治学的研究视角和财政收支治理实践，实质上就是在谈财政学应当考虑“国家”和“国情”两个要素。

西方国家的财政研究，在实践层面上不可能不考虑“国家”与“国情”的差别，但主流财政理论仍然停留在政治多元主义的立场上，并未吸收“国家自主性”研究的最新进展，依旧否认国家作为一个关键因素对财政活动的决定性作用。如果说西方民主制度为这种做法提供了至少是形式上的合理性，那么在中国，这种形式上的合理性也不存在。新中国成立以来，国家自上而下地推动着政治、经济与社会的变迁，计划经济时代如此，改革开放时代也是如此，这是中外研究中国问题的学者的基本共识。如此突出的国家自主性，难以用任何方式加以否认。从这个角度说，国家自主性问题可以说是理论上反对将西方主流财政学简单应用于中国的关键。受篇幅所限，我们仅从下面两个方面，说明我国国家自主性异于西方之处及其对财政基本问题的影响。

（1）政党制度对国家自主性的影响。任何政党都有区别于其他政党的意识形态特征，政党一旦成为执政党，其意识形态诉求也就转化为国家自主性的重要组成部分。相较于我国一党执政的政党制度，西方国家普遍采用多党轮流执政，在国家自主性上明显受到更大制约。首先，政党轮流意味着任何一个政党都无法实现其独特的执政目标，限制了其实施与其意识形态相符合的长期规划的能力。其次，政党间为执政进行的选票竞争，势必导致短期政策向中位选民靠拢，模糊了政党间相互区别的意识形态差异。执政党意识形态特征越薄弱，国家自主性的程度自然就越低，国家能力的构建也越容易失去方向。最后，国家治理是一种建立在官僚体系基础上的集体活动，需要政府官员全体对于远期目标和近期优先事项达成认识上的一致，以此为基础形成具体的责任感，并发展出相应的工具和手段。这种集体理性的形成是一个长期的制度问题，而不是短期的组织问题（埃文斯，2009）。新中国成立以来中国共产党60余年来的持续执政经历，已经将这种集体理性与执政党紧密融合在了一起，由此形成的国家自主性与国家能力的互动发展，与西方国家有显著的不同。从财政的角度看，单一执政党确保了中国的预算过程不会成为政党斗争的工具，有利于制定长期发展战略，但弊端在于预算过程的公开度与透明度不够，有可能因吸纳的信息不充分导致错误决策，也可能导致民众对预算的合理性产生怀疑。兴利除弊，需要对现行的预算过程进行细致分析，提出改进意见，但不能简单认为没有西方式的议会民主就不可能有好的预算。

（2）政府制度对国家自主性的影响。任何国家都存在多个政府，中央政府与地方政府之间的关系是政府制度的核心内容。由于中央政府只有一个，而地方政府数量众多，在政府制度中越是强调地方政府的权益，则代表国家的中央政府受到的限制就越多，贯彻落实中央政府意图的能力就越弱，国家自主性程度也就越低。西方国家往往从基层政府的运行效率角度出发，强调分权的优越性，并由此提出了“基层性”（Subsidiarity）是政府职能分工的基本原则，即提供公共服务的职能应优先赋予基层政府，除非基层政府被证明欠缺必要的能力。如 1985 年的《欧洲地方自治宪章》中第 4 条第 3 款的规定就与之一致：公共责任应优先由距离人民最近的政府来执行。相较于西方国家崇尚的“地方自治”“联邦制”观念，我国的“郡县制”传统明显更强调中央政府的权威。刘晓路（2011）指出，我国制度中仍保留着大量的郡县制特征。Fukuyama（2014）也认为，西方关于中国的解释没能认识到,事实上，中国……是第一个创造了现代国家的文明，这样的国家是中央集权的、官僚制的并有着摆脱个人色彩的追求。西方的解释脱离了那些当今中国政权赖以建立的深层国家性质。事实上，今天共产党治理中国的方式与王朝时期的中国有着巨大的连续性。

对比中西两种政府制度观念，核心的区别在于两者的逻辑起点不同。西方强调公共权力首先归属于基层政府，基层政府做不了或做不好的事转移给上级政府；中国强调公共权力首先归属于中央，中央逐级发包下放（周黎安，2008），最终落实到基层政府。西方采用选举制，用民意来抑制地方政府的贪权或贪污行为；中国则使用任命制，通过考核来实现同样的目的。逻辑路径的不同导致了作为起点的西方基层政府和中国中央政府相对会保留较多的权力，也会为此制定不同的制度来保证政府的运行效率。但归根结底，不论自下而上还是自上而下地进行权力配置，本身没有对错之分，最终的判定标准是能否适应国家履行职能的需要。至少，在面对较大规模的政治、经济和社会冲击时，中央政府明显比基层政府更能发现问题，也更适合作为制度调整的发起者。比如说任何国家在战时都会将权力集中到中央。因此在讨论我国的财政分权问题时，不考虑国家的战略意图，不分析政府的制度沿革，简单用西方的标准来评价和推动我国的财政体制改革，其结果是很难令人满意的。

正是由于中国与西方国家在“国家”与“国情”问题上存在巨大差异，我国财政学才有必要建设一种具有中国特色的财政理论。我们之所以将其称为“国家治理财政学”，一方面是因为十八届三中全会《决定》将财政与国家治理相联系，才引发了学术界对这一问题的重视，突出了“国家”在财政学中应具有的核心地位；另一方面则是由于“国家治理”一词最好地展示了今时今日“财政”职能的全面性。从国家诞生的那一日起，国家就在进行治理活动，但治理的范围有不断拓宽的趋势。早期的民族国家，将击败他国侵吞领土或至少保持本国对他国的优势地位作为国家治理的核心；而现在的发达国家，无不将维持稳定、发展经济、提供福利作为国家治理的重中之重。国家意志的变化、国家能力的提升是导致这一变化的主要因素。相应地，财政支出的结构中，军费支出的比重不断缩小，社会性支出的比重不断上升，反映出财政职能也随国家治理性质的变化而变化。新中国成立以来的国家职能与财政职能，也呈现类似的趋势。计划经济时代在美苏两大阵营的夹缝中求生存，导致国家只能将治理重心放在国防与经济管制上；市场化改革后，经济工作成为发展的重点，因此提出“效率优先、兼顾公平”；市场经济建设初见成效，缩小地区差距、改善收入分配等社会政策则显得日益突出；而十八大以来强调的国家治理体系，更是将经济、政治、文化、社会、生态、国防、党建等方方面面的内容熔为一炉。主要强调财政的经济属性的西方主流财政理论，显然不能满足急剧变化中的我国国家治理的需要。

尽管由于时日尚短，与国家治理相匹配的财政基础理论的发展趋势尚不明显，成果也不够突出，因此尚不能提炼出为学术界所认可的一些共性来界定国家治理财政学的内涵与外延。但基于本文的分析，我们认为，国家治理财政学至少应当强调以下三方面的内容。

（1）对“国家”的分析应纳入财政学的一般研究范式。作为一个在现实世界中运行的组织，国家不可能不具有一定程度的自主性。即便是在某一时期自主性程度较弱的国家，一旦面临恐怖袭击、生态灾难等重大意外事件，国家自主性的程度也会骤然提高。目前主流经济学中抛开“国家”的做法，值得商榷。作为财政活动的主体，财政学中没有“国家”，其性质就如同经济学中没有“理性经济人”，是逻辑上的一个无法克服的缺陷。不论外部环境如何，如果人没有谋求效用最大化的动机，市场就不可能实现资源的最优配置。同样，不论市场如何需要国家干预，国家如果没有纠正“市场失灵”或“政府失灵”的动机，国家干预或不干预就不会如经济学所要求的那样发生。将财政学建立在“国家”概念的基础上，要求财政学重视对国家意志形成、国家能力培养、国家制度构建的研究，力求理解这些问题与财政活动如何相互作用、相互影响。改革开放30余年来，中国的国家自主性也在不断变化。但与西方国家相比，我国在制度上对国家自主性的抑制较少，在价值观上将“社会主义（共同富裕）”置于“市场经济”之上，这都为建立以国家为中心的整体性国家治理网络架构提供了基础。以此为基础的财政学研究，更不可能离开对“国家”问题的分析。

（2）没有普遍适用于一切国家、一切时代的财政学。国家自主性不同，国家治理的重点不同，国家介入经济领域的程度就不会相同，经济规律在该国的具体表现形式也会不同，由此形成独特的政治经济模式，导致财政学也因此有所区别。从历史上看，财政学的发展经历了“官房学时代”、“政治经济学时代”和“经济学时代”三个时期，分别依托于18世纪的普鲁士、19世纪的英国和20世纪的美国三个研究中心（刘晓路、郭庆旺，2016）。三个时期和三个国家（地区）产生的三种财政学各有特色，既是由于各个国家的“国家自主性”差别巨大，也是由于时代对国家治理提出了不同的要求。一种财政学能够被众多国家所接受，成为一个时代的代表，不取决于理论表述的完美与否，而取决于其所指导的财政实践是否切实增强了国家的能力，从而有效解决了该时代具有普遍性的政治、经济、社会问题。我们当然不认为每一个时期的每一个国家都会产生一种有代表性的财政学，但只有各个国家依据自身国情与现实问题，不断通过财政实践创新与财政理论总结推进财政学的发展，具有代表性的财政理论才有可能脱颖而出。认为别国产生的财政理论与实践已经足够好，只需在本国创造条件予以落实的想法，只会导致财政学研究的止步不前。

（3）一国的财政学研究必定具有一定的传承性。只要国家的性质没有发生根本性的改变，财政实践就要遵循一定的路径依赖，财政基础理论也会具有一定的连贯性。从这个意义上说，应当认识到计划经济时代“国家分配论”中包含的合理因素。目前的财政学界，大多将“国家分配论”作为历史遗迹看待，仅在述及财政思想史时加以涉及。应当认识到，“国家分配论”与西方财政学的核心区别之一，在于陈共等“国家分配论”的提倡者，从计划经济财政的运行实践中，有意或无意地体认到了中国“国家自主性”程度极高这一特征，从而将财政直接与国家意志联系在了一起。尽管市场经济改革对“国家分配论”所依据的经济理论产生了否定性的影响，但其政治理论基础依旧有效，中国的“国家自主性”程度相较于西方国家仍然很高。全面否定“国家分配论”，无条件地将西方财政学奉为研究中国财政问题的圭臬，很容易导致理论脱离实际的倾向性。

或许有人会说，强调中国国情的特殊性，有可能导致对市场经济发展一般路径的背离；强调中国财政理论的特殊性，有可能导致对一般性学术规律的背离。我们认为韦伯已经很好地回答了这一疑问，“一个德意志国家的经济政策，只能是一个德国的政策；同样，一个德国经济理论家所使用的价值标准，只能是德国的标准”（韦伯，1997）。对于中国现代财政制度和财政学理论体系的构建来说，道理也是如此。

参考文献

[1]〔美〕彼得·埃文斯：《国家与经济转型——一种支撑有效干预的条件分析》，载〔美〕彼得·埃文斯、迪特里希·鲁施迈耶、西达·斯考克波编著《找回国家》，方力维、莫宜端、黄琪轩等译，生活·读书·新知三联书店，2009。

[2]〔美〕彼得·埃文斯：《跨国联系与国家的经济角色——对“二战”后发展中国家与工业国家的分析》，载〔美〕彼得·埃文斯、迪特里希·鲁施迈耶、西达·斯考克波编著《找回国家》，方力维、莫宜端、黄琪轩等译，生活·读书·新知三联书店，2009。

[3] 陈共：《财政学对象的重新思考》，《财政研究》2015 年第 4 期。

[4] 陈共：《论以再生产为前提建立社会主义财政学》，《财政研究》1982 年第 3 期。

[5] 陈共：《明确财政职能范围　加快财政体制改革》，《财政研究》1993 年第 10 期。

[6] 陈共：《社会主义财政的本质和范围问题》，《经济研究》1965 年第 8 期。

[7] 恩格斯：《家庭、私有制和国家的起源》，载《马克思恩格斯选集》（第四卷），人民出版社，1995a。

[8] 恩格斯：《路德维希·费尔巴哈和德国古典哲学的终结》，载《马克思恩格斯选集》（第四卷），人民出版社，1995b。

[9]〔美〕哈维·S. 罗森、特德·盖亚：《财政学》（第八版），郭庆旺、赵志耘译，中国人民大学出版社，2009。

[10]〔英〕拉尔夫·密利本德：《马克思主义与政治学》，黄子都译，商务印书馆，1984。

[11] 刘晓路：《郡县制传统及其在政府间财政关系改革中的现实意义》，《财贸经济》2011 年第 12 期。

[12] 刘晓路、郭庆旺：《财政学 300 年：基于国家治理视角的分析》，《财贸经济》2016 年第 3 期。

[13]〔希腊〕尼科斯·波朗查斯：《政治权利与社会阶级》，叶林、王宏周、马清文译，中国社会科学出版社，1982。

[14]〔德〕韦伯：《民族国家与经济政策》，甘阳等译，生活·读书·新知三联书店，1997。

[15]〔美〕西达·斯考克波：《找回国家——当前研究的战略分析》，载〔美〕彼得·埃文斯、迪特里希·鲁施迈耶、西达·斯考克波编著《找回国家》，方力维、莫宜端、黄琪轩等译，生活·读书·新知三联书店，2009。

[16]〔英〕亚当·斯密：《国民财富的性质和原因的研究》（下卷），郭大力、王亚南译，商务印书馆，1983。

[17] 周黎安：《转型中的地方政府：官员激励与治理》，格致出版社、上海人民出版社，2008。

[18] Buchanan, J. M., and Musgrave, R. A., *Public Finance and Public Choice-Two Contrasting Visions of the State* (The MIT Press, 1999).

[19] Esping-Andersen, G., Friedland, R., and Wright, E. O. "Modes of Class Struggle and the Capitalist State", *Kapitalistate*, 4-5, 1976: 186-220.

[20] Evans, P. B., Rueschemeyer, D., and Skocpol, T., *Bring the State Back In* (Cambridge University Press, 1985).

[21] Fukuyama, F., *Political Order and Political Decay: From the Industrial Revolution to the Globalization of Democracy* (New York: Farrar, Straus and Giroux, 2014).

[22] Kugler, J., and Domke, W., "Comparing the Strength of Nations", *Comparative Political Studies*, 19 (1), 1986: 39-69.

[23] Migdal, J. S., *Strong Societies and Weak States: State-Society Relations and State Capabilities in the Third World* (Princeton: Princeton University Press, 1988).

[24] Musgrave, R. A., "A Multiple Theory of Budget Determination", *FinanzArchiv/ Public Finance Analysis*, 17 (3), 1957: 333 - 343.

[25] Musgrave, R. A., "The Three Branches Revisited", *Atlantic Economic Journal*, 17 (1), 1989: 1 - 7.

[26] Nordlinger, E. A., "Taking the State Seriously", in Weiner, M., and Huntington, S. P., eds. *Understanding Political Development* (Boston: Little, Brown, 1987).

[27] Offe, C., "Structural Problems of the Capitalist State", *German Political Studies*, 1, 1974: 31 - 57.

[28] Perry, A., *Passages from Antiquity to Feudalism* (London: New Left Books, 1974).

[29] Routley, L., "Developmental States: A Review of the Literature", ESID Working Paper, No. 3, 2012.

[30] Therborn, G., *What Does the Ruling Class Do When It Rules?* (London: New Left Books, 1978).

[31] Wagner, A., "The Public Debt of Prussia", *The North American Review*, 175 (548), 1902: 136 - 144.

[32] Wallerstein, I., *The Modern World System* (New York: Academic Press, 1974, 1980).

[33] Wang, S., and Hu, A., *The Chinese Economy in Crisis: State Capacity and Tax Reform* (Armonk, NY: M. E. Sharpe, 2001).

[34] Weber, M., *Weber's Rationalism and Modern Society: New Translations on Politics, Bureaucracy, and Social Stratification*, translated and edited by Waters, T., and Waters, D. (New York: Palgrave Macmillan, 2015).

[35] Wicksell, K., "A New Principle of Just Taxation", in Musgrave, R. A., and Peacock, A. T., eds, *Classics in the Theory of Public Finance* (London: Macmillan, 1958).

构建以马克思主义为基础的新时代中国特色社会主义财政学

王艺明*

摘　要：我国财政学界正在按照习近平总书记和党中央的要求努力构建新时代中国特色社会主义财政理论体系。要完成好这项重要而又艰巨的理论创新工程，必须从基础理论层面认真进行顶层设计，科学界定研究对象、内容范围、学科属性、逻辑起点、核心范畴和逻辑主线。本文分别介绍了财政学的马克思主义理论基础、改革开放以来的财政体制改革与理论构建、新时代中国特色社会主义财政学的架构与内容。

关键词：马克思主义　新时代　中国特色社会主义财政学

当前，我国财政学界正在按照习近平总书记和党中央的要求努力构建新时代中国特色社会主义财政理论体系。要完成好这项重要而又艰巨的理论创新工程，必须从基础理论层面认真进行顶层设计，科学界定研究对象、内容范围、学科属性、逻辑起点、核心范畴和逻辑主线。理论思维的基础逻辑和根本方法决定着理论创新的结果，而中国特色社会主义财政理论只能以马克思主义为基础，在此基础上建构整个社会主义财政理论内容和结构体系的基本立场、观点、方法与基础原理，对理论思维及其创新活动起

* 王艺明，经济学博士，厦门大学经济学院财政系教授，厦门大学王亚南经济研究院副院长，主要研究方向为马克思主义政治经济学、社会主义财政理论。

着确定路线、指引方向的作用（齐守印，2018）。坚持以马克思主义为指导，是当代中国哲学社会科学区别于其他哲学社会科学的根本标志，必须旗帜鲜明地加以坚持。我国哲学社会科学坚持以马克思主义为指导，是近代以来我国发展历程赋予的规定性和必然性。在我国，不坚持以马克思主义为指导，哲学社会科学就会失去灵魂、迷失方向，最终也不能发挥其应有的作用（陈共，2020）。

在新时代，坚持马克思主义基本原理，就是要坚持马克思主义中国化的最新成果——习近平新时代中国特色社会主义思想。习近平新时代中国特色社会主义思想，是对马克思列宁主义、毛泽东思想、邓小平理论、“三个代表”重要思想、科学发展观的继承和发展，是马克思主义中国化的最新成果，是党和人民实践经验和集体智慧的结晶，是中国特色社会主义理论体系的重要组成部分。习近平新时代中国特色社会主义思想是构建中国特色哲学社会科学的总指导思想，因此，财政学建设当前的任务和目标，就是以习近平新时代中国特色社会主义思想为指导思想来构建新时代中国特色社会主义财政学。以下我们分别介绍财政学的马克思主义理论基础、改革开放以来的财政体制改革与理论构建、新时代中国特色社会主义财政学的架构与内容。

一 财政学的马克思主义理论基础

（一）马克思主义的立场、观点和方法

新时代中国特色社会主义财政学将马克思主义立场、观点和方法作为其理论基础。这是因为，就立场而言，“马克思主义坚持实现人民解放、维护人民利益的立场，以实现人的自由而全面的发展和全人类解放为己任”，“我国哲学社会科学要有所作为，就必须坚持以人民为中心的研究导向。脱离了人民，哲学社会科学就不会有吸引力、感染力、影响力、生命力”。就观点和方法来说，马克思主义的唯物史观和唯物辩证法“揭示了事物的本质、内在联系及发展规律，是‘伟大的认识工具’，是人们观察世界、分析问题的有力思想武器”。马克思运用这种观点和方法研究撰写了不朽的《资本论》，构建起逻辑严整、规模恢宏的马克思主义政治经济学理论体系。我

们同样需要运用这种观点和方法分析研究财政活动、财政行为、财政本质、财政制度、财政政策、财政治理，揭示财政活动的各种内在联系、特殊矛盾和运行发展规律，努力构建起既能有效服务中国特色社会主义国家治理和财政工作实践又具有科学性和创新性的财政理论体系。只有这样一种财政理论体系，才具备“不仅致力于科学‘解释世界’，而且致力于积极‘改变世界’”的“鲜明的实践品格”（习近平，2016），从而实现构建新时代中国特色社会主义财政学理论大厦的初衷。

（二）马克思主义经济学的基本研究范式

马克思主义经济理论的基本范式，是运用规范与实证相结合、逻辑与历史相一致、从抽象到具体的基本方法，系统分析研究贯穿于社会再生产全过程的生产方式，并且在生产方式既相互联系又相互对立的两个矛盾方面中注重研究生产关系。马克思运用这种研究范式，批判地吸收古典政治经济学的优秀成果，首先通过改造创新形成了作为他的整个经济学直接理论基础的劳动价值论，在此基础上以剩余价值为核心范畴，围绕资本和剩余价值再生产这一逻辑主线，构建起严整缜密的政治经济学理论体系大厦——《资本论》。这部经济学巨著，不仅因为其中所阐述的原理和所揭示的规律成为社会主义革命的思想武器而被誉为“工人阶级的圣经”（恩格斯，1975），而且具有很高的理论创新性和论证严密性。尽管我们现在所服务的建设性社会实践与马克思主义经典作家当年所服务的革命性社会实践具有性质差别，但马克思主义经典作家所创立的经济学基本研究范式总体上仍然适用于我们所要构建的中国特色社会主义财政理论体系研究，只是需要对研究的侧重点加以适当调整。

首先，继续发扬《资本论》研究范式，重视对生产关系的分析研究，以服务于推进财政体制机制改革和构建现代国家治理体系实践，同时加强对属于生产力侧面的财政运行管理和政策措施的分析研究，以服务于财政管理、调控和现代国家治理的建设性实践。换言之，在构建中国特色社会主义财政理论体系过程中，既要善于运用注重经济关系分析的交易范式，也要科学地运用注重经济效率（属于生产力范畴）分析的资源配置范式，将两种基本的经济学研究范式有机而恰当地结合起来（马珺，2015）。

其次，在与财政密切相关的具体经济学原理方面，马克思主义与西方经济理论也存在显著差别。例如，为了说明运用财政政策调节宏观经济运行的必要性，在对社会总供求关系失衡原因的解释上，马克思主义经济学将其解释为由资本主义生产方式内在矛盾和积累规律引起贫富两极分化导致有支付能力的市场需求相对萎缩，而凯恩斯主义经济学将其根源归结为人们具有灵活偏好等心理学因素。这两种分析框架的深浅程度和科学性高低应该说十分明显，我们应当采取哪一种基本原理也不言自明。与此同时，马克思主义经典作家所阐述的其他许多与财政研究密切相关的经济学原理，如需求动机论、劳动价值论、剩余产品论、社会再生产论、总产品分配的社会扣除论等，也都是我们在财政研究中需要采用的（刘邦驰，2001）。

最后，合理运用数量分析方法。马克思主义经济学在研究中大量采用数量分析方法。马克思在《资本论》第二卷就运用数学公式和数理模型从总量角度分析阐明了简单与扩大的社会再生产条件，在关于地租、农产品价格和利润率下降规律分析中则运用过边际分析法。所以，在财政学研究中完全可以根据需要合理运用数量分析方法。

（三）马克思主义政治学基本原理在财政理论研究中的运用：国家学说

与以国家的公共性掩盖阶级性或单纯分析国家的阶级性而忽视国家的公共性的其他政治学流派不同，马克思主义国家学说在分析阐述阶级社会公共权力机构属性时所运用的基本研究范式具有以阶级性分析为主、公共性分析为辅的特征。那种以为马克思主义政治学或国家学说单纯强调国家的阶级性而抹杀国家固有的公共性的认识，也是一种有意或无意的曲解。如果系统全面地研读马克思和恩格斯关于国家的论述，就不难看出，他们既有关于奴隶制国家、封建制国家和资本主义国家借助国家机器统治、压迫和剥削人民大众的论述，也有很多关于各时代国家都要执行社会职能、满足公共需要的论说。

例如，马克思指出，“国家是建筑在社会生活和私人生活之间的矛盾上，建筑在公共利益和私人利益的矛盾上的”,[①]“每一种共同的利益，都立即脱离社会而作为一个最高的普遍的利益来与社会相对立，都从社会成员自己行动的范围中划分出来而成为政府活动的对象——从某一村镇的桥梁、

① 《马克思恩格斯全集》（第一卷），人民出版社，1956。

校舍和公共财产起，直到法国的铁路、国有财产和国立大学止”。[1] 恩格斯指出，“在社会发展某个很早的阶段，产生了这样一种需要：把每天重复着的产品生产、分配和交换用一个共同规则约束起来，借以使个人服从生产和交换的共同条件。这个规则首先表现为习惯，不久便成了法律。随着法律的产生，就必然产生出以维护法律为职责的机关——公共权力，即国家”，“政治统治到处都是以执行某种社会职能为基础，而且政治统治只有在它执行了它的这种社会职能时才能继续下去。不管在波斯和印度兴起和衰落的专制政府有多少，每一个专制政府都十分清楚地知道它们首先是河谷灌溉的总管，在那里，没有灌溉就不可能有农业”。[2] 从这几段论述中不难看出，马克思和恩格斯一致认为，即使作为公共权力机关在特定社会形态下具体表现的阶级国家，其职能也既有维护统治阶级利益的一面，也有执行社会不可缺少的共同职能、维护公共利益和社会再生产共同条件的一面，即同时具有阶级性和公共性。

马克思、恩格斯、列宁不仅论述过剥削阶级占统治地位的国家性质，而且还有对无阶级的原始社会公共事务和公共权力机关情况的论述，以及对阶级对立消失后社会主义阶段“半国家”和共产主义社会中公共权力机关职能将转变为对社会生产过程领导的预测。从中可以看出，社会公共权力机关本质属性的演化过程符合从肯定到否定再到否定之否定的辩证发展历史曲线，即随着生产力发展和生产关系变迁，公共权力机关的公共性由纯粹形态转变为兼具阶级性和公共性的政治国家形态，以至最后在更高阶段上重新回归纯粹公共性。这种理论认识，无论是与将国家视为恒久存在并且永远只具有公共性还是与片面地认为国家只有阶级性相比，显然更符合历史的真实。我国财政学者在多年前已经以马克思主义国家学说、剩余价值理论等为基础，构建了财政学的国家分配论（许毅，1995，1998；邓子基，1997）。

（四）马克思主义财政理论

中国特色社会主义财政学的理论基础，必须是符合马克思主义立场、

① 《马克思恩格斯选集》（第一卷），人民出版社，1972。
② 《马克思恩格斯选集》（第三卷），人民出版社，1995。

观点、方法和政治经济学基本原理的。但是，由于可用时间和研究目的的限制，马克思和恩格斯对财政学理论未能做出专门的系统论述，致使较为完备的财政学理论在现有的马克思主义经济学理论中尚不存在。尽管如此，却并不等于说马克思主义经典作家没有财政思想，他们从理论上明确肯定自原始社会晚期到各个阶级社会中都存在以满足社会公共需要为实质内容的公共经济，并且多处在国家执行“社会职能”的概念下提到像防御外敌侵略、控制阶级对立、维护法律秩序和举办学校教育、社会保障、灌溉工程、道路桥梁等外延性的公共物品概念。

马克思在《资本论》第三卷中更是从经济学视角阐明了满足公共需要的社会职能在所有社会形态中普遍存在：“在任何社会（例如，自然形成的印度公社，或秘鲁人较多是人为发展的共产主义）中，总是可以区分出劳动的两个部分，一个部分的产品直接由生产者及其家属用于个人的消费，另一个部分即始终是剩余劳动的那个部分的产品，总是用来满足一般的社会需要，而不论这种剩余产品怎样分配，也不问由谁执行这种社会需要的代表的职能。”马克思并不认为国家机关中专门从事公共事务管理的人员在本质上属于“非生产”阶级，他承认作为公共权力机构的国家从提供公共物品这个意义上具有生产性。既然承认公共权力机构工作人员的管理劳动具有生产性，那么，就等于承认国家作为公共权力机关所执行的社会公共职能是一种提供公共物品、满足公共需要的生产活动，从而是不同于私人部门经济活动的公共经济。对于马克思、恩格斯著述中相当丰富的财政思想，国内一些学者已经通过研究发表了一些成果，如齐守印（2002）、董瑞华和胡德平（2007）、鄢奋（2009）、李超超和周晓阳（2010）、余斌（2015）等，今后还需要从马克思主义经典著作中进一步深入挖掘，并以此为核心、结合当代国内外现实情况构建符合马克思主义研究范式且完整系统的财政学理论体系。将马克思主义经典作家的财政思想作为构建中国特色社会主义财政学理论体系的直接基础理论，是十分必要的现实选择，已经有不少学者做了较为充分的基础工作，发表了许多重要成果，如雷尚青（1993）、陈浩义（1996）、郭代模和杨远根（1997）、沙治慧（2005）、傅志华和陈龙（2018）等。

应该特别指出的是，构建中国特色社会主义财政学理论体系必须将马克思主义作为理论基础，同时也应该按照去粗取精、去伪存真、古为今用、洋为中用的原则科学地吸纳古今中外一切相关的优秀理论思想。毛泽东同志早就说过，“我们的态度是批判地接受我们自己的历史遗产和外国的思想。我们既反对盲目接受任何思想也反对盲目抵制任何思想”。习近平同志在新时代再次强调：“对人类创造的有益的理论观点和学术成果，我们应该吸收借鉴。”作为理论基础与作为吸收借鉴对象，对于构建中国特色财政学理论体系而言，不仅存在主辅地位之别，而且所吸收借鉴的应当是古今中外相关思想理论中与马克思主义基本原理不相冲突的合理内核和科学成分。只有这样构建起来的理论体系，才能既有高度的科学性、先进性又有足够的包容性，而不至于导致整个理论体系变得泥沙混杂和好坏并存。

二　改革开放以来的财政体制改革与理论构建

回顾改革开放的40多年，可以清晰地看到财税改革始终是支撑我国社会主义市场经济体制改革的基础。作为国家治理的基础和重要支柱，财税制度既是改革的对象又是推进市场经济体制其他领域改革的重要支撑，我国社会主义市场经济体制改革过程中的方方面面都与财政改革息息相关、丝丝相扣。对中国社会主义市场经济体制改革和财政改革40年进行研究的过程，也就是破译中华民族伟大复兴背后的财政密码的过程。在这个过程中，我国的财政学者发挥了重要作用，在不同历史时期都留下了对中国特色社会主义财政理论的思考和实践探索的脚步。

（一）财税改革支撑价格体制改革

由计划经济向市场经济转轨，根本点就是要使价格机制替代指令性计划成为资源配置的基础。因此，价格体制改革是中国社会主义市场经济体制改革的要义和核心之一。价格体制改革的目标是改革价格形成机制，通过市场定价机制来提高资源配置效率。回顾历史，财税改革自始至终支持着价格改革，而在价格改革的不同时期，财税改革也发挥着不同的作用。

改革计划价格体制时期（1979～1991年）。党的十一届三中全会要求改革我国农产品价格体制，在提高粮食价格的同时放开其他农产品价格；十二届三中全会通过《中共中央关于经济体制改革的决定》，进一步明确指出价格体制的改革是整个经济体制改革成败的关键。针对农产品价格上涨对居民生活成本的影响，财政部门通过粮棉油价补贴、平抑物价补贴、肉食品价格补贴政策来支持价格调整。上述这些改革建议都为特定时期财政补贴支持价格体制改革提供了很有针对性的对策思路。此外，这一时期财税体制改革最重要的举措，则是改革了原有的工商税制，初步建立了多税种、多环节的复合税制体系，有力地支持了当时的价格体制改革，稳定了国民经济运行。

在20世纪80年代初，我国采取多税种参与国民收入分配，并对其进行多环节的调节（魏昌庭，1984）：首先是利用工商税、增值税、盐税、农（牧）业税等，参与国民收入初次分配；其次是利用企业所得税（包括外资企业、中外合资企业、国营企业所得税和工商所得税、个体经济所得税）参与国民收入二次分配；最后是其他税种的调节，如通过资源税、利润调节税、建筑税、超额奖金调节税、能源交通重点建设基金以及个人所得税等来调节国家、企业和职工个人三方的利益，在调动企业和职工积极性的同时，保证国家财政收入的稳定增长。1984年我国提出第二步利改税和工商税制改革的指导思想是“要发挥税收作为经济杠杆的调节作用，体现国家的奖励和限制作用，并缓解价格不合理所带来的一些矛盾，利于国民经济的调整和改革。通过利改税的改革，还要为进一步改革财政体制创造条件”。以税收而不是计划价格来调节国民经济和各方利益，这是推动我国价格体制改革的重要制度安排，在这个过程中财税改革发挥了重要的支撑作用。

初步建立社会主义市场经济价格体制时期（1992~2000年）。党的十四大明确了建立我国社会主义市场经济体制的改革目标；十四届三中全会通过的《中共中央关于建立社会主义市场经济体制若干问题的决定》则明确提出进一步推进价格改革，建立主要由市场形成价格的机制；1994年6月国务院转批国家体改委《1994年经济体制改革实施要点》，明确进行价格、财税、金融、外贸、投资、企业等各个领域的整体性改革。这个时期重要价格改革措施包括：1992年大部分商品的双轨价格并轨于市场价格、1994年基本取消生产资料价格“双轨制”以及1998年《价格法》的实施。价格机制改革的方向是价格形成机制由政府转向市场，价格信息能够真实反映市场供求，合理引导生产消费。所配套的财税改革措施，是由过去的以税代价发挥调控作用转变为在价格基础上发挥税收调控作用，实现价税联动。

彭成洪（1993）分析了我国税制改革的方向，首先是将所得税合并为三个税种：适用于国营、集体、私营和外商企业的企业所得税，适用于城乡个体工商业户、私营企业主、其他公民和外籍人员的个人所得税，适用于各类企业通用的奖金税；其次是将集市交易税、牲畜交易税合并为营业税；最后是以增值额为标准，将118个档次的增值税率简化为五级全额累进税率，全国通用。同时，简化征收管理制度，对同一征税对象课征的所有税种，只规定一套税收管理办法，积极推行税利分流等。这个时期还有很多学者对我国的税制改革和优化方向进行了探讨，如刘佐（1996，1997）对我国1994年税改进行了总结，认为这次税改规范了税收制度、严格了税收执法、促进了经济发展、保证了财政收入，而进一步的税制改革目标着眼于调整国民收入分配，调整税负、优化结构、完善税种、加强征管。这个时期价格改革与财税改革相互配套、联动改革、相互支撑。

逐步完善社会主义市场经济价格体制时期（2001～2012年）。党的十六大指出，完善社会主义市场经济体制是21世纪头20年经济建设和改革的主要任务之一。这期间价格改革的主要任务是进一步完善价格形成机制，并对公共事业价格实行全成本核算。2001年，国家计委颁布修订后的中央定价目录，将中央管理的定价项目减少到13种；2003年，国务院颁布《排污费征收使用管理条例》，对污水、废气、固体废物和噪声四大污染物的排放征收排污费；2006年，国务院颁布《取水许可和水资源费征收管理条例》，通过水资源费改革，以收费形式将环保成本内化于水价之中，促进水价改革。

全面深化价格体制改革时期（2012年至今）。党的十八大首次将生态文明建设列入中国特色社会“五位一体”总体布局以来，生态环境定价及其治理机制成为这一时期价格改革的重点。2015年10月，中共中央和国务院在《关于推进价格机制改革的若干意见》中，要求“完善环境服务价格政策。统筹运用环保税收、收费及相关服务价格政策，提高企业主动治污减排的积极性”。2017年11月，国家发改委发布《关于全面深化价格机制改革的意见》，要求按“受益者付费、保护者得到合理补偿”的原则，科学设计生态补偿价格和收费机制。2018年1月《中华人民共和国环境保护法》正式实施，通过排污费改税，以规范化强制性的税收立法将环保成本内化于企业生产经营成本。我国财税学者围绕环境税体系的设计进行了更全面、深入和规范的研究，为我国全面深化价格体制改革尤其是生态环境领域的价格机制改革提供了更全面、深入的理论研究成果。

（二）国有资产管理体制改革

作为以公有制为主体的社会主义市场经济，国有资产管理体制是构成我国社会主义市场经济体制的重要组成部分；而从国有资产所有者和收益分配关系看，国有资产管理体制改革本身也是财政体制改革的重要内容。从改革实践看，以 1988 年国务院设立国有资产管理局为标志，我国国有资产管理体制改革已经走过了 30 多年的历程，并大体上分为三个阶段：1988 ~ 1998 年的"两职分离"阶段；2003 ~ 2012 年的"管资产、管人和管事"相结合的阶段；2012 年以来的"管资本"阶段。

两职分离阶段（1988 ~ 1998 年）。1988 年国务院决定设立国有资产管理局，专司国有资产管理职能，拉开了我国国有资产管理体制改革的序幕；1992 年《国家试点企业集团国有资产授权经营的实施办法》首次提出对国有资产实行"授权经营"，即将企业集团中紧密层企业的国有资产统一授权给核心企业经营和管理；1993 年，党的十四届三中全会通过的《中共中央关于建立社会主义市场经济体制若干问题的决定》明确提出"出资者所有权与企业法人财产权分离"。因此，这个阶段国有资产管理基本形成了从上到下三个层次的管理体制，即上层体现了政府的公共管理职能与国有资产管理职能的分离，中层实现了国有资产监管与国有资产运行职能的分离，下层实现了国家出资人所有权与企业法人财产权的分离。

著名财政学家陈共教授很早就讨论了国企改革和国资管理中的几个重要问题（陈共，1988），包括两权分离、承包制和股份制、税利分流、税前承包和税后承包等。陈共关于探索和创造具有中国特色的股份制，即建立以国有股为主的多级多元的股份制、在全民所有制之间和不同所有制之间相互参股等观点，非常具有前瞻性；他还指出，税利分流的两个理论前提是国有企业的两权分离，以及国家资产管理、行政管理和经济调控职能的分离，这些观点对于随后进行的国资管理体制改革具有指导意义。财政学者们的研究，对于如何实现政府的国资管理职能与公共管理职能的"两职分离"，如何建立现代企业制度、实行专业化管理，以及市场经济下的国资管理体制，等等，都给出了理论依据和政策建议，在我国国资管理体制改革过程中发挥了重要作用。

管资产、管人和管事相结合的阶段（2003~2012年）。1998年国有资产管理局撤销后，国企监管又回到“五龙治水”的局面，即财政部管资产、中组部管人、劳动部管工资、计委管基建投资、经贸委管技改投资等。1999年，党的十五届四中全会提出“要按照国家所有、分级管理、授权经营、分工监督的原则，逐步建立国有资产管理、监督、运营体系和机制，建立与健全严格的责任制度”；2002年，党的十六大提出了“三分开（政企分开、政资分开、所有权与经营权分开）、三统一（权利、义务和责任相统一）、三结合（管资产、管人和管事相结合）”的国有资产管理体制改革任务，明确提出要设立专门的国有资产管理机构。2003年国务院国资委成立，2004年各省级国资委相继成立，标志着我国国资监督管理在实践和体制上取得了重大创新和突破。

在此期间，著名财政学家邓子基教授讨论了国资管理体制存在的问题和深化改革的思路（邓子基，2003）。他指出，既往的国资改革始终贯穿着行政性分权和减税让利的思路，虽然有效激活了微观主体，规范了国家和企业间的分配关系，但尚未从根本上使企业摆脱作为行政附属物的地位，仍存在国资管理机构不能独立充分地行使所有者职能、政府职能部门对企业行政干预等问题。为此，他提出了重建专司国资管理职能的专门机构、将国企划分为公共企业和营利性国企两大类、实行分类管理、实行国有资本市场化经营、强化国有资本收益监管、建立健全国有资本预算等政策建议。这些建议对于国资管理体系改革有重要指导意义。

管资本阶段（2012年至今）。国资委的成立，实现了“管资产、管人和管事”职能的统一，但也存在以行政替代市场、以管制代替监管的问题。2015年，国务院出台了《关于改革和完善国有资产管理体制的若干意见》，提出“以管资本为主，加强国有资产监管，加强国有资本授权经营体制，真正确立国有企业的市场主体地位，推进国有资产监管机构职能转变”。2017年《国务院国资委以管资本为主推进职能转变方案》的出台，标志着国资委职能正式向管资本转变。

（三）政府投融资体制改革

投融资体制是市场经济体制的重要内容之一，而其中政府投融资体制改革既是财政体制改革的重要内容，又深刻体现着政府和市场关系的变迁，从而构成我国市场经济体制改革的关键和核心领域之一。我国政府投融资体制改革主要包括改革政府管理全社会投资运行体制和政府自身投融资体制改革，大体上可以划分为四个阶段：1979～1991年经济改革探索时期的投融资体制改革；1992～2002年社会主义市场经济确立时期的投融资体制改革；2003～2012年社会主义市场经济完善时期的投融资体制改革；2013年以来全面深化改革时期的政府投融资体制改革。

经济改革探索时期的投融资体制改革（1979～1991年）。计划经济时期统收统支财政体制下的政府投资体制主要表现为投资由中央政府行政决策、企业建设投资由政府无偿划拨，投资效益较为低下。而这个阶段的改革主要是：企业建设资金的“拨改贷”试点，即对实行独立核算且有还款能力的企业实行基本建设拨款改贷款制度；1988年，国务院发布《关于印发投资管理体制近期改革方案的通知》，设立中央基建基金和专业投资公司，改变了原有的投资分配格局。熊兆翔和许会斌（1985）指出，计划经济时期建设资金一直由国家财政无偿拨款，无论是建设部门、建设单位还是建设银行，在基本建设资金的管理和使用上都没有任何经济责任制，这种资金管理体制必须进行改革。而随着基本建设投资的“拨改贷”，资金由无偿使用变有偿使用，提高了投资的经济效益，节省了建设资金，同时也充分发挥了银行的职能作用。

社会主义市场经济确立时期的投融资体制改革（1992～2002年）。党的十四届三中全会决议指出，政府投资主要集中于“社会公益性和基础性项目建设”，且两者筹资来源不同，而竞争性项目投资让位于市场。为实现这一目标，我国政府投融资体制实施了一系列改革，包括实行“项目业主责任制和法人责任制”、组建三家政策性银行、将部分企业“拨改贷”本息余额转增为国家资本金、债转股、组建金融资产管理公司、通过国债为基础设施建设筹资、融资平台公司成为地方政府融资主渠道等。随着这些改革的大幅推进，实践层面出现了很多问题，我国政府的投融资体制相关问题成为财政学者研究的热点。杨灿明（1993）探讨了我国财政建立长期投融资体系的问题：这不仅是适应市场经济发展的要求，同时也是政府调控金融市场的要求。他建议，第一，邮储存款、社会保险基金、保险公司基金结余、政府债务收入以及经常性预算结余等，应是财政投融资的主要资金来源；第二，资金的投向一定要讲效益；第三，要有专门的机构来经营和管理财政投融资业务。这些政策建议对于我国财政投融资体系建设有重要意义。

社会主义市场经济完善时期的投融资体制改革（2003～2012年）。党的十六届三中全会决议指出："进一步确定企业的投资主体地位，实行谁投资、谁决策、谁收益、谁担风险。"而国家只审批关系安全、环境等重大项目和政府投资项目及限制类项目。该阶段的政府投融资体制改革主要包括两方面。一方面是政府投融资权限的划分和下放。2004年国务院颁布《关于投资体制改革的决定》，通过进一步界定政府投资范围，以正面清单方式限定政府核准投资项目，由此扩大了企业自主投资的范围，鼓励社会资本进入更多领域。另一方面则是地方融资平台的兴起和治理。尤其是2008年四万亿政府投资实施后，融资平台公司债务规模陡增，政府隐性债务风险日益加大。2010年国务院发布《关于加强地方政府融资平台公司管理有关问题的通知》，对融资平台公司进行清理规范。2010年以后对财政投融资体制的研究重心转向地方政府融资平台，主要围绕融资平台的制度缺陷、风险成因与治理以及规范发展的政策建议等。一般认为，政府融资平台拓展了公共基础设施领域的融资渠道，在城市建设、交通改善和地方经济发展等方面发挥了积极作用。而政府融资平台的制度缺陷和风险成因主要在于政企不分、资本不实以及过度授信和贷款挪用等问题，威胁银行业健康发展和国家财政金融的稳定（王晓曦，2010；曹红辉，2010）。

全面深化改革时期的政府投融资体制改革（2013年至今）。党的十八大以来，投融资体制进入全面深化改革的新时代，投资管理更多地由事前审批转向过程服务和事中事后监管。2013年发布《国务院批转发展改革委关于2013年深化经济体制改革重点工作意见的通知》，推动民间资本有效进入能源、电信、铁路等基础设施领域。2016年，中共中央和国务院颁布《关于深化投融资体制改革的意见》，最大限度地减少了政府审批事项，进一步确立了企业的投资主体地位。这个阶段，PPP模式成为基础设施投资项目建设运营的主要方式。而《2014年地方政府债券自发自还试点办法》《关于加强地方政府性债务管理的意见》等文件的颁布以及2015年新《预算法》的实施，都明确了地方政府举借债务必须采取公开的地方债形式，地方融资平台则逐步转型为市场化主体。至此，地方政府融资实现"阳光化"、"规范化"和"自主化"，由隐性债务转向显性债务。

（四）财税改革支撑金融体制改革

金融作为现代经济的核心在经济体制改革中居于重要地位。在全局性改革观下，金融体制改革的目标是建立多层次多功能的金融市场体系、再造适应于市场经济的现代微观金融机构。因此，相应的金融体制改革可分为宏观金融和微观金融两个层面的改革。财税改革支撑金融微观层面改革的政策主要包括：拨改贷，支持多层次金融体系的构建，设立金融资产管理公司、全价剥离国有银行不良资产，财政注资减税、支持国有商业银行进行股改，等等；而财税改革支撑金融宏观层面改革的政策主要包括：财政金融协调配合、化解金融风险、维护宏观金融经济稳定等。无论在财税改革支撑金融微观层面改革还是在宏观层面改革中，财政学者们的理论和政策研究都对改革实践起到了积极的助力作用。

改革开放以来，我国开启了财政金融协调配合共同调控宏观经济的时代，在广阔的空间发挥财政和金融的协同作用，共同支撑着宏观经济运行。而在这过程中，金融风险也始终伴随改革开放和市场经济发育、形成和完善的全过程。尤其是近年来随着国内外经济形势的变化，金融风险不断积累，财政则相应推出改革措施来防范和化解金融风险。在财政金融政策协调配合方面，老一辈著名财政学家许毅（1985）教授很早就提出建立宏观协调平衡体系，依据“国力论”、国民经济综合平衡理论和“四大平衡”理论，对社会再生产中各项资金的运动进行引导、协调和平衡，其中就包括财政和信贷间的综合平衡；许廷星和张合金（1988）则更为具体地讨论了财政、信贷杠杆的配合与协调问题；叶振鹏等（1993）提出，应逐步建立有弹性的税制结构，发挥财政政策自动稳定器功能，并加强财政与货币政策协调，以避免出现类似80年代的高通货膨胀现象；何盛明等（1997）则就财政与货币政策协调配合状况进行深入分析，探讨两大政策协调配合的目标、途径，提高调控合力，并提出近期对策和长期战略；著名财政学家邓子基（2004）教授提出，以科学发展观促进向中性财政政策的转向。

（五）财税改革支撑社会保障体制改革

作为我国社会主义市场经济体制的重要组成部分，社会保障制度改革在整个经济体制改革中发挥了稳定器的作用，是社会安定稳定和改革顺利进行的重要基础。回顾改革史可以发现，财政在社会保障制度改革中发挥了主导作用。改革开放以后，我国坚持“广覆盖、保基本、多层次和可持续”的原则，一个以社会救助、最低生活保障、社会福利为托底，以基本养老、基本医疗等社会保险为重点，以商业保险为补充的社会保障体系得以逐步建立。

改革开放之初的国有企业改革引发了社会保障制度改革。1984 年各地国营企业开始试行国企职工退休费用的社会统筹改革；1984 年《关于进一步加强公费医疗管理的通知》也得以实施；1986 年，国企用工制度改革，《中华人民共和国破产法（试行）》颁布实施。20 世纪 90 年代以后，随着国企改革的深入，大量职工下岗，社会城市救助制度开始在各地试点和探索；1997 年《关于在全国建立城市居民最低生活保障制度的通知》颁布，各地开始建立城市低保线制度；2002 年开始逐步建立以大病统筹为主的新型农村合作医疗制度；2011 年开始改革城镇“养老、医疗”保险社会统筹仅集中于企业职工而公务员和事业单位职工由财政全额负担的“双轨制”局面，逐步实现“并轨”。在社会保障制度的资金支撑方面，主要有两个方面：一个方面是地方政府管理的基本养老、基本医疗等社会保险基金，于 2013 年开始纳入复式预算报告；另一个方面是 2000 年由国务院设立的全国社会保障基金，全国社会保障基金由中央财政预算拨款、国有资本划转、基金投资收益和其他资金构成专门用于养老保险等社保支出的补充与调剂。这两个方面都体现了财政对社会保障体制改革的支撑作用。

改革开放 40 多年来我国财政体制改革始终在社会主义市场经济体制改革进程中起着支撑作用，我国财政学者也在经济体制改革乃至中华民族伟大复兴的历史进程中留下了众多光辉篇章。随着中国特色社会主义进入新时代、中华民族伟大复兴进入新征程，财政作为国家治理的基础和重要支柱，在全面深化改革这一新的历史进程中的地位和作用更加重要。未来财政体制改革的目标，在经济层面，是通过深化财税改革促进现代化经济体系的建立；在社会层面，是促进构建社会公平正义体制；在法治层面，是促进构建国家治理的法治体系；在国际层面，是以大国财政来参与全球规则制定和全球治理。这些理论和实践都为新时代中国特色社会主义财政理论的构建奠定了基础，相信在未来的学科发展中，我国财政学者还将做出自己新的贡献。

三 新时代中国特色社会主义财政学的架构与内容

（一）习近平新时代中国特色社会主义经济思想为新时代中国特色社会主义财政学的未来发展指明了方向

党的十九大报告指出，十八大以来，我国的经济改革与发展的成就是全方位的、开创性的，五年来的变革是深层次的、根本性的。以习近平同志为核心的党中央紧紧围绕实现“两个一百年”奋斗目标和中华民族伟大复兴的中国梦，毫不动摇地坚持和发展中国特色社会主义，举旗定向，谋篇布局，勇于实践，善于创新，以巨大的政治勇气和强烈的责任担当，在政治经济改革与发展过程中提出了一系列新理念新思想新战略，出台了一系列重大方针政策，推出了一系列重大举措，推进了一系列重大工程，解决了许多长期想解决而没有解决的难题，办成了许多过去想办而没有办成的大事；与此同时，也形成了一系列治国理政新理念新思想新战略，不仅为新的历史条件下深化改革开放、加快推进社会主义现代化提供了科学理论指导和行动指南，而且不断进行理论提升，为构建中国特色哲学社会科学做出了新的贡献。

这些新的理论贡献是全方位的，内涵十分丰富，不胜枚举。例如，“要坚持以人民为中心的发展思想，这是马克思主义政治经济学的根本立场”；协调推进“四个全面”战略布局——全面建成小康社会、全面深化改革、全面依法治国、全面从严治党；主动适应、把握、引导经济发展新常态；以新发展理念引导发展——树立创新、协调、绿色、开放、共享的发展理念；明确政府与市场的关系和边界，形成资源配置的基本范式，使市场在资源配置中起决定性作用和更好发挥政府作用；进行供给侧结构性改革，去产能、去库存、去杠杆、降成本、补短板，以为我国经济持续健康发展发挥重大作用；必须把创新作为引领发展的第一动力、把人才作为支撑发展的第一资源、把创新摆在国家发展全局的核心位置；推动国家治理体系和治理能力现代化；面对复杂的、发生深刻变化的国内外形势，提出“六稳”——稳就业、稳金融、稳外贸、稳外资、稳投资、稳预期，坚持稳中求进工作总基调，保持战略定力，避免系统性风险，保证经济运行在合理区间；等等。习近平同志指明的指导思想和创新性理论观点，都是从我国建设和改革实践中总结和提炼出的具有原创性、时代性的概念和理论，开拓了马克思主义哲学社会科学新境界，将进一步推动和完善当代中国特色哲学社会科学和当代中国特色政治经济学的建设，包括新时代中国特色社会主义财政学的建设。

习近平同志在哲学社会科学工作座谈会上关于加快构建中国特色哲学社会科学的重要讲话，深入系统地阐述了构建中国特色哲学社会科学的当前重大意义、指导思想、建设目标以及应当把握的要点。习近平同志在主持经济形势专家座谈会上还明确提出创建中国特色政治经济学的指导思想："坚持和发展中国特色社会主义政治经济学，要以马克思主义政治经济学为指导，总结和提炼我国改革开放和社会主义现代化建设的伟大实践经验，同时借鉴西方经济学的有益成分。"中国特色社会主义政治经济学只能在实践中丰富和发展，而且要经受实践的检验，进而指导实践。要加强研究和探索，加强对规律性认识的总结，不断完善中国特色社会主义政治经济学理论体系，推进充分体现中国特色、中国风格、中国气派的经济学科建设。

财政学在我国的学科设置中属于应用经济学。经济与政治历来不可分，财政的基本特征是政治与经济的结合，所以马克思主义经济学被称为政治经济学。政治经济学是一门研究社会经济利益关系的学问，财政学则是研究财政领域利益关系的学问，就学科的性质而言，财政学是一门名副其实的政治经济学，是政治经济学的一个分支。而作为应用经济学的财政学的特殊性在于它包含理论指导和财政治理的操作两个方面，它的主题是在政治经济理论的指导下改革和完善财政的专业治理。因此，构建新时代中国特色社会主义财政学，必须认真理解并全面贯彻党的十八大以来的新理念、新战略以及重大方针和重大举措，改革和完善财政政策和财政制度，并灵活运用各种财政措施，充分发挥财政的职能作用。例如，在贯彻供给侧结构性改革中仍继续实行积极财政政策就是一个明显的范例。2015 年中央经济工作会议首次提出"要在适度扩大总需求的同时，着力加强供给侧结构性改革"的命题，这是根据当时的经济形势提出的具有深远意义的一项重大改革，根本目的是提高社会生产力水平，落实以人民为中心的发展理念，要求在适度扩大总需求的同时去产能、去库存、去杠杆、降成本、补短板，着力从供给领域入手减少无效供给，增加有效供给，使供给体系更好地适应需求结构的变化，提高全要素生产率。

（二）新时代中国特色社会主义财政学的架构与内容

（1）从国家治理现代化的高度，充分认识新时代赋予财政的重大历史使命。推进国家治理体系和治理能力的现代化，既是我国改革开放近 40 年成功经验的总结，是坚持和发展中国特色社会主义、实现中华民族伟大复兴中国梦的必然选择，也是对我国新形势下所面临的各种严峻挑战的主动回应。财政作为国家治理的基础和重要支柱，必然要担负起更为重要的历史使命。这不仅需要财政在政府治理、市场治理和社会治理领域发挥更为积极的制度建构作用，提升政府介入市场和社会的规范性与有效性，推动国家治理现代化，而且要为“四个全面”战略布局、“一带一路”建设等国内外重大战略提供有效的支撑。财政要遵循五大发展理念的要求，不仅要在调节收入分配、扶贫、社会保障等方面发挥更为积极有效的作用，实现发展成果共享，而且要在构建资源节约型和环境友好型社会、促进生态文明建设方面发挥应有的作用。

（2）推动财政理论创新，积极探索社会主义财政理论体系。2016 年 5 月 17 日，习近平总书记在哲学社会科学工作座谈会上发表重要讲话强调：“要按照立足中国、借鉴国外，挖掘历史、把握当代，关怀人类、面向未来的思路，着力构建中国特色哲学社会科学，在指导思想、学科体系、学术体系、话语体系等方面充分体现中国特色、中国风格、中国气派。”新中国成立以来，财政在改革和实践中不断发展，不仅为我国经济社会发展做出了巨大贡献，而且为财政理论的创新提供了丰腴的土壤。但当前在国家治理视角下，我们面临着一些亟待解决的重大理论问题。习近平总书记对财政地位和作用的新定位，打破了仅从经济层面认识财政及其职能作用的狭隘观念，不仅是对财政实践的科学总结，而且对我们深入研究财政理论提供了新的视角和方向。我们需要摒弃狭隘的财政观，不能从“会计”和“出纳”的视角去理解财政，而要立足我国经济的结构特点和运行规律，站在“财政是国家治理的基础和重要支柱”的高度去认识财政。当今财政理论研究者的使命，就是立足我国国情和制度环境，揭示财政运行中的新特点、新规律，将财政实践经验上升为系统化的财政理论，创建符合时代精神和发展需求的中国特色社会主义财政学。

（3）坚持系统化、整体化、全局化的改革思维，继续深化财税改革。习近平总书记指出，“财税体制改革不是解一时之弊，而是着眼长远机制的系统性重构”（习近平在中央全面深化改革领导小组第三次会议上的讲话，2014年6月6日）。他的这一改革思想，体现了财税改革的整体观、系统观，注重解决问题的根源。从财税改革面临的主要问题和任务来看，零敲碎打式的改革也许能够解决某一方面的问题，但很难实现中央确定的改革目标。推进财税改革，建立和完善现代财政制度，涉及重大利益的调整。为此，需要摒弃“打补丁”式的改革思维，着眼长远机制的系统性重构，从系统化、整体化、全局化的视角设计和推进财税改革，既要注重预算改革、税制改革和财政体制改革的协调性，又要加强财税改革与国企、社会保障制度、政府管理制度、社会管理体制等其他领域改革的协调和配合。同时，还需要注重财税改革内部的协调。例如，当前社会较为关注的税制改革，要结合全球税制竞争的新变化，统筹税费关系，以完善税制功能和结构为目标进行系统性改革。一方面，消除税制的不公平问题，调整负税结构，体现公平正义的社会价值观和共享的发展理念，为我国持续健康发展消除内在障碍；另一方面，增强应对国内和国际形势新变化的主动性和能力，培育新的竞争优势，构筑全球新战略。

（4）优化财权的合作与制衡机制，提升政府治理能力，推动社会治理创新。习近平总书记做出了“财政是国家治理的基础和重要支柱”（习近平，2014）重要论断。发挥财政的这一作用，应着力做好两个方面。一方面，优化政府系统内部的财权的合作与制衡机制，提升政府治理能力。从横向上来看，合理分配党委、人大、政府以及相关部门之间的财权，形成一个有效的合作与控制机制，提升政府系统的责任意识和能力，尤其是要统一财政资金分配权，改变其他准预算机构掌握大量财政资金分配权的状况，打造完整、统一的“大预算”，消除财权碎片化。从纵向上来看，则要合理配置中央与地方的财权，明确事权和支出责任，重点考虑对支出职责交叉和界定不清的重要支出项目进行改革，如教育、医疗、社会保障等基本公共服务领域，形成事权和支出责任清单，并建立动态优化机制。另一方面，发挥财政在社会治理中的积极作用，打造“政府－社会”新型合作关系，推动社会治理创新。以财政的信息表达与协商，实现政府和公众偏好的双向传递，在公共生活中形成一种开放的、充满活力的“意见形成”

过程，使社会合作各方以理性的表达方式来代替非理性的表达方式，通过利益调节、追求激励相容（共融）与公共利益，逐渐走向公共理性。

（5）优化积极的财政政策，解决制约经济发展的根源性矛盾。习近平总书记强调："我们要创新发展理念，超越财政刺激多一点还是货币宽松多一点的争论，树立标本兼治、综合施策的思路。"① 依据宏观经济形势的新变化，今后一段时期财政政策的目标在于：稳定经济增长，并着力化解结构性失衡，激活经济，培育新的竞争优势。这就要求在立足短期对冲经济下行力量的同时，着力解决制约我国中长期经济发展的深层因素。为此，积极财政政策的重心应转向"结构调整型"为主的政策取向，不仅要优化财政投资的方式和结构，弥补经济社会发展"短板"，而且要优化企业的发展环境，创造有利于工业创新发展的税费环境，以新的比较优势催生经济发展新动力。同时，财政政策应致力于优化国有经济资源配置，特别是要调整和优化国有资本（资产）存量结构、地方政府债务结构和财政收支结构，解决我国当前由资源配置引起的结构性深层问题，进一步释放经济活力，加快经济动能转换。

参考文献

[1] 曹红辉：《地方融资平台：风险成因与治理》，《财政研究》2010 年第 10 期。

[2] 陈共：《构建新时代中国特色社会主义财政学》，《财政研究》2020 年第 8 期。

[3] 陈共：《论国有企业产权关系和分配关系的深化改革》，《财政研究》1988 年第 11 期。

[4] 陈浩义：《毛泽东财政思想辑要》，《财经理论与实践》1996 年第 4 期。

[5] 邓子基：《坚持、发展"国家分配论"》，《财政研究》1997 年第 1 期。

[6] 邓子基：《试论国有资产管理体制深化改革的新思路——研读党的十六大报告的一点体会》，《财政研究》2003 年第 4 期。

[7] 邓子基：《以科学发展观促进向中性财政政策的转向》，《财政研究》2004 年第 11 期。

[8] 董瑞华、胡德平：《中国公共经济学研究的马克思主义视野》，《当代经济研

① 习近平在世界经济论坛 2017 年年会开幕式上的主旨演讲，2017 年 1 月 18 日。

究》2007 年第 4 期。
[9] 恩格斯：《第三版序言》，载《资本论》（第一卷），人民出版社，1975。
[10] 傅志华、陈龙：《以习近平财政思想为指导进一步深化财税改革和制度建设》，《经济研究参考》2018 年第 18 期。
[11] 郭代模、杨远根：《邓小平财政思想初探》，《财政研究》1997 年第 6 期。
[12] 何盛明、杨良初、卢晓峻、张文红：《财政政策与货币政策的协调配合：现状分析与战略构想》，《财政研究》1997 年第 4 期。
[13] 雷尚青：《毛泽东财政思想的形成与发展》，载青海省社会科学界联合会《学习 坚持 发展——青海省纪念毛泽东诞辰一百周年优秀论文集》，1993。
[14] 李超超、周晓阳：《论马克思主义公共经济理论与社会主义国家公共政策》，《武汉商业服务学院学报》2010 年第 1 期。
[15] 刘邦驰：《论中国财政学基础理论之根基》，《经济学家》2001 年第 5 期。
[16] 刘佐：《关于我国下一步税制改革基本思路的探讨》，《财政研究》1997 年第 8 期。
[17] 刘佐：《振兴财政必须强化税收》，《财政研究》1996 年第 4 期。
[18] 马珺：《财政学研究的不同范式及其方法论基础》，《财贸经济》2015 年第 7 期。
[19] 彭成洪：《国有资产经营呼唤产权交易市场》，《财政研究》1993 年第 8 期。
[20] 齐守印：《论公共经济学与马克思主义的相容性》，《理论视野》2002 年第 4 期。
[21] 齐守印：《论中国特色财政学的理论基础》，《河北大学学报（哲学社会科学版）》2018 年第 3 期。
[22] 沙治慧：《中共三代领导人的财政发展观》，《毛泽东思想研究》2005 年第 3 期。
[23] 王晓曦：《我国政府融资平台的制度缺陷和风险机理研究》，《财政研究》2010 年第 6 期。
[24] 魏昌庭：《关于对我国税收若干理论问题的浅见》，《财政研究》1984 年第 3 期。
[25] 习近平：《习近平谈治国理政》，外文出版社，2014。
[26] 习近平：《在哲学社会科学工作座谈会上的讲话》，《人民日报》2016 年 5 月 19 日。
[27] 熊兆翔、许会斌：《切实搞好基本建设资金管理制度的改革》，《财政研究》1985 年第 4 期。
[28] 许廷星、张合金：《论财政、信贷杠杆的配合与协调》，《财政研究》1988 年

第 7 期。

［29］许毅：《“国家分配论”的产生与发展》，《财政研究》1995 年第 6 期。

［30］许毅：《关于有计划的商品经济的几个理论问题的探讨》，《财政研究》1985 年第 2 期。

［31］许毅：《重新认识社会主义国家职能和财政职能　发展完善“国家分配论”》，《财政研究》1998 年第 1 期。

［32］鄢奋：《马克思公共产品思想解读》，《中共福建省委党校学报》2009 年第 9 期。

［33］杨灿明：《浅谈建立我国财政的长期投融资体系》，《财政研究》1993 年第 7 期。

［34］叶振鹏、丛安妮、苏明、刘尚希：《90 年代防治通货膨胀的理论思路与政策取向》，《财政研究》1993 年第 2 期。

［35］余斌：《论马克思主义公共经济学的研究》，《管理学刊》2015 年第 1 期。

国家理论与财政理论篇

重构财政研究中的“国家”概念

——以探索西方国家成长的财政逻辑为例*

刘守刚**

摘　要：在当前中国财政的研究中，需要“找回”国家的概念。国家的性质与内涵可以从有机体角度来加以把握，也可以用工具性国家与目的性国家概念的两个环节来加以解释。在这样的概念基础上，财政学者可以进一步地从财政视角来审视国家成长的逻辑，由此产生的逻辑可以用西方现代国家成长的经验来加以验证。从工具性国家与目的性国家出发探索西方国家成长的财政逻辑，可以发现，现代国家逐步成长并显现出税收国家、生产国家、福利国家三个面相。由此财政面相可以清晰地看到西方国家成长的制度内容与阶段性特征，并依此来比较研究中国国家成长的财政逻辑。

关键词：工具性国家　目的性国家　国家成长　财政逻辑

财政是国家治理的基础和重要支柱，财政学以国家治理时发生的财政活动为自己的研究对象。因此，财政学区别于其他学科的标志，主要是自己的研究对象，本身并没有特别的方法论属性。但在我国现行学科体系中，财政学被归属为应用经济学下的二级学科，因此在一般意义上，财政学被视为是一门用经济学方法来研究财政活动的学科。但是，将财政学定位为

---

* 原文首发于《财政科学》2021 年第 1 期，原标题为《西方国家成长的财政逻辑》。经作者和杂志社同意，收录于本书。收录时作者对文章进行了修改。

** 刘守刚，经济学、法学博士，上海财经大学公共经济与管理学院财政系副教授，主要研究方向为财政思想史、财政史、财政政治学。

经济学的一个分支，并以经济学方法论的属性来要求财政研究，给财政学发展带来诸多问题，甚至在一定程度上使其陷入了困境（刘守刚、刘雪梅，2010）。

当前运用经济学方法以变量相关性为主要内容的财政研究，越来越丢掉了财政学曾经的一个核心话题，那就是“国家”。在财政学的专业期刊中，几乎见不到对“国家”本身的探讨。国家通过财政制度治理社会的同时，社会也通过财政制度反向塑造国家，因此财政研究不仅要探讨国家治理社会的必要性、途径与效果，还要考察社会对国家组织与制度安排的要求以及国家因此而发生的变化。正如奥地利财政学家葛德雪（2015）所言，“财政学主要关心的是国家的经费问题，但它从未停止过询问，谁才是国家”。谁或者什么才是国家？国家在运用财政工具治理社会的过程中，自身有什么变化？它是否有利于人类的生存与繁荣？正如波拉克（Pollack，2009）表达的，“让人困惑的是，人类社会的繁荣在于国家既不能过于‘弱势’，也不能太‘强势’，但是，我们很难找到那个恰当的点”。这个恰当的点，永远都会是财政研究的目标所在。

在财政研究中讨论国家，一度是我国财政学关注的重要话题，其典型的例证就是曾经热闹非凡的财政本质讨论中的“国家分配论”观点。就今天的财政研究而言，我们必须像政治学界以斯考克波（2009）为代表的学者那样，重新“找回国家”。本文的目的，就是重构财政研究中的核心概念“国家”，以便为当下中国财政学发展所应有的“找回国家”努力做一点基础性工作。全文分为四个部分。首先，界定国家，探讨国家成长的逻辑问题；其次，基于上述国家的定义与分析框架，探讨国家成长的财政逻辑；再次，以西方国家的历史经验为例证来展现上述框架的分析能力，探讨西方国家成长过程中呈现出来的三种财政面相与阶段性特征；最后是结论。

一 国家及其成长逻辑

什么才是国家？亚当·穆勒的回答是，“国家拒绝被定义，因为它完全超越了有限思想的掌控，不可定义性是国家观念的标志”（戴森，2015）。可鉴于国家概念在财政研究中如此重要，作为研究者绝不能回避这一问题，财政学的发展也有赖于对这个问题的回答。

（一）从有机体视角来把握国家

今天学界理解的国家概念，大多源自西欧从1500年以后的历史经验。自15世纪晚期起，西欧人逐渐意识到，有一种不同于过去的新型政治组织或政治现象正在出现，需要寻找一个合适的词汇来描述。戴森（2015）认为，是17世纪早期的法国人确立了今天国家的观念，“一个由单一主权者统治的领土单位；持续存在的皇家政府，以及与国王的世俗生活相分离的巨大的政府办公机器；因生活在一个共同的主权者之下而享有统一情感的共同体”。这样的国家在相当程度上是一个有机体，它包含了三个必备的要素，即一片疆土、一群有认同感的人、一个拥有主权（能制定并实施法律）的机构。历史学家就常常持有类似这样的有机体看法，因为若没有这样的看法，历史学家就无法书写一个国家的历史。以此为基础，19世纪的德国浪漫主义哲学进一步地将国家理解为：它是在时间过程中自然成长的、不可分解的有机体。

从有机体角度来理解的国家，自然不会等到15世纪或17世纪才诞生。在历史的长河中，早就诞生了这样的国家（或国家雏形），只不过自古以来国家的表现形式不一而已。为了进一步研究国家在历史中的变化或者说发展，学者们尝试着对国家进行类型的划分，并将特定时空中的某个国家归入其中一个类型，以便在国家之间进行比较研究，或者运用转型的概念来描述国家的变化或成长。

在对国家类型进行概括时，学者们又有不同的意见。林尚立先生曾根据国家的三个必备要素（人口、土地、主权），将国家分为三种类型：城邦、帝国和现代国家（或称民族国家）。这三种国家类型，分别以上述三种要素中的一种作为支撑点，依此形成三种国家类型：城邦以人口为支撑点，帝国以土地为支撑点，现代国家以主权为支撑点。在人类历史上，国家类型的发展，大致从城邦转型为帝国，又从帝国转型为现代国家（刘守刚，2015）。目前学术界最为关注的西欧国家转型过程，就是从以土地为支撑点的帝国转向以主权为支撑点的现代国家。下文我们探讨国家成长的财政逻辑时，也是以这一历史背景为例证的。

（二）从概念的两个环节来把握国家

如果说从有机体视角来把握的国家，更多地被用于研究历史（或者国际法），那么政治学对国家也有自己的理解。国家是以公共权力为核心的共同体，因此国家的概念内在地包含两个环节：一是行使公共权力的机构；二是被公共权力支配的稳定人群共同体。

（1）行使公共权力的机构或者说政权体系，即一种从组织机构意义上的国家。在此意义上，广义的“政府”可以作为同义词来使用。在这个意义上，过去学界常用的“国家机器”一词显然更为准确。事实上，将国家理解为组织或工具，在学术界是一种常见现象，因此学术文献中使用的国家，大多都指这一含义。

（2）特定时期某个地理空间中由公共权力支配的稳定人群共同体，即一种共同体意义上的国家。更准确地说，这里的共同体指的是从事政治活动、扮演政治角色时的稳定人群。在此意义上，一个在历史发展过程中形成的长期稳定的共同体，被认为是一个“国家”，尽管在历史上它可能曾被不同的政权组织支配过。当康德说国家是一个在正当法律之下一种人类聚集的联合时，他强调的就是国家在此方面的属性（戴森，2015）。

上述对“国家”概念两个环节的说法，事实上抓住的是国家的不同侧面，即前者强调政权组织，后者强调人群共同体。现实中的国家和完整的国家概念肯定是这两个环节的统一，其统一的结合点就是公共权力。黑格尔就是如此来理解并使用“国家”这一概念的，在他的著作中，国家“首先指整个人民的社会存在，然后尤其指政治安排”（戴森，2015）。

为了在后面分析时更为明确，在此处将公共权力支配的稳定人群共同体称为“目的性国家”，这是因为稳定的人群共同体拥有价值与利益等实质性目的，也因此是政权体系服务的对象，[①] 契合康德主张的“人是目的”的

① 需要交代的是，这里说的“目的性国家”与常用的概念“社会”所指对象基本相同，都指的是具有一定价值与利益取向的人群。之所以不直接采用“社会”这一名词，是因为想强调二者之间有性质的不同，用卢梭的术语来表达，就是“目的性国家”依“公意”而形成，具有普遍性、受公共权力的支配，而“社会”依“众意”而形成，不具有普遍性、不受或至少不强调受公共权力的支配，比如我们常用的名词“国际社会”。因此，在指向人群共同体而又不强调普遍性及受公共权力支配时，也可采用“社会”一词。

现代价值；而将行使公共权力的政权体系称为“工具性国家”，意在强调其作为组织或机构，没有具体的价值与利益目的，只是履行着工具性的功能（即为目的性国家服务）。由于学术界将工具性国家直接称为“国家”是常见现象，下文在不引起误解的情况下，也会将工具性国家直接称为“国家”。

（三）国家治理过程中工具性国家与目的性国家的互动

马克思（1956）断言，“国家制度只不过是政治国家和非政治国家之间的协调，所以它本身必然是两种本质上各不相同的势力之间的一种契约”。马克思这句话中的“政治国家”，更多地指黑格尔说的“政治安排”或者本文所说的行使公共权力的政权体系；而“非政治国家”，更多地指黑格尔理解的“人民的社会存在”或者本文所说的由公共权力支配的稳定人群共同体。而马克思所说的“协调”，本文接下来将其表述为“互动”。这样，马克思刚才的断言就可以重新表述为：国家制度是工具性国家与目的性国家互动的结果，是两种不同势力达成的契约，也是从静态意义上理解的国家的具体表现。

从工具性国家与目的性国家这一术语体系来看，马克思上面的断言，实际上就是指在国家治理过程中，工具性国家与目的性国家进行了如下的互动：工具性国家运用权力去管理、塑造和提升目的性国家；而目的性国家在利益和价值两方面对工具性国家的功能发挥与组织设置提出要求，在极端的时候干脆加以再造（即革命）；二者互动的结果（即马克思所说的“契约”），就是现实的国家制度或者说一系列权力运作的规则与程序。

在一定意义上，若将目的性国家加以人格化理解，它就是被统治者。与此相应，工具性国家的人格化就是统治者。显然，被统治者与统治者共同构成国家共同体，并成为马克思所说的“两种本质上各不相同的势力”。当然，此处统治者与被统治者仅仅表示一种政治角色，现实统治集团中的成员可能同时具有统治者与被统治者两种政治角色。比如说，某个国家领导人在行使职权时，是工具性国家的成员，扮演统治者的角色；但他在缴纳个人所得税时作为纳税人，是目的性国家的成员，扮演的是被统治者的角色。

在此处不妨将工具性国家对目的性国家以支配为主的作用方式称为

“支配逻辑”，将目的性国家对工具性国家以驯化为主的作用方式称为“驯化逻辑”。[①] 就是说，在国家治理过程中，工具性国家对目的性国家的作用方式即支配逻辑表现为：国家形成初期的征服行为；国家正常运行时期的种种强制行为。而目的性国家对工具性国家的作用方式即驯化逻辑，是通过谈判、呼吁、威胁等手段，让工具性国家接受目的性国家的利益与价值要求。当然，目的性国家又是有分层或分化的，不同的集团或个人都试图掌握或至少影响工具性国家，“任何阶级利益只要能够驾驭它，它就能被用于各种目的”（刘娟凤，2014），从而带来工具性国家作用不同的取向与内容；如果目的性国家中不同集团对工具性国家的影响力量大体平衡，那么此时的工具性国家就大致达成了中立状态，实现了所谓的“国家中立性”。

如果从权力的有效性和合法性两个维度来衡量工具性国家与目的性国家的特性，可以理解如下：工具性国家最为重要的特性是有效性（或者称为“理性”），即作为高效率的工具发挥作用，这种有效性既来自掌握工具性国家的统治者有意识的努力，也来自目的性国家中被统治者的要求；目的性国家最为重要的特性则是合法性，即人群共同体的自我认同以及被统治者对统治者的认同，这样的认同既源自目的性国家（被统治者）自身的利益与价值，又来自工具性国家（统治者）有意识的塑造。

（四）国家成长的一般逻辑

从国家成长的一般过程来看，工具性国家与目的性国家的互动表现如下：起先，工具性国家与目的性国家呈现征服与被征服的关系，工具性国家支配目的性国家并对其进行强力塑造，以使目的性国家向工具性国家表示服从并提供相应的资源支持；后来，在目的性国家的驯化下，工具性国家不断地调适其组织与制度安排，对民众的价值和利益要求越来越积极地加以回应，其自身慢慢摆脱征服者的身份，不断增强对目的性国家的服务。在工具性国家与目的性国家之间支配逻辑与驯化逻辑的双重互动过程中，国家制度不断地产生、发展甚至转型。这样的国家制度发展，一方面体现为制度有效性的提高（侧重于工具性国家层面，即工具性国家行动的效能

---

① “支配逻辑”一词来自许田波（2009），“驯化逻辑”一词借用了曼斯菲尔德在他的《驯化君主》一书书名中包含的概念（曼斯菲尔德，2005）。

提升，可用“国家制度的理性化”来概括），另一方面体现为制度合法性的增进（侧重于目的性国家层面，即得到目的性国家的承认，可用“国家制度的公共化”来概括）。

当二者互动达到比较成熟的状态时，工具性国家与目的性国家实现和解，表现如下：目的性国家为工具性国家提供资源支持（道义、人力、物力），工具性国家为目的性国家提供服务（为其提供秩序与正义的保障）。当然，目的性国家对工具性国家一定程度上的反对（驯化）、工具性国家对目的性国家一定程度上的强制（支配）始终存在，并在特定时期凸显出来。

概而言之，工具性国家是目的性国家为了自身而创造出来的工具，但它并非天然就是服务于目的性国家的公器；之所以工具性国家能够为了目的性国家的利益与价值而实施支配，是受到目的性国家长期驯化的结果。现代国家正是在这样的逻辑作用下形成的。

奥克肖特在描述欧洲现代国家的诞生或者说中世纪欧洲国家向现代国家转型时说道，现代国家是中世纪两种基本的政治社会形态融合的结果：一是君主国，一是社会合作团体及相关的领主管辖的封建产业（蔡英文，2006）。奥克肖特所说的君主国，相当于“工具性国家”；他说的“社会合作团体及相关的领主管辖的封建产业”，相当于“目的性国家”；二者的融合，就体现为支配与驯化两种逻辑运动的结果，现代国家就是如此造就出来的。

当然，在国家转型过程中，目的性国家是在长时期内发生缓慢的变化，如生产生活方式的变化、人口繁衍、思想演进与价值观变化等，并不引人注目，而工具性国家在短时期内就可能发生显著的变化，更容易令人瞩目。因此，一般学者关注的现代国家转型，大致上指工具性国家在目的性国家变化基础上向现代转型并获得了以下多个或全部的特征（接下来说的“国家”实际上指的是工具性国家）（邓利维、奥利里，2007）：（1）国家是一个或一组可加以辨认的独立机构，它是如此分殊于其所在社会的其他部分，以至于可以划分为清晰可辨的公共领域和私人领域；（2）国家在它领土范围内享有主权，或者说是至高无上的权力，并且根据定义享有制定所有法律（即以强制力为后盾的约束规则）的最终权威；（3）国家主权扩展到一定领土范围内的所有公民个体，甚至同等适用于那些身居高位的政府官员和规则制定者；（4）国家的多数政府在人事上以官僚制的方式进行更新与管理培训；（5）国家具有从它统治下的人口中汲取财政收入（即征税）的能力，以便为它的活动提供财政支持。

二　国家成长的财政逻辑

财政制度，既是工具性国家与目的性国家互动产生的结果，同时又成为工具性国家与目的性国家进一步互动的渠道、平台或者说是中介。通过财政制度，工具性国家与目的性国家进行着如下的互动：工具性国家贯彻着支配逻辑，管理目的性国家中的经济与社会活动，调整相关主体的利益关系与价值要求，在财政上体现为税收种类水平、财政支出活动与财政管理行为；与此同时，目的性国家也贯彻着驯化逻辑，为工具性国家输送物质资源，对其职能发挥提供相应的信息与要求，体现为财政收入上缴、财政资金给付等活动中公众的服从程度与批评意见的表达程度。

（一）经由财政制度而实现的国家成长

事实上，工具性国家与目的性国家经由财政制度这一中介发生的互动，更为重要的体现是，二者经由互动而达到共同成长。就是说，通过财政制度，在互动过程中，工具性国家在接受目的性国家的供养与驯化过程中，不断地发生变化，如调适其组织与制度安排，对民众的价值和利益要求越来越积极地加以回应，自身也慢慢地摆脱单纯征服者的形象，不断在财政上增加对目的性国家的服务；目的性国家在工具性国家的支配下，逐渐地在财政领域形成服从与秩序，价值与利益方面得到整合与提升。二者互动如果能产生如此的变化及关系的协调，那就构成了国家整体的成长；但二者的关系如果无法协调，那就会带来国家整体的失败。

学者们更为重视的是在发生危机时，工具性国家与目的性国家经由财政制度发生的互动而实现的成长。正如熊彼特（2018）所言，“在用于研究社会转折点或新阶段之时，从财政入手的研究方法效果更为显著；在这样的时期，现存的形式开始殒灭，并转为新的形式，而且在这一时期里原有的财政策略往往会出现危机。无论是说财政政策具有决定性的作用（就财政事件是导致一切变化最为重要的原因这一意义上），还是说它具有征兆的意义（就所有发生的事情都会在财政上有反应这一意义上），都是真实的”。

在历史发展的过程中，存在一些历史学家所谓的“断裂”时刻，这样的断裂时刻往往会带来财政危机，或者至少对财政造成重大挑战。财政危机或财政挑战迫使统治者在行为方面甚至制度方面做出改变，如果这样的改变能够有效地应对危机，工具性国家制度就会发展甚至发生转型，目的性国家也就呈现成长的态势；如果无力应对这些危机，工具性国家就会崩溃，目的性国家的发展出现停滞。因此，政治发展的财政动因，突出地表现在财政危机对国家制度变革的推动作用上。基于此，霍夫曼和诺伯格（2008）评论说，“在财政发展和政治发展的道路上，财政危机都是转折点”。玛格丽特·邦尼在概括法国大革命研究的新趋势时，也曾指出“财政危机对于解释旧制度濒临崩溃时（1783～1793）——不然难以解释的——突然分崩离析的重要意义”（Ormrod，1999）。

细加区分的话，财政危机至少有以下三种或者说有三个层次：第一种是收支危机，它是通常所说的财政危机，表现为财政收不抵支而出现短期的赤字；第二种是制度危机，它不仅表现为长期的收支赤字，而且表现为制度性和根本性的危机，即该财政制度中的主要收入已无法支持不断攀升的支出，需要将主要的收入形式加以更换（即实现财政转型）；第三种是价值危机，它意味着被统治者（财政义务承担者）对财政征收合法性产生怀疑，要求统治者在价值系统方面提供令人满意的解释，或者要求统治者接受被统治者的价值形态。财政的价值危机多数时候会与制度危机、收支危机同时出现，但也可能单独发生。这三个层次的财政危机，共同推进了财政制度乃至国家制度的发展。特别是其中的价值危机及其合法性问题的解决，包含了统治者的自我辩护意见，不过更多的是被统治者（或者说目的性国家）对统治者（或者说工具性国家）在财政思想上的驯化。

（二）财政契约的诞生

在现代国家阶段，工具性国家与目的性国家之间互动形成的某种均衡关系，在财政上可以用“财政契约”来表示。就是说，以拥有权利的独立个人为基础，经过工具性国家与目的性国家之间的互动（特别是有代表性的社会集团与实际统治者之间相对平等的谈判），在工具性国家与目的性国家之间形成一种现代契约性财政关系，其内容至少包括以下方面。

（1）国家征税由民众定期选举产生的代表来控制，这样的税收可以实现工具性国家的支配有效性并有利于统治者，如降低交易成本，让制度显得更公平，税收与服务间关系更明确。

（2）民众所纳税收由代议机构决定并运用于经济干预和民众福利，这样的财政支出方案具有真正的公共性，并能取得最大限度的合法性和目的性国家的服从，其现实表现是纳税人对公共服务的满意度越高，纳税意愿就越强（布罗蒂加姆等，2017）。

（3）征税与用税的过程透明公开并受代议机构的监控等，这样的税收征收与使用方式最为节约也最具公共性，体现了目的性国家对工具性国家的驯化。

如此形成的财政契约，意味着在现代国家阶段，工具性国家是目的性国家成员实施自我统治的工具，税收是民众用于解决自身问题的经费。也只有这样的财政契约，才能真正为财政权力的有效性与合法性提供最终的论证与支持。正像大岛通义（2019）强调的，税收“这种近乎强盗的做法之所以能够被国民接受，是因为所有的行为都是以相应法律程序为前提，并且保证了征收来的税收不会被浪费，而且这些钱会全部使用在国民身上。政府与国民需要事先达成一致，换言之，国民需要对政府行为表示一定的‘谅解’”。大岛先生说的“谅解”，就是此处说的工具性国家与目的性国家之间形成的财政契约。财政契约的达成，意味着驯化国家的任务在现代国家阶段的完成。

三　探索西方国家成长经验中的财政逻辑

从传统国家走向现代国家，可能是人类有史以来所曾经历过的最为复杂、最为深刻的政治转型活动。西方是世界上首先进入现代国家行列的地区，并因此向其他地方显示出政治发展的未来景象。西方从中世纪向现代这一国家转型过程，在学术界得到了特别的重视。可是，自近代早期进入现代之后，西方国家又有怎样的发展？这一发展迄今为止表现出怎样的特征与过程？在这一历史进程中，作为国家制度极为重要的组成部分——财政制度是怎样形成的？它对现代国家的形成以及在现代国家治理过程中又发挥了什么样的作用？对于这些问题，可以尝试运用本文的上述分析框架来探索西方国家的历史经验并将问题与答案加以整理。或者说，通过探索西方国家成长过程中经历过的财政逻辑，来进一步验证本文提出的国家概念及其分析框架，并揭示出其中包含的国家发展的阶段性特征。

在西方国家成长历程中，财政制度是工具性国家实施支配、目的性国家进行驯化的重要渠道；在经由财政制度而发生的二者互动过程中，工具性国家与目的性国家的变化共同促进了整体国家的成长形成了一系列财政制度，进而构成具有突出特征的财政面相。

（一）三类财政制度与国家的三种财政面相

在工具性国家与目的性国家互动过程中，从历史过程看，财政上诞生了三类比较重要的财政制度。

第一类是围绕税收的筹集与使用而产生的有关收入程序、支出规则与预算管理的制度。它们主要为维持国家正常运转、维护国家安全与内部秩序而设计产生，所履行的财政职能可称为“保护”职能。对于此类与税收相关并履行保护职能的制度，在学术界已有一个相对简单的名称叫“税收国家”。由熊彼特（2018）较早使用且着重强调的名称“税收国家”，主要是为了完成保护的职能，这是国家最低程度的职能。为此职能而征收与使用的税收收入数量，被认为虽属必要但应尽可能地少。

第二类是围绕国家用财政工具接管生产活动或干预经济运行而产生的制度。它们突破了税收国家一度设定的国家最低程度职能，为稳定宏观经济运行、促进经济有效增长或达到其他治理目的而运行。这样的财政职能可简单地称为“发展”，要履行发展的职能，自然离不开税收的筹集与使用，但更为重要的是要找到国家发挥此职能的领域、手段与理由。与此生产活动相关以实现发展为目的的国家制度，可以简单地称为“生产国家”。

第三类是国家围绕着保障每一个个体的安全而建构的制度。它们既突破了税收国家对“保护”这一国家职能的设定，也突破了生产国家对“发展”这一国家职能的设定，而关注每一个个体（尤其是暴露于风险之中的个体），为其提供相应的福利，履行的是“保障”职能。此类用来实现国家保障职能的制度，可用一个现成的名词“福利国家”来称呼。

（二）西方国家成长过程中的三种财政面相的诞生

上述税收国家、生产国家、福利国家三类制度，事实上是在上述西方国家制度演进过程中陆续诞生的，并因此构成西方现代国家制度中具有强烈特征的不同“面相”。或者说，西方现代国家在制度建设过程中，陆续显现为不同的财政面相，即税收国家、生产国家和福利国家。国家不同的财政面相，代表的是不同的财政制度建设，应对的是不同历史时期由时代问题转化而来的财政问题。

1. 税收国家的诞生

在西欧中世纪初期形成的领主制度下，君主（及各级领主）所掌握的工具性国家力量有限，因而对一个个主要以自给自足的庄园为经济生活单位的目的性国家支配能力有限。在财政上，君主（乃至各级领主）主要依托于对自有领地的封建权利获取地租（实物或劳役），另外还能依托土地分封时约定的特权获取部分收入，并借由这样的财政制度对自有领地上的农民及封建结构下的民众行使支配性权力。分散在各庄园并经由封建结构网络在一起的各等级民众形成的目的性国家，则以当时的生产生活习惯、日耳曼传统及残存的罗马法意识，在通过财政制度履行自己义务的同时，也要求自己的领主或上级领主所代表的工具性国家遵守封建惯例、保护和平与秩序（即对工具性国家实行驯化）。

以国王为人格代表的工具性国家自身有理性化与成长的需要，它力图扩大机构、增雇专业人员、实现效率、增强力量，以便支配目的性国家。作为自然人的国王体现了这种需要并表现为开疆拓土及扩大权力的欲望，并因此致力于扩张工具性国家。在财政上，国王运用财政工具来增加收入，既竭尽全力利用封建惯例来捞取各种形式的财政收入，又以召开等级会议为形式来向民众财产征税。从目的性国家方面来说，中世纪晚期它在经济生活方式、社会结构方面也发生了巨大的变化，开始要求工具性国家扩张，以对外防范侵略、对内保持秩序、提供必要公共设施，因而在以扩大的税收满足工具性国家扩张欲望的同时，还对其实行驯化，要求它接受不断成长中的民主、自由与正义观念。

到中世纪晚期，在英国、法国等国家，以市民阶级或第三等级为主要人格代表的目的性国家，一方面给以国王为人格代表的工具性国家提供税收资源并助其发展工具性国家，以扩大权力的支配性，另一方面又对工具性国家表达出日益强烈的不满，这些不满包括国王特权对目的性国家中价值观念与利益关系的破坏、工具性国家不能为目的性国家的进一步发展提供支持等。英国革命与法国革命，代表了目的性国家对工具性国家的再造与驯化，它们推翻或成功限制了国王的特权，然后要求新造的工具性国家致力于经济水平的提升与社会关系的和谐。熊彼特（2018）对这一过程是这样描述的（他说的国家就是本文使用的工具性国家），“欧洲大陆的现代民主机构又将国家从君主手中抢夺过来，但此时的国家已按照君主的利益和取向而加以型构，并在未来相当长的时间里继续发挥影响。在欧洲大陆的每一个地方，君主的官僚机构都变成了国家的官僚机构，君主的权力变成了国家的权力”。在此期间，也发生了价值的危机，即必须为目的性国家驯化工具性国家的要求辩护并为新工具性国家指引行动的方向，社会契约理论及稍后的经济自由主义正是在此基础上诞生的。在相当程度上可以说，英法两国发生的革命，本质上是先期发达起来的目的性国家对相形之下日益落后的工具性国家的再造与驯化活动。

与英法两国有所不同，直至 19 世纪，在德国、意大利、瑞典等国家，目的性国家在生产力水平与社会结构方面都处于相当落后的状态，也因此无法运用基于工商业经济发展而提供的税收来供养工具性国家。此时以君主为人格代表的工具性国家，感受到了国家生存的竞争与财政收支的危机，于是它利用英法经验先期改造和提升自身的组织水平与管理能力（如德国对文官系统的完善、意大利对国会制度的完善），然后再利用工具性国家的力量来应对生存危机、履行重大历史使命：改造目的性国家，提升工商业经济发展水平并促进社会结构的现代化。就是说，在德国、意大利、瑞典这些国家，工具性国家利用支配的逻辑对目的性国家进行了塑造与提升，在财政上既利用税收形式也利用国家经营性活动来获取财政收入，在供养自身的同时发展目的性国家。因此，在后发的德国等西方国家，财政上的逻辑关系与英法两国正好相反，是先期发展的工具性国家支配、改造目的性国家。

总之，西方现代国家呈现的第一个财政面相就是税收国家，萌芽于中世纪的封建社会，大致成形于现代国家发展的初期（17～18 世纪），到 19 世纪中后期西欧地区在全世界率先实现了税收国家。工具性国家在以代议制度相对有效地支配目的性国家的同时，也为目的性国家提供各种公共服务；目的性国家在成功驯化工具性国家（通过普选产生掌握工具性国家的统治集团，并要求统治集团接受相对共识性的价值观念）之后，也以税收（及依赖税收的公债）来供养它。在此阶段，国家内外安全是突出的时代问题，在财政上为解决这一问题而展开收支活动成为紧迫的行为及制度建设的关键。于是，在现实中不断地以税收的筹集与使用来应对收支问题，并以税收、支出与预算等各种制度建设来加以巩固。

2. 生产国家与福利国家的诞生

到了19世纪下半叶直至20世纪，在西方世界，目的性国家中的工业革命已纷纷完成，经济波动与市场缺陷明显呈现，城市生活与个体化生存给人们带来了新的挑战与危机，更不用说还有像德国和意大利这样的国家有经济赶超的任务。于是，目的性国家对工具性国家提出新的要求：要求它干预市场的运行以有效配置资源并稳定宏观经济，要求它提供社会福利以降低个体化生存的风险。工具性国家顺应了这一要求，在加强自身支配有效性的同时，一方面通过税收－补贴、公共生产、公共管制、财政货币政策来积极地干预经济活动，另一方面通过社会救济、社会保险、社会投资等手段来保障个体安全。由此，在财政上形成了生产国家制度与福利国家制度，其产生的逻辑是：生产国家制度的诞生是工具性国家修补目的性国家的结果；福利国家制度的诞生是工具性国家改造目的性国家的结果。在此期间，并未发生严重的收支危机或制度危机（当然这得益于日益发达的公债制度），事实上主要表现出来的是价值危机。也就是说，原来税收国家所秉承的最小国家原则和经济自由主义思想，受到了严重的质疑；经过以格林、杜威等英美学者的努力并在德国哲学影响下，英美两国在目的性国家中又先后兴起了新自由主义运动，在为国家职能的扩大提供有效论证的同时，驯化工具性国家中的权力运用。

在这其中，工具性国家得以生长，国家机构不断扩大，公务人员队伍规模扩张，在征税与服务方面的渗透能力日益增强，由此增加了对目的性国家的支配能力；目的性国家也以发展了的经济形态（如服务业代替了工业、资本全球化扩张等）与意识形态（对限制财产使用的赞成、对福利权利的肯定等）来不断地驯化工具性国家，比如用税收的遵从与不遵从对特定财政政策持有者在选举过程中给予奖赏或惩罚、积极倡导或反对某种意识形态等。当然，目的性国家同时也在这些领域受工具性国家或积极或消极的调控与影响。需要注意的是，在此期间财政制度发挥的作用并非都是积极的。目的性国家中的部分集团或知识分子，也通过评价财政制度或其他形式，对工具性国家的扩张与过分支配提出批评与反对意见，甚至发出严重的警告。

总之，西方国家成长过程中的第二个财政面相是生产国家，在现实中大致产生于19世纪中期，并繁荣于20世纪70年代前。这样的国家制度是为了解决西方国家的经济发展与宏观稳定等时代问题，它要求国家必须超越现有的税收国家阶段，向更高级阶段发展。西方国家成长过程中第三个财政面相是福利国家，大致萌芽于19世纪末，真正兴起于1945年以后直至今日，它是为了应对现代化过程中出现的个体风险与社会问题而建构起来的。不同的国家经由不同的道路，最终都走向了福利国家。

（三）国家的财政面相与阶段性特征

可以将现代国家的上述三个财政面相的形成及其面对的财政问题简单地概括如下（见表1）。

表1　西方现代国家的三个财政面相

	税收国家	生产国家	福利国家
形成时期	约17世纪初	约19世纪中叶	19世纪末20世纪初
时代问题	国家间生存竞争；内部的和平与秩序	落后国家的赶超；纠正市场缺陷并实现宏观稳定	个体的累积性贫困、健康恶化，工业过程中的风险大增、社会冲突等
财政问题	财政必须为国家履行保护职能提供必要的收支手段	财政必须为国家履行发展职能提供生产性手段	财政要为国家保障个体、降低社会风险提供必要的保障性手段
制度构建	以税收的筹集与应用来应对财政收支问题，以税收、支出与预算等制度来解决制度问题	以扩大税收与支出甚至运用公共生产等手段来实现财政生产性，建构生产国家制度来解决制度问题	以一般税收、强制保险、政府补贴等形式来解决财政收支问题，以社会救济、社会保险、社会投资等制度构建来解决制度问题
合法性论证	以社会契约论为主要理论依据解决征税合法性问题，并尝试解决税负公平问题	以财政支出生产性与财产正义理论的发展来回答财政生产性的合法化问题	以英美新自由主义和瑞典为代表的社会民主主义等理论的发展，解决福利国家财政保障性的合法性问题

上述财政视野中现代国家的三个面相，在形成与发展阶段上有先后或同时的关系，在一定程度上它也是西方现代国家发展的内在逻辑的反映：（1）税收国家是西方现代国家发展的初级阶段，是对中世纪封建国家的扬弃，在财政上主要体现为用税收形式获取的收入来供养国家，以完成基本

的保护职能；（2）生产国家是税收国家在功能上的扩展，要求财政承担起生产职能，财政活动不再被视为消极的、非生产性的，而是不可缺少的生产性活动；（3）福利国家，也是税收国家在功能上的一种扩展，要求财政保障每一个个体。也就是说，生产国家与福利国家是税收国家因功能扩展而产生的制度，是税收国家在制度上的发展。

需要交代的是，上述三种国家制度或者说国家具有的三种财政面相，在制度演进过程中并非呈现互相替代的关系，事实上各种制度因素在每一个阶段都存在，只是在不同的阶段某一方面的制度特征更为突出而已。在称为税收国家的阶段，国家的生产功能和福利功能也存在，只是非常薄弱，远不及后来那样突出；而在今天，发挥税收国家、生产国家、福利国家功能的制度同时存在，只是我们的目光更多地集中在福利国家制度上。在制度演进的不同阶段，相关财政问题也自始至终都存在，挑战着学者们从不同侧面不断地给予回答。

四　结论

本文基于学术界对于“国家”概念的一系列讨论，划分国家类型并建构出工具性国家与目的性国家这一对概念，以此概念框架来说明国家成长的财政逻辑。这样的财政逻辑，可以用西方现代国家的成长历史经验来加以验证。限于篇幅，本文只是粗略地描述了西方国家的成长历史并验证相关分析框架。这样的研究，可以揭示西方现代国家呈现的三个财政面相或发展阶段，并进而透视西方国家在成长过程中的多种财政问题以及财政对国家治理、国家成长的作用。本文的结论是，“国家”概念在财政研究中至关重要，而本文在分析中所建构起来的“国家”概念可以作为财政研究的初步基础，也可以作为比较研究中国国家成长的财政逻辑的基础。

参考文献

[1] 蔡英文：《主权国家与市民社会》，北京大学出版社，2006。

[2]〔日〕大岛通义：《预算国家的危机：从财政社会学看日本》，徐一睿译，上海

财经大学出版社，2019。

[3]〔美〕黛博拉·布罗蒂加姆、奥德－黑尔格·菲耶尔斯塔德、米克·摩尔主编《发展中国家的税收与国家构建》，卢军坪、毛道根译，上海财经大学出版社，2017。

[4]〔美〕菲利浦·T. 霍夫曼、凯瑟琳·诺伯格编《财政危机、自由和代议制政府(1450－1789)》，储建国译，格致出版社、上海人民出版社，2008。

[5]〔奥地利〕葛德雪：《财政研究的社会学路径》，载〔美〕理查德·A. 马斯格雷夫、〔英〕艾伦·T. 皮考克主编《财政理论史上的经典文献》，刘守刚、王晓丹译，上海财经大学出版社，2015。

[6]〔美〕哈维·C. 曼斯菲尔德：《驯化君主》，冯克利译，译林出版社，2005。

[7]〔英〕肯尼斯·戴森：《西欧的国家传统：观念与制度的研究》，康子兴译，译林出版社，2015。

[8] 刘娟凤：《福利国家》，国家行政学院出版社，2014。

[9] 刘守刚、刘雪梅：《财政研究的政治学路径探索》，《江苏教育学院学报（社会科学)》2010 年第 3 期。

[10] 刘守刚：《家财帝国及其现代转型》，高等教育出版社，2015。

[11]《马克思恩格斯全集》（第一卷)，人民出版社，1956。

[12]〔美〕理查德·A. 马斯格雷夫、〔英〕艾伦·T. 皮考克主编《财政理论史上的经典文献》，刘守刚、王晓丹译，上海财经大学出版社，2015。

[13]〔英〕帕特里克·邓利维、布伦登·奥利里：《国家理论：自由民主的政治学》，欧阳景根、尹冬华、孙云竹译，浙江人民出版社，2007。

[14]〔美〕西达·斯考克波：《找回国家——当前研究的战略分析》，载〔美〕彼得·埃文斯、迪特里希·鲁施迈耶、西达·斯考克波编著《找回国家》，方力维、莫宜端、黄琪轩等译，生活·读书·新知三联书店，2009。

[15]〔美〕熊彼特：《税收国家的危机》，载〔美〕哈罗德·M. 格罗夫斯著、唐纳德·J. 柯伦编《税收哲人——英美税收思想史二百年》，刘守刚、刘雪梅译，上海财经大学出版社，2018。

[16]〔美〕许田波：《战争与国家形成：春秋战国与近代早期欧洲之比较》，徐进译，上海人民出版社，2009。

[17] Ormrod, W., Bonney, M., and Bonney, R. J., *Crisis, Revolutions, and Self-sustained Growth: Essays in European Fiscal History*, 1130－1830 (Shaun Tyas, 1999).

[18] Pollack, S. D., *War, Revenue and State Building* (Ithaca: Cornell University Press, 2009).

[19] Sheldon, D. P., *War, Revenue, and State Building* (Ithaca: Cornell University Press, 2009).

税收国家与财政社会学

——基于对熊彼特《税收国家的危机》一文的解读

刘志广*

摘　要： 回顾财政社会学百年坎坷发展史及围绕财政社会学所产生的各种争议与迷失，可能都与国内外学者在财政社会学的研究中未能充分重视、澄清、阐释和发展熊彼特关于“税收国家”和财政社会学的思想有关。本文系统梳理了熊彼特在《税收国家的危机》中所表述的主要观点，将其核心思想概括为他将“税收国家”概念理解为税收型财政制度、自由竞争经济和现代国家治理的“三位一体”，体现了从传统社会向现代社会转型所提出的民主化和市场化治理要求。我们需要基于对财政学研究传统、熊彼特的社会理论和国家理论等的学习来进一步深化对财政社会学的理解。熊彼特的《税收国家的危机》是通往伟大财政的重要思想阶梯，财政社会学的未来仍在于继续挖掘和捍卫“税收国家”的性质和意义。

关键词： 熊彼特　税收国家　财政社会学

厘清税收国家产生的重要性及其演进被认为是财政社会学（fiscal sociology）创立者的重要贡献之一（Leroy，2011），但是，更确切的说法应该是，财政社会学的创立本身只是1917～1918年奥地利经济学家和社会学家葛德雪（Rudolf Goldscheid）和熊彼特（Joseph A. Schumpeter）之间对奥地利在一战后

---

* 刘志广，经济学博士，上海市委党校、上海行政学院经济学教研部教授，主要研究方向为财政社会学、经济学基础理论。

是否会陷入税收国家秩序崩溃争辩的“副产品”。葛德雪 1917 年出版的《国家社会主义还是国家资本主义》(*Staats sozialismus oder Staats kapitalismus*)是创立财政社会学的第一篇经典文献，而熊彼特 1918 年发表的《税收国家的危机》(*Die Krise des Steuer Staats*)则是创立财政社会学的第二篇经典文献，但对财政社会学乃至更大范围的社会科学的发展来说，熊彼特的《税收国家的危机》有着更重要的理论价值，正如马斯格雷夫(Musgrave，1992)所说，“熊彼特关于税收国家及其在资本主义社会的地位的洞见至今仍是他最引人注目的贡献之一。它不仅提供了财政社会学中一个被严重忽视的观点，而且为熊彼特在更广阔的社会背景中分析经济问题以及用这些术语阐述事件之间的逻辑关系的能力提供了一个极佳的例证”。但是，熊彼特的这篇论文是真的被长期忽略了，即使在 1954 年它被译为英文[①]之后也是如此。

在近 20 年财政社会学重新兴起的背景下，国内学术界(张宇燕、何帆，1998；刘云龙，2001；刘志广，2002，2007，2012，2013，2017；刘守刚，2008；贺蕊莉，2011；李炜光、任晓兰，2013；冯杨、李炜光，2013；等等)开始关注熊彼特的税收国家和财政社会学思想对中国社会转型、现代国家构建、长期经济发展、改革顶层设计以及财政学基础理论创新等重要议题的内在联系，而在《税收国家的危机》发表 100 周年时，由刘志广和刘守刚合译的中译本也终于问世[②]，但国内学界对财政社会学仍然知之甚

① 《税收国家的危机》在 1918 年以德文发表，但直到熊彼特去世后才在其不动产委托人的安排下，由熊彼特曾经的学生斯托尔帕(Stolper)和马斯格雷夫(Musgrave)将这篇文章从德文翻译为英文，题目为“The Crisis of Tax State”，刊载在 *International Economic Papers*1954 年第 4 期上。

② 《税收国家的危机》的中译本由笔者和刘守刚根据英译本合译，作为刘守刚、刘雪梅合译的《税收哲人——英美税收思想史二百年》一书的附录由上海财经大学出版社在 2018 年 8 月出版。笔者大约是 2000 年前后从贝尔的《资本主义文化矛盾》中译本中接触到《税收国家的危机》中的部分引文，引发共鸣，从此投身财政社会学的学习和研究，但直到 2005 年前后才在复旦大学图书馆获得《税收国家的危机》的英文版；2008 年在加拿大阿尔伯特大学做访问学者时将其正文初译成中文，2011 年将其脚注初译成中文，2017 年和刘守刚一起对全文进行了校译。为了纪念财政社会学创立 100 周年，也为了解财政社会学在德语世界的发展，在德国艾伯特基金会的支持下，笔者 2018 年在德国法兰克福大学进行了学术访问，获得了《税收国家的危机》的德文版。另外，为纪念葛德雪的《国家社会主义还是国家资本主义》发表 100 周年，笔者在 2017 年发表了网文《谁才是真正的国家》；为纪念熊彼特的《税收国家的危机》发表 100 周年，笔者在 2018 年发表了网文《重温熊彼特之问：税收国家会崩溃吗?》。

少（李炜光、任晓兰，2013）。熊彼特的税收国家和财政社会学思想就像财政社会学中的“灯塔”，指引着财政社会学的发展方向，但回顾财政社会学百年来的坎坷发展史及围绕财政社会学所产生的各种争议与迷失，可能都与国内外学者在财政社会学的研究中未能充分重视、澄清、阐释和发展熊彼特关于税收国家和财政社会学的思想有关，这也使财政社会学在历经百年发展后仍被视为是“新兴的”（Crowhurst，2019），其复兴之路依然漫长。Campbell（1993）当年所哀叹的“一直处于起步阶段”的尴尬局面，以至于一些学者开始怀疑财政社会学的实质意义，认为财政社会学只是一个宽泛的教会(Mumford，2019)，本身既对财政史缺乏一致主张，也无法解决现实财政问题。因此，本文希望通过对熊彼特《税收国家的危机》的全面解读以推进相关研究。全文分为四个部分，第一部分为熊彼特的《税收国家的危机》所试图回答的问题；第二部分对熊彼特在《税收国家的危机》所阐述的主要观点进行梳理；第三部分为关于熊彼特税收国家和财政社会学思想的进一步思考；第四部分为结语。

一 《税收国家的危机》试图回答的问题

熊彼特（1991）主张，“经济学家本人是他自己时代和所有以前时代的产物……在介绍经济分析之前，首先都要对‘时代精神’特别是每个时期的政治背景加以简述……”，这也是我们理解《税收国家的危机》的出发点。

（一）《税收国家的危机》发表时所处的时代背景

熊彼特于1883年出生在奥匈帝国摩拉维亚省（今捷克境内）的小镇特里奇（Triesch），其早年生活正处于第二次工业革命推动下欧洲乃至整个世界格局进入大变化大调整的时代，在这一时期，欧洲形成了同盟国和协约国两大军事集团。[①] 相较于英、法、德等国，熊彼特所在奥匈帝国发

① 虽然工业革命的传播带来了各主要国家的经济繁荣，但也使各类矛盾不断凸显，特别是国与国之间的矛盾如法德矛盾、俄奥矛盾和英德矛盾等左右着国际局势的发展。在熊彼特出生之前的1879年和1882年，针对俄国的“德奥同盟”和针对法国的“德奥意同盟”正式建立，而在1892年、1904年和1907年，法国与俄罗斯、英国与法国、英国与俄罗斯也分别签署了协约，两大军事集团逐渐形成。

展虽然较为迟缓，但进步依然十分明显。作为一战同盟国的重要成员，奥匈帝国是一个多民族的君主国，奥军作战失利更是推动了境内各民族的独立。

青年熊彼特热切又忧心地关注着奥地利国内时势的变化，既思考着怎样保持奥匈帝国的版图完整，也思考着怎样使奥匈帝国赶上第二次工业革命的浪潮。1916 年初至 1917 年 4 月，熊彼特分别就当时奥匈帝国面临的政治、经济、军事和外交等问题向皇帝呈送了 3 篇政治备忘录，将国家振兴的使命寄希望于贵族特别是高级贵族①。这种早年的经历与思考使熊彼特一直在传统与现代、保守与创新之间徘徊，也成为我们理解其著作中广泛存在的悖论和矛盾特别是其精英民主理论的重要线索。

作为奥匈帝国主体的奥地利在一战中陷入了严重的财政危机之中，对于奥地利战后何去何从的争论在维也纳几乎形成了“一边倒”的倾向，那就是熊彼特在《税收国家的危机》一文的开头所点明的，“有很多人在说，伴随此次大战而来的财政问题，没有办法在战前的经济秩序框架内加以解决；在不少圈子里的人看来，这一观点确实已成为不言而喻的事实”（熊彼特，2018）。但在熊彼特（2018）看来，基于这种观点兜售各种解决方案的资产阶级和知识分子“都没有尝试用一点诸如科学思维习惯的东西去证明自己的判断”，这些“令人不快的讨论”都只不过是每个人都自以为可以在经济事务上像专家一样发表意见，而这在其他知识领域是不可能发生的。

（二）代表反方意见的《税收国家的危机》

习惯于特立独行的熊彼特以反方的姿态加入了这场大争论，他于 1917 年在维也纳社会学会的会议上就奥地利的前途问题发表了演讲，1918 年发表的《税收国家的危机》就是在那次演讲稿的基础上修改而成的。从其行文来看，熊彼特的演讲主要针对的是奥地利经济学家、社会学家葛德雪在 1917 年出版的小册子《国家社会主义还是国家资本主义》。

与其他人不同，被认为是社会主义者的葛德雪既没有就事论事，也没

① 这隐隐地呈现了母亲和在特蕾西娅人文中学“准贵族”的学习经历对熊彼特的影响，年轻的他也一直渴望能够真正融入贵族阶层，事实上他在青年时期也常显摆其贵族式生活，经常衣冠楚楚地骑着高头大马去昂贵的餐厅用餐。

有基于现有理论来进行简单推导，而是提出要建立财政社会学，这实际上是首先认为战后奥地利的问题无法在现有理论体系中找到解决问题的思路，因为在葛德雪（Goldscheid，1958）看来，“缺少财政社会学理论和财政学没有社会学基础是现在整个社会科学最为重大的缺陷。只有社会学能够说明我们的社会条件是如何决定公共需求的，并指出那些直接或间接地满足公共需求的方式，以及社会模式及其演化是如何最终决定公共支出与公共收入之间的相互关系的”①。葛德雪将欧洲的历史概括为从领主国家向税收国家发展的历史，但也是从富裕国家向贫穷国家发展的历史。在这种非常规历史解读下，税收国家失去了财产，因而不得不依靠私人资本家并被其控制，贫穷的税收国家将无力解决战后奥地利问题，奥地利必须通过国有化实行国家资本主义。

熊彼特不接受葛德雪关于税收国家必将崩溃的结论。熊彼特（2018）敏锐地意识到，如果税收国家失败了，“我们称为‘现代国家’的东西将改变自己的性质，在新的道路上，经济将被新的动力驱动，社会结构不可能再维持现状，生活方式及其文化内涵、个人的精神面貌等——总之，一切东西——都将改变”。因此，对这样一个事关国家性质、前途和命运的重大问题，熊彼特（2018）必须反复确认：“‘税收国家的失败’是什么意思？税收国家的本质是什么？税收国家从何而来？它在当今会消失吗？为什么？在预算数字呈现的表面现象背后，存在着什么样的社会过程？”

财政社会学的所有研究主题都因“税收国家”这一概念而生，百年以来，熊彼特提出的这些问题及其回答时常被人们忽略，但它们不会因为被忽略而不存在。事实上，这些问题不仅困扰着当时的奥地利，也仍然继续困扰着当下世界各国。这也就是为什么财政社会学至今仍具有生命力的原因所在，因为它所提出的至关重要的问题无论是在理论上还是在实践中都还没有得到圆满的解决。

---

① 葛德雪1917年的小册子尚无英译本，所以这里引用的是其1925年发表的文章《财政问题的社会学研究》，英文名为“A Sociological Approach to problems of Public Finance”，由Elizabeth Henderson翻译成英文，载Musgrave，R. A.，and Peacock，A. T.，*Classics in the Theory of Public Finance*（London：Macmillan，1958）。该文中译本见〔美〕理查德·A. 马斯格雷夫、〔英〕艾伦·T. 皮考克主编《财政理论史上的经典文献》，刘守刚、王晓丹译，上海财经大学出版社，2015。

二 《税收国家的危机》的主要观点及初步解读

《税收国家的危机》一文很长，其中译本达4万字，正文约3万字，脚注约1万字。该文分为五部分，分别为“议题”“财政社会学”“中世纪末期领主经济（the demesne economy）的危机”“税收国家的性质及其局限”“税收国家一定会崩溃吗”。该文的理论性、思想性极强，正如其英译者斯托尔帕（Stolper）和马斯格雷夫（Musgrave）曾在其英译本脚注中提醒我们的，“熊彼特观点的结构是非常复杂的，读者必须抵制住断章取义的诱惑，至少直到他完整地读完了熊彼特的观点为止”（Schumpeter，1954）。限于篇幅，我们在此主要是以其原有结构为基础对其主要观点进行粗略的梳理和初步解读。

（一）议题

在“议题”部分，除前文提到的熊彼特对该文写作背景的陈述以及他对问题的进一步澄清之外，在这里需要特别提到的是，熊彼特实际上是提出了一个“三位一体”即自由竞争经济（或市场经济）、税收型财政制度和现代国家相统一的“税收国家”概念。在文章的开头，熊彼特（2018）就提到“战前的经济秩序是由一些高度矛盾的要素混合组成的，人们只有经过极为大胆的抽象，才能把它称为自由竞争经济”。而熊彼特之所以重视自由竞争经济，是因为它是战前经济秩序中残存不多的能够推动经济获得成功的要素。之后，虽然熊彼特（2018）认为“如果税收国家会失败，而社会接下来又需要有一个其他国家形式的话，那么从某个角度来说，这意味着有许多东西超出了用新财政制度代替战前财政制度的范围”，考虑该文所讨论的“税收国家”这一主题，这种战前财政制度也仍然是可以被大胆抽象为税收型财政制度的。接下来，熊彼特（2018）进一步将税收国家的失败与现代国家性质将被改变联系在一起，并进而提出了前文提到的《税收国家的危机》所希望回答的一系列问题。

正因为税收国家涉及自由竞争经济、税收型财政制度和现代国家这三个在熊彼特看来对现代文明来说十分珍贵的要素，实际上也就是从传统社会向现代社会转型所带来的民主化与市场化的治理要求，所以他不能对其前途掉以轻心，必须要以科学的分析来反驳当时公共舆论中的各种谬误，以保持国家的正确发展方向。从自由竞争经济、税收型财政制度和现代国家这种“三位一体”的“税收国家”概念中，我们不仅可以看到熊彼特当年捍卫税收国家原则的意义所在，也能够更好地理解我们今天为什么还需要学习和发展熊彼特的税收国家和财政社会学思想。

（二）财政社会学

熊彼特在该部分中不仅热切回应了葛德雪 1917 年提出要创建“财政社会学”的主张，而且比葛德雪更为全面地阐述了财政社会学的基本思想。在熊彼特（2018）看来，葛德雪的财政社会学思想揭露了这样一个真相，即“将国家身上一切迷惑人的意识形态伪装剥去后，剩下来的躯壳就是预算”。因此，按熊彼特的理解，财政社会学就是运用社会学方法来研究预算数字背后的社会过程，而“所谓的社会学方法，就是收集坚实的、未经修饰的事实”。虽然据说熊彼特是提出“方法论个人主义”（methodological individualism）这个词的第一人，但他并没有像后来一些人那样陷入绝对的或孤立的个人主义，从其对社会学方法中“事实”的强调来看，其方法和迪尔凯姆（1995）所强调的用社会事实解释社会事实最为接近①，但他们对“事实”的理解还是存在较大差异，而且这种差异不能完全通过他们所强调的是“事实”的不同侧面来解释。

迪尔凯姆（1995）所强调的社会事实是不能依靠个人意识或心理来解

① 尽管社会学自其诞生以来就一直在讨论个人与社会的关系问题，但“方法论个人主义”这个词首先是由当时作为经济学家的熊彼特提出的。熊彼特是在 1908 年出版的书中发明“方法论个人主义”（Der methodologische Individualismus）一词的，他以一章的篇幅对其进行了阐释，通过他 1909 年在《经济学季刊》（*Quarterly Journal of Economics*）上发表的论文《社会价值的概念内涵》（“On the Concept of Social Value”）论文，“方法论个人主义”（methodological individualism）这个词首次出现在英文学术文献中（Hodgson，2007）。熊彼特的老师马克斯·韦伯在 1920 年出版的《经济与社会》中也提到“方法论个人主义”。在波普尔、米塞斯和哈耶克等人的努力下，方法论个人主义从经济学领域扩大到其他社会科学，对整个社会科学的发展产生了非常深远的影响。“方法论个人主义”这个词在 1961 年首次出现在社会学的顶级期刊《美国社会学研究》上，按照对方法论个人主义的不同理解，形成了微观和宏观两种不同的社会学研究取向：前者基于个人立场研究社会，将社会的建构还原到个人身上，因而并不排斥心理学研究；后者基于社会的立场研究社会，实际上就是迪尔凯姆（1995）所主张的以社会事实来解释社会事实，而且这种事实不能硬划为纯心理学事实。

释的特殊事实，即“这类事实由存在于个人之身外，但又具有使个人不能不服从的强制力的行为方式、思维方式和感觉方式构成”。联系前后文来看，熊彼特所强调的是经由专家提炼和加工的“事实”，因为他非常反感当时在关于奥地利前途的讨论中“每个人都自以为可以像专家一样发表意见”（熊彼特，2018）。这种判断也可从熊彼特后来在《经济分析史》中对何为“科学”的界定中得到印证，即因为科学研究所发掘出来的“事实”“都超越了日常生活中思维习惯与实际知识的范围”，因而学者“所掌握的事实与方法使他们与一般‘外行’有所区别，因而也和单纯的‘实际工作者’有所区别”（熊彼特，1991）。

这样一来，熊彼特眼中的财政社会学所研究的“事实”以及对“事实”的解释就都成了理论问题——这可称为财政社会学的“双重理论要求”，这与默顿（2006）关于理论问题是社会学的核心的主张相一致，因而我们也可以通过默顿（2006）关于社会学研究不能局限于显性功能（manifest function）更要发掘和探讨非预期的潜功能（latent function）① 来理解财政社会学的“双重研究任务”。这正是财政社会学与当时以及今天的财政学相比的特殊之处，正如熊彼特（2018）所说，我们将在这个“特殊的研究领域”里“确定地谈论一个特殊的事实集、一个特殊的问题集以及一种特殊的研究方法”。

在这一部分当中，熊彼特主要是重申了葛德雪（Goldscheid，1967）关于“财政的形式总是对国家和社会的演化产生决定性的影响”的总体观点，但其表述更为集中，也更为明确地强调了财政史研究在财政社会学研究中的基础性地位，如在“一个民族的财政史，是这个民族总体历史的关键组成部分”（熊彼特，2018）的总体判断下，和葛德雪（Goldscheid，1958）关于财政社会学能够“对社会发展中的公共收入起源和组成问题作整体的解释，因而也能说明国家的命运和个人的遭遇”的主张类似，熊彼特

① 默顿（1990）强调，“如果社会学家只限于研究显性功能，他的工作算什么呢？如果的确如此，他所要做的就是看看为了某种目的而建立的行为模式实际上有没有达到这个目的……如果社会学家只限于研究显性功能，他们的研究就被从事实际事务的人所左右，而不是为理论问题所引导。但理论问题是社会学的核心。如果社会学家的主要工作是研究显性功能，其关键问题则是人们有意设立的行为方式或组织有没有达到它的目标，那么社会学家就变成了一个日常行为模式的记录者。‘评估’一词的意义就被从事实际事务的人和不懂理论的人所提出的问题所限定”。

（2018）也强调“为了满足国家需要，不得不从经济中汲取资源并加以利用，这一做法对民族命运产生了极大的影响”。基于此，熊彼特提出，是国家的财政压力塑造了我们的民族国家，是国家的财政动机决定了我们的经济政策等。

如果说“所有这一切创造了经济形式、人的类型和产业状况”所说的是财政的显性功能的话，那么熊彼特（2018）所说的“尽管并非本意，但财政措施确实创造了也摧毁了产业、产业形态和产业布局，并且由此直接构建（或扭曲）了现代经济大厦，进而影响到现代精神”，则可明确归为财政的非预期的潜功能。在此，需要指出的是，熊彼特（2018）并未将这种非预期的潜功能理解为财政的间接作用，他所强调的是“在一些历史时期，财政的需要以及国家的政策对经济发展、全部生活方式以及文化的所有方面都产生了直接的塑造作用，而这种作用可以用来解释诸多事件中所包含的一切主要特征”。

但仅仅揭示这种因果关系并非财政社会学的主要使命，熊彼特（2018）更看重的是财政史所包含的征兆意义，即“一个民族的精神、文化水平、社会结构以及由政策产生的行为，所有这一切以及更多的内容，都写在民族的财政史中，无须任何修饰之词”。也就是说，“更重要的是，财政史上的事件提供了洞察社会存在和社会变化的规律，以及洞悉民族命运变迁力量的机会，同时也能由此透彻地把握社会的具体条件，特别是组织的形式以及它们成长和消失的方式”。因此，财政社会学存在与发展的重要性就在于，“财政是社会调查的最好起点之一，尤其是在调查并不排斥它所包含的政治生活时更是如此。在用于研究社会转折点或新阶段之时，从财政入手的研究方法效果更为显著；在这个时期，现存的形式开始陨灭并转为新的形式，而且在这一时期原有的财政策略往往会出现危机”。

在该部分的最后，尽管熊彼特坦率地承认“财政社会学研究方法的发展，到现在为止结果尚难预料”，但也明确指出，财政社会学“对我们特别有吸引力的地方在于，它可以让我们从财政角度来考察国家，探究它的性质、形式以及命运。‘税收国家’这个词正是这一研究方法的产物”。在这里，熊彼特非常明确地将“税收国家”与“财政社会学”紧密地联系在了一起。

（三）中世纪末期领主经济的危机

在这一部分中，熊彼特以奥地利和德国的素材为例，从中世纪末期欧洲领主经济危机中挖掘出了税收国家产生的历史根源及税收出现所带来的征兆意义，这既是对前一部分其财政社会学思想的具体运用和检验，也在这种运用和检验中进一步丰富和发展了其财政社会学思想。

熊彼特（2018）首先表明的观点是，“今天我们谈论的处于危机中的现代税收国家，也是从其前身即封建关系的危机中成长起来的……不论是从连续性或文化复苏还是从‘文化移植’等方面来说，现代税收国家都并非建立在古代税收国家的基础上”。这就明确地将“税收国家”所涉及的现代“税收”概念界定为一种与古代的税收实践相区别的社会过程。不仅如此，熊彼特对“税收国家”所涉及的“国家”概念的理解也是现代社会过程的产物，熊彼特并不认可将最高统治权看作真正的国家权力的观点，“这是因为，它并没有建立在任何普遍性统治权的基础上。所谓普遍性统治权，就是那种由君主代表并赋予人格的权力，由此君主觉得自己得到了领土内他所面对的其他拥有剩余权力者基于权利的同意”。只有理解了这一点，才能真正理解“税收”和“国家”这两个词组合而成的“税收国家”的性质、意义及其与欧洲具体历史条件的密切相关性。

14 世纪以后的欧洲邦国林立，但各诸侯还不是其国家的绝对统治者，他们面临地位稳固的各个等级的挑战，因为在当时的封建关系下，诸侯作为最高领主与其他领主的区别仅仅在于级别而非隶属关系。随着神圣罗马帝国的衰落以及各领主对帝国的依赖关系的逐步消失，人民对领地内大领主的主从关系不断巩固并融合发展为完整的统治权力。① 但在传统思维中，各领主运用自己权力的方式与国王并无区别，还无法讨论任何与共同福利相关的问题，国王仍然必须为其自身范围内的事务承担所有的花费，其收

① 熊彼特（1991）在后来的《经济分析史》中进一步指出了其背后的社会过程，即中世纪的欧洲世界是一文化统一体，神圣罗马帝国和天主教会结合在一起构成了一种超国家的权力，是当时最有效的国际权威，不仅得到普遍承认，而且在政治上也不可战胜，但后来神圣罗马帝国皇帝与教皇陷入了两败俱伤的斗争，双方都耗尽了各自的政治资源，“教皇丧失了权威，罗马帝国开始瓦解。结果，中世纪的国际主义寿终正寝了，民族国家开始维护自身的独立，与那种超国家的权威相对抗”。

入主要来源于自有土地、司法权力、作为城镇与市政管辖区的领主身份、封臣上贡的传统礼物以及教会的捐赠等，还没有一般性的权力去“征税”。但在熊彼特（2018）看来，市镇是难得的例外，“那些市镇还不知道什么是国家，但它们知道了什么是市镇；市镇各个方面的发展，都比很晚才出现的国家的发展要领先”。在欧洲中世纪，市镇其实是国王和其他贵族领主斗争的重要载体，市镇既通过向国王纳税来换取自治的权利，也成为农奴逃离领主土地后获得自由民权利的寄身地。耶希特（Jecht）继承了熊彼特在这方面的思想，在其1928年出版的《财政经济本质与形态》中将中世纪城市财政和近代国家财政一起归入“合理的财政”范围，以与归入“传统的财政”范围的领主财政或封建财政相区别（坂入长太郎，1987）。因此，我们可以说，欧洲中世纪市镇的历史是我们透视税收国家形成的重要参照。

但对税收国家形成最具重要性的社会事实是国王们陷入了财政困境，主要原因有三个。一是国王们对自己领地管理不善，但熊彼特认为这只是个别原因。二是在神圣罗马帝国衰落和崩溃后，国王们要树立自己对贵族权威并取得贵族的支持就必须提供越来越多的宫廷服务，而这在过去是不需要的。熊彼特（2018）认为在这里“既可找到社会变化过程的缘起和症状，也能找到君主财政经济失败的原因”。但熊彼特认为最重要的还是第三个原因，即战争费用的增长。到了16世纪，原封建关系下的采邑制早就变成了事实上的世袭制，而在民族国家独立运动过程中，侵略或防务成了国王政策的重点①，但此时已经不再可能依靠传统封建义务去征召贵族打仗了，而且由贵族组成的军队还常常打败仗。于是，雇佣军就成为这一过程的产物，不仅“相应的财政需求被创造出来了，并成为财政进一步发展的推动力量”（熊彼特，2018）。而这里，所谓“财政进一步发展”主要指的就是国王先是借债；而当他无法再借到更多的钱时，他就求助于各等

① 熊彼特（1991）分析了新兴民族国家具有侵略性问题背后的深层原因，“贵族统治的延续、可随意支配的财富的增加以及中世纪超国家权力的崩溃，而不是可以从资本主义过程本身推导出来的东西，一方面说明了现代国家的出现，另一方面说明了现代国家的政治面貌……社会结构决定了这些新的主权国家是好战的。它们是偶然出现的。它们当中没有一个拥有自己所需要的一切，而是彼此拥有所需要的东西。而且它们很快就被新世界所包围，诱使它们竞相去征服和掠夺”。

级，并签署各种保证书以承诺不会要求更多；而当他还不起钱时，他提出“像土耳其战争这类事情并不仅仅是他个人的事务，而是一种‘共同的急需’（common exigency）”。在欧洲经常上演的被征服案例及其后果使各等级逐渐承认了国王的说辞，而这意味着“过去用来反对君主税收需要的各种保证性文件注定要被全部清除”，而这一情形的历史意义在于私人领域－公共领域的分立终于被创造出来。随着承认税收有效的社会等级越来越多，“税收义务建立在多数人决定的基础上，在领主及封臣之中更加普遍的税收义务以及法律控制下的税负分配等都一一出现了”（熊彼特，2018），而与之相伴随的则是对国王征税权的限制。税收现在不再仅仅为了国王的特别请求，财政支出也往往有利于特定的阶级，熊彼特（2018）承认这带有自由主义历史学家批评的狭隘性，但他坚持认为这一做法是符合当时的时代精神的，而且，尽管欧洲各地的国王们都想征服税收国家，但“不管怎样说，税收国家的理念与相关机构已经出现了”。

在这一部分中，对财政社会学来说最具理论意义的观点是熊彼特对财政危机的定义，它始终与是否涉及内在社会进程的改变相关，因为“每一种财政制度都有偶然崩溃的可能，但这绝不意味着财政原则的崩溃”（熊彼特，2018），这里的判断标准是制度的内在逻辑，如果能够在制度内找到补救的办法则引发财政危机的原因就只是偶然的，但真正的财政危机只能是“因不可改变的社会变迁所导致的明白无误的、不可避免的、持续不断的失败”（熊彼特，2018）。熊彼特的这一标准贯彻了其财政社会学必须研究社会过程的主张，而他也正是按照这一标准来对引发中世纪国王财政危机的原因进行辨析以区分其重要性的。对熊彼特来说，准确界定“危机”的内涵是非常重要的，“尤其是在说到税收国家的危机时更是如此”（熊彼特，2018）。

（四）税收国家的性质及其局限

这一部分详细阐述了税收国家的性质及其所受到的限制，也讨论了怎样的税种和对什么征税才能不损害社会生产的积极性这样具体的问题，这既是对第二部分“财政社会学”的理论拓展，也为第五部分提供了更为具体的理论基础。

作为对前一部分的总结，熊彼特在该部分的开头即指出，“我们已经看到，如果没有财政需要，就不存在创造现代国家的直接原因。反过来说，这种财政需要的出现以及用税收方式来予以满足，可以借助中世纪生活形式的瓦解来理解。也许可以从导致经济基础变化的各种中间原因来追溯这一过程本身；在以个体家庭为主体的自由经济形成后，该过程也终结了”（熊彼特，2018）。据此，熊彼特（2018）进一步肯定了财政社会学对于挖掘深层社会事实的意义，即“为什么说这一观察事实的方法，开启了一条理解更深层次社会发展的路径呢？我想这就是原因。税收不仅仅是呈现在表面的现象，它还在一个特别的方向上概括解释了社会的发展”。

紧接着，熊彼特（2018）阐述了税收与国家之间的密切联系，即“税收不仅帮助创造了国家，而且还帮助塑造了国家的形式。税制作为手段，其发展帮助了其他制度与机构的发展。国家手里拿着税单，就可以渗透到私人经济中去，并日益加深对它的统治”，同时，“社会结构决定了税收的种类和水平，但税收一经产生，就成为一把可以操作的手柄……各种社会力量都能握住这一手柄，用以改变社会结构”。熊彼特（2018）认为“这种研究方法的全部价值在这里只能略作提示而已”。事实确实如此，当熊彼特（2018）写出“税收把金钱与算计精神带到了此前它们从未到达过的各个角落，并因此成为那个曾经产生税收的社会有机体的塑造力量”时，这就非常明确地蕴含了一种不同于韦伯的新教伦理说的资本主义起源说。但是，财政与国家之间的关系并非如此简单而直接，当国家因财政需要而发展起来后，财政就会成为服务于国家的工具，使国家的性质难以单纯从财政角度进行理解，正如熊彼特（2018）所指出的，“如果说财政创造并部分塑造了现代国家，那么现在国家又用它的力量去塑造财政并扩大财政——让财政深入到私人经济的肌体之中”。

熊彼特秉承了欧洲的个人主义传统和罗马法传统，将公共领域与私人领域的分立作为现代国家存在的前提，因此，“只有当个人生活以其自身为中心展开、个人生活的意义集中于个体及其周围的领域、对人格进行完善就是其自身的目的之时，国家才作为一种真实现象而存在”（熊彼特，2018）。熊彼特在此为国家的存在找到了“公共善”或“总体善”的理由，即只有它成为必要时，它才会兴起，于是“因为这样的原因，国家永远不可能是其自身的目的，它只是服务于那些共同目的的工具”（熊彼特，2018）。这样，经济领域仅仅与个人目的相关，其他非个人利益范围内的事务都被剥夺了所有经济手段而需要依靠财政，“这就是为什么财政需求成为现代国家生活的第一标志的原因；这也就是为什么‘税收’与‘国家’的关系至深，以至于‘税收国家’这样的表达形式几乎可以被看作赘语”（熊彼特，2018）。

熊彼特（2018）认为，“以上这一切，正是财政社会学对国家理论来说具有丰富内容的原因所在”。在这里，我们可以看到熊彼特的国家观与戴森（2015）所表述的西欧作为观念与制度的国家传统之间的内在联系。就中世纪神权政治在西欧所具有的至高无上权威作用而言，政治观念中的中世纪社会是“无国家社会”，后来国王在神圣罗马帝国和天主教两败俱伤的斗争中逐渐获得了神权统治者和封建领主的职能，进而推动了西欧从“无国家社会”到“国家社会”的转变，其中的关键就在于是否形成了一个世俗化的、被普遍接受的“公共权威”①。可以说，西欧国家观念的形成与现代国家的兴起紧密相连，而且，与英美国家观念重在强调机制分析不同，“在欧陆的历史和思想传统中，国家观念的重要性由它为制度和行为提供依据的方式得以加强”（戴森，2015）。熊彼特的国家观可以归入与法学国家概念传统相对的社会学国家概念传统②，其独特的贡献在于为西欧从无国家社会向国家社会的复杂转变确立了财政这根独特的因果主线，从而为现代国家起源说提供了新的理论与思考维度。

但我们在此主要关注的是熊彼特的税收国家所承载的、不同于其他版本的现代国家如哲学家的文化国家、法学家的法权国家、公共官员的官僚

① 戴森（2015）提到“无国家社会”这一术语的应用环境，即“它缺乏一个把国家作为以公共权威之名义（或某些行动可以归结于此）行动的一种制度的历史和法律传统，以及在政治光谱中对国家观念的持续智识关注的传统”。

② 法学国家概念传统“关注的是国家的必要的形式特征”，社会学国家概念传统“关心的是产生规范背离的事实本质和力量”（戴森，2015）。事实上，熊彼特（2018）在脚注中专门陈述了其反对基于法律概念来理解国家的理由，即“这样的法律概念不适合解释连续性的历史事件，特别是不适合用来比较历史上给定的环境类型的特征，更不适合用于从历史中抽象出来的环境类型特征”，这与戴森（2015）对德国国家法律理论的评论基本一致，即“它们专门的国家法律概念意味着丧失了哲学、历史和社会视角，意味着丧失了政治，以及同时关注国家与社会的一体化概念”。于是，熊彼特（2018）主张，“社会学的概念既不受法律制度限定，也不是司法的概念，而更多是理论上的。因此，当历史学家（也包括政制史学家）在对社会的（包括政制的）条件进行解释或构造概念时（更不用说在关注具体的法律问题时），他们应该转向社会学而不是法理学”。正是基于这一判断，熊彼特（2018）在该脚注中明确反对贝洛（Below）在1914年出版的《中世纪的德意志国家》中基于法律概念将中世纪的国家看作现代意义上的国家的观点。

国家以及政党成员的政党国家等的具体意图。从熊彼特（2018）自己的表述来看，税收国家是一种纯粹类型，因为它并不是一种完全的存在。那为什么熊彼特（2018）要如此重视“税收国家”这个概念呢？一是“在今天的每个地方，这种税收国家都代表了最具创新性的力量”①（熊彼特，2018），因此，在一个处处充满旧的成分、或多或少可以清楚看到未来发展的阴影笼罩其上的现实国家中，税收国家就像是黑暗中的一缕阳光，或一盏明灯，给世人、给未来以希望。二是税收国家受其财政潜力的限制，“绝对不能从民众那里索取太多”（熊彼特，2018），因为作为一只经济“寄生虫”，国家的所得是从私人经济中挤出来的，如果国家要求太多，民众会丧失生产兴趣，或不肯尽力工作。这两个具体意图可由熊彼特（2018）所强调的私人生活的自主性来强化，即“税收国家作为一个组织的价值，依赖于私人经济和私人生活的自主性；当国家不能尊重这种自主性时，税收国家组织也就丧失了自身的价值”。熊彼特在接下来对税制设计的考察中遵循了这两个具体意图，他对间接税的讨论主要考虑的是税率与税收总额之间的关系，其内容和后来拉弗曲线的表述是完全一致的；而在对直接税的讨论中，他所关注的是就征税对象来说具有独特性的收入类型，包括创业性利润、垄断利润、利润、利息、租金和工资，其总体思想是，对生产性所得如创业性利润、利息和工资征税要有限度，而对非生产性所得如垄断利润、地租征税不会伤及生产积极性。当然，熊彼特并不认为在纯粹的税收国家中不允许国家有其他的收入来源，国家甚至可以自己经营企业来获得产业利润。②

① 需要致歉的是，我们的中译本将这句话译为“然而今天，在所有的地方，税收国家都还是最具创意的表达方式”应该是错误的。该句话的德文原文为“Aber überall ist er heute immer noch der Ausdruck der schaffendsten Kräfte”，英译版为“Yet Everywhere This Tax State Is Today Still the Expression of the Most Creative Forces”，现按新的理解重译。

② 但熊彼特最终否定了国家基于财政理由依靠经营企业获得产业利润的必要性，这其实也就否定了葛德雪的国家资本主义解决方案的现实必要性和可行性，其主要原因有二。一是熊彼特提出了一个和今天的竞争中立原则一致的评价标准，即“国家是否继续在自由经济的框架下运作并在自己的企业内采用自由经济的信息和方法”（熊彼特，2018）。这一标准之所以至关重要，是因为如果国家这样做了，税收国家原则及其所指向的自由经济原则就得到了遵守，但在这种情况下，国家通过自己经营企业获得的利润不可能超过它通过直接税和间接税得到的收入。二是熊彼特（2018）认为，“甚至哪怕国家利用可能的垄断地位来实行极端的财政剥削，并忽视国家事实上拥有的企业家才能非常小这一事实，它获得的产业利润也可能比它所获得的税收低”。

那么，作为纯粹类型的税收国家自身会遇到哪些挑战呢？熊彼特在看到税收国家的产生所带来的巨变的同时，也看到税收国家在国家与个人层面所表现出来的双重矛盾：对国家来说，个人主义经济是其产生和存在的前提，但“国家作为共同目的的代表而反对个人中心主义是其本性的一部分”（熊彼特，2018）；而对于个人来说，个人主义经济破坏了过去的统一体，使个人从自身利益出发找到目的所在，但“他的视野变得狭窄，他将生命安顿在自己的精神家园中，并只通过自己的窗口来观察世界，他不会看得很远，因为很快他的视野就会受到其他人的院墙的遮挡”（熊彼特，2018）。由此，我们看到，熊彼特并未将税收国家的好处绝对化，这种内在矛盾会推动税收国家的演化。

熊彼特最为关心的仍是税收国家因突破财政潜力限制而导致的崩溃。在其脚注中，熊彼特（2018）写道，“税收国家越接近该界限，它受到的抵抗就越大，其运转时的能量损失也就越大”，因为“为了实施税法，就不得不依靠越来越庞大的官僚队伍，税收调查就变得越来越具有侵入性，税收花招也就变得越来越让人难以忍受”。对熊彼特（2018）来说，“这是一幅浪费国家能力的荒诞图景”。他列举了几种情形：一是“人民的意愿是要求越来越多的公共支出”；二是“将越来越多的收入用于私人在生产时并不遵从的目的”；三是“有越来越多的权力被用来支持这种意愿”；四是“关于私人财产与生活方式的全新思想掌控了所有阶层的人民”。如果这些发生了，“那么税收国家就将走完全程，而社会就不得不依靠其他动力而非自我利益来发展经济”。

在熊彼特（2018）看来，税收国家是不可能从突破这一财政界限中存活的，而且他不无肯定地说，“这样的界限一定会达到，危机肯定会到来。毫无疑问，税收国家可能会崩溃”。从这里，我们看到了熊彼特对现代民主及其运作持有的警惕与悲观之心，这种心态在他 1919 年担任奥地利财政部部长的经历中得到了强化，可能是促使他在《资本主义、社会主义与民主》中详细地阐述他仅仅将民主看作一种政治方法的精英民主观的主要原因。熊彼特（1999）反对对民主的无条件忠诚，他主张“对民主的合理忠诚必须有两个先决条件，即不但要有超理性价值的图式，而且要有可期望民主能以我们赞同的方式发挥作用的社会状况”。

（五）税收国家一定会崩溃吗？

“税收国家已经崩溃过无数次了”（熊彼特，2018）。乍一看，熊彼特以这样的开头来回应第五部分的标题确实有些令人诧异，但这恰恰表明了熊彼特对这一问题的独特思辨性，即现实中的税收国家可能因各种原因而崩溃，但这并不是税收国家原则的崩溃。在熊彼特（2018）看来，“税收国家制度迄今遭遇到了所有的挑战，无论何时当它无法应对挑战时，我们都可以发现失败缘于某种外在的而非本质的特殊原因”。所以在这一部分中，熊彼特所要回答的问题是，税收国家在这次所面对的挑战会不一样吗？由于并没有其他参战国说要放弃税收国家，所以他将讨论范围限制在了奥地利，因为“有关税收国家缺陷的观点，几乎全部出自奥地利”（熊彼特，2018），而他所主要针对的是 1917 年葛德雪发表的《国家社会主义还是国家资本主义》，恰好葛德雪也是奥地利人。鉴于奥地利刚刚从奥匈帝国脱胎出来，其税收国家的基础还是比较有限的，因此，如果奥地利“这一税收国家能够经受住此次考验，那么其他国家就不用说了”（熊彼特，2018）。

在此我们忽略熊彼特所进行的具体数据推演，这虽然会弱化讨论的奥地利色彩，但能让我们更好地理解财政社会学在思考和解决现实问题上的思想价值。熊彼特将税收国家在奥地利面临的挑战具体化为两个问题：一是税收国家在奥地利能不能弥补战争成本问题；二是税收国家在奥地利能不能承担起重建的重任。熊彼特（2018）认为这是两个不同的问题，“它们分属于两个不同的领域，在讨论经济问题时需要将二者严格分开，将它们混为一谈纯属典型的外行错误”。

第一个问题是“钱”的问题，它和战时涉及的产品问题不同。战争期间，大量实物被生产出来并消耗殆尽，但私人经济部门拥有了大量政府债券和增发的货币，也就是说，战争将私人经济中的产品存货“全部变成了针对国家的索取权和货币符号”（熊彼特，2018）。这种局面的形成并非因为税收国家自身的制度错误，战争造成的沉重负担也不是任何制度能够承受得起的，因此，这不能说明税收国家的原则存在问题。相反，“如此沉重的负担部分来自不受约束的纸币经济的后果”（熊彼特，2018），“只要印钞机依然像现在这样使用，那么现有条件就会如此持续下去，并在将来可能进一步恶化”（熊彼特，2018）。熊彼特（2018）认为，“现在要做的是，简单地调整货币价值，使其重新与实际物品数量保持一致；也就是说，大规模调减账面价值”。从这里我们可以看到，与财政问题密切相关的货币问题是熊彼特所主张的财政社会学的重要研究议题。

为此，熊彼特提出了两个解决方法：一是通过将奥地利货币保持战前价值以缓解预算负担，但这在不减少货币存量的条件下必须依靠其他途径来降低价格水平；二是“对资本征收一次性税收，其数额高到足以让国家不仅能归还银行贷款和预付款，而且能偿还大部分战争公债”（熊彼特，2018）。熊彼特（2018）坦承自己“一度着迷于用这一方法来挽救时局，而且迄今为止仍相信在原则上它是正确的”。为了澄清问题并面对用“人民的破产”来替代“国家的破产”的责难，熊彼特（2018）指出，对资本征税并不要求从经济中进一步获取物品，因为“征税的对象并不是那些在战争中已经贬值的财富（即真实的国民财富），而仅仅是那些在战争中升值的财富（这种上升与真实国民财富无关，这种财富实际上是名义的国民财富）”，这样，“征收资本税只会降低国民财富的货币价值，而不会减少经济中的真实财富”。但熊彼特要求，征收资本税获得的收入并不能用于财政支出，而只能用于偿还国家所欠国民的战争债，以对战时被超额消费和巨额纸币打破的商品世界与纸币价值进行平衡，“上述进程结束于炉火之中，即把那些通过资本税征收而落入国家手中的现金与权益凭证统统付之一炬”（熊彼特，2018）。当然，熊彼特（2018）也考虑到，如果获得的是股权证书，那就不能烧掉，而是要与人们手中的现金或战争公债进行交换。熊彼特的这一资本税方案完全不同于葛德雪立足于国有化的资本税方案，它虽然需要得到道德力量和技术能力的支持，但从原则上说，在税收国家原则下，通过对战争中增值的资本征收资本税来注销经济中过多的货币和公债是具有创新性的可行之举。①

由于自由竞争经济是税收国家的组成要素，所以“税收国家就其本质

① 熊彼特的这一资本税解决方案对解决中国今天面临的货币发行过多和地方政府债务过重问题也非常具有参考价值。也许今天征收房产税的首要目的不是为地方政府提供替代性税源，而是要注销经济中过多的货币和地方政府债务，这可能会让经济更快恢复到正常的发展状态。

而言，需要将重建工作和其他经济活动留给市场来进行”（熊彼特，2018）。但熊彼特无意去证明自由经济是承担重建任务的“绝对好”的方法，“我们只想估计，基于具体的历史条件，我们在现行竞争经济中可以期望什么，目的在于考察这种经济是否有能力无拖延地立刻实施经济重建”，其中，“关键问题是：自由经济能否保持动机的力量？是否需要由国家来代替它”（熊彼特，2018）？检验这一问题的就是葛德雪所说的“再资本化”这一至关重要的任务。既然“当初将经济转向战时紧急状态所取得的巨大产业成就，至少90%要归功于自由经济的自发机制与自利动机发挥的作用”（熊彼特，2018），所以熊彼特（2018）坚信自由经济“更能成功地实现向和平经济的转型”。至于理由，熊彼特（2018）认为以下几点就够了：“就其本质而言，竞争经济的组织形式在战后能够重建经济，正如它曾经创造了现代经济；在公共领域与竞争经济相伴的税收国家里，竞争经济对于重建来说也是有效的方法，因而它不可能给重建任务带来悲伤的结果”。就熊彼特（2018）而言，《共产党宣言》已经极为准确地论证了这种方法的有效性，没有必要与那些认为理想运行的国家能表现得比私人经济更好的人去争论，“只要官僚机构不挡路、不在我们与必要原材料之间堆积文山，私人经济就会做得更迅速、更及时”。

至此，熊彼特的结论已经非常清楚，在奥地利并不存在“税收国家的危机”。但熊彼特只是将这一结论适用于他自己所处的特殊历史时刻，因为他坚信代表资本主义的税收国家终将完成其历史使命而被社会主义所取代，“这样的时刻终将到来……社会的发展将超越私人企业和税收国家”（熊彼特，2018）。需要指出的是，虽然熊彼特并不将自由经济神化为人类的最高智慧，但他将竞争经济而非行政控制的经济看作通往社会主义的必要条件，即“行政控制的经济是最不民主的东西，它实际上退回到竞争经济之前，而只有竞争经济才能够独立地为社会主义创造前提条件并最终促进社会主义演进”，因为“未来社会的形式，既不可能从比现在还落后的贫困经济中成长出来，也不可能从本能冲动中成长出来……实现社会主义社会的首要条件是，资本主义已经完成其历史使命，在现实经济中资本充足而且完全充满企业家的理性精神”。正因为如此，熊彼特（1999）才将范德比尔特、卡内基和洛克菲勒这类人看成社会主义的真正开路人。

三　对熊彼特税收国家和财政社会学思想的进一步思考

自葛德雪和熊彼特在关于税收国家前途的争辩中提出要创立财政社会学后，财政社会学在奥地利和德国引起了学界的广泛关注，“争论的焦点在于财政学是否应以社会学方法作补充，还是应该首先采用这一更为宏大的框架？是应该将财政活动视作对经济事务的干预呢，还是应该在经济学定义中包括公共部门行为呢？是应该将经济体视作由不同的私人部门和公共部门构成的二元系统呢，还是应该将二者视作一个统一的整体”（Musgrave，1992）？这些问题对财政社会学的发展来说至关重要，但熊彼特并没有继续参加相关讨论，他后来关于财政问题的政策论文和演讲也未回应这些争论，其去世后出版的《经济分析史》中虽然包含了财政内容，但其“财政学”部分并未完成。这无疑是令人十分遗憾的！但真正令人困惑之处则在于，虽然熊彼特在 1918 年后的学术研究中，特别是其在《经济分析史》中的《顾问行政官和小册子作家》章节中，曾反复回到《税收国家的危机》所涉及的主题，但他似乎再也没有使用过“财政社会学”一词，而无论是兹尔坦（Sultan）声称“事实上所有的财政学，就是财政社会学”（坂入长太郎，1987），还是后来财政社会学在 1930 年代后期几乎销声匿迹，好像都和他没有了关系。

财政社会学在 1970 年代因奥康纳出版《国家的财政危机》而重新进入学界视野后，Compell（1993）从以下几个方面进一步看到了财政社会学复兴的希望：来自不同社会科学学科的学者开始跨越学科界限相互交流，并认识到彼此在财政社会学领域所做的工作；税收问题已经被列入很多国家的政治议程并成为公开辩论中最重要的问题之一；经济全球化导致的各国税收制度变革的压力；学者、政治家和商界领袖等越来越认识到税收是企业和国民经济竞争的重要制度来源。但综合来看，研究者们对财政社会学的理解至今仍处于“一个概念，各自表述”的境地。基于日本学者山下觉太郎关于财政社会学既不是特殊社会学，也不是财政学的特殊补充，更不是固有财政学与社会学之间的边缘学科的评论（坂入长太郎，1987），我们可以通过对财政学研究传统和熊彼特的社会理论、国家理论的梳理进一步深化对财政社会学的理解。

（一）财政学研究传统中的财政社会学

财政社会学并不是在财政学之外“横空出世”的，其发展也从未离开过财政学，正如百年前葛德雪和熊彼特是在对当时财政学不满的情况下要求创立财政社会学一样，这也仍是今天复兴财政社会学的主要理由。为什么财政社会学试图改变的局面历经百年依旧如故甚至形势更为严峻？其背后的原因与其说是财政社会学的失败，不如说是主流财政学的过于“成功”，只是这种“成功”是以熊彼特所珍视的税收国家的性质未能得到巩固甚至不断遭受侵蚀为代价的。为了避免“历史是由胜利者书写”所造成的思想流失，研究者们一直试图厘清财政学思想发展史中的研究传统，对财政社会学的理解与发展也必须置于财政学研究传统区分之中。

早在古典政治经济学兴起之前，流行于欧洲大陆的、以领主为中心的官方学派对财政管理的论述已非常系统，因为“在那些新兴国家中，财政问题不仅占有至高无上的地位，而且还获得了新的重要意义。可以毫不夸张地说，至少就我们已经考察过的欧洲大陆的经济文献而言，财政问题是中心论题，其余论题大都围绕着这一中心论题”（熊彼特，1991）。但英国不同的社会状况则塑造了财政学思想的不同立场，按照熊彼特（1991）的归纳，其区别为“大陆作家大都站在官僚机构一边，常常认为出于阶级利益的抵抗是愚蠢的、反社会的，而绝大多数英国作家，特别是在反对查理一世征收造舰税的斗争中，则认为争取自由的立场是值得赞扬的”。当古典政治经济学在英国发展起来后，财政学思想成了政治经济学的一部分，当然不是不重要的一部分，比如熊彼特（1991）就提到亚当·斯密的“《国富论》共分五编。最长的第五编占全书篇幅的百分之二十八点六，是一篇自成体系的关于财政学的论文”，更为关键的是，它“后来成了十九世纪所有财政学论著的基础，直到财政学的‘社会’观点出现为止。所谓社会观点就是把税收看作是改革的工具，这种观点主要出现于德国”。熊彼特在这里实际上是区分了欧洲大陆与英国之间早期财政学思想平行发展期之后财政学的两个新的发展阶段：一是斯密所代表的英国古典财政学占优势的阶段，财政学融入政治经济学之中，坚持廉价政府、财政中立等，延续和发展了早期英国作家的消极国家论；二是后来德国瓦格纳所代表的德国古典财政学占优势的阶段，财政学从政治经济学中独立出来，坚持高价政府、财政干预等，既承认税收的纯财政收入目的，也主张税收对所得和财产分配进行干预与调整的社会政策目的，延续和发展了早期欧洲作家的积极国家论。无论是英国 Bastable 在 1892 年出版的《财政学》还是美国 Plehn 在 1896 年出版的《财政学导论》等都具有德国社会政策财政论的强烈色彩，对英国和美国同期财政学的发展产生了很大影响。[①]

但是德国古典财政学未能走得太远，这既可能是因受到了德国历史学派的拖累[②]而未能建立一个充分理论化的框架，也可能是因为其有机国家论下的国家主义财政观并不能顺应自由竞争经济的发展潮流。但更重要的原因可能是，在德国古典财政学形成之际所发生的经济学边际革命逐渐地将财政学引入了一条与过去完全不同的发展道路。从方法论上说，基于边际革命发展起来的新古典经济学不是对古典政治经济学的继承和发展，相反，边际分析所要求的孤立个体决策模型及最优与均衡分析方法导致了新古典经济学理论对历史和制度的排斥（霍奇逊，2008）。19 世纪后期以边际效用学说为基础的财政理论试图完全融入新古典经济学理论体系，这是财政思想史和财政学思想史上的一个重大变化，沿着这一路线发展的财政学不仅最终丧失了独立学科的地位和价值，也逐渐丧失了对关键财政现象与国家治理秩序间关系的理解力和解释力。

葛德雪和熊彼特应该正是看到了德国古典财政学理论和正在兴起的新古典财政理论不能为解决一战后奥地利的困局提供清晰有益的思路的内在缺陷而主张创立财政社会学的，但就其立场和主张来说，特别是就熊彼特的财政社会学思想来说，与其说财政社会学是对德国古典财政学的继承和发展，还不如说是在当时各学科向社会学打开大门的知识背景下将社会因

① Bastable 的《财政学》在 1892 年首次出版后，1895 年出版了第二版，1903 年出版了第三版，后来又在 1907 年、1908 年、1909 年、1910 年、1911 年、1913 年、1917 年、1922 年、1927 年和 1932 年等进行了重印；Plehn 的《财政学导论》在 1896 年首次出版后，在 1897 年重印，1900 年出版了修订后的第二版，1902 年又进行了重印。

② 德国历史学派的李斯特、罗雪尔等本身就是德国古典财政学的重要先驱，历史学派虽然也关心理论，但“问题是他们坚持认为理论必须建立在层层事实之上，这就使得历代历史主义经济学者不能集中精力建立一个充分理论化的框架”（霍奇逊，2008）。

素（包括历史因素、制度因素和社会变迁过程等）注入英国古典财政学的努力。[①] 对此，我们可以从熊彼特（1991）对亚当·斯密财政学理论的评论中得到部分印证，即“第五编之所以占这么大的篇幅，是因为它含有大量材料，主要从历史角度论述了公共支出、公共收入和公债。该编的理论探讨不那么充分，也不那么深入。但值得称赞的是，理论探讨与事实材料以及事实材料所显示出来的一般发展趋势结合得很紧密。自那时以来，已积累了更多的材料，理论工具也有所改进，但至今还没有人像斯密那样成功地把这两者——外加一点政治社会学——结合在一起”。斯密的自由主义财政学加上政治社会学也许可以被看作熊彼特后来对财政社会学的部分理解。

在背靠新古典经济学这棵大树后，新古典财政学的发展速度远远超过了财政社会学的发展速度。非常具有戏剧性的是，熊彼特的学生马斯格雷夫在新古典经济学基础上提出的“三职能理论”（资源配置、收入分配和经济稳定）奠定了现代主流财政学的框架，而在该框架下，熊彼特对现代财政学的贡献显得微乎其微。正是现代主流财政学的大获全胜激发了部分研究者自觉区分财政学研究传统的努力，[②] 甚至连马斯格雷夫自己后来也进一步对现代主流财政学的发展进行了反思，比如在 1997 年与布坎南公开进行的慕尼黑辩论中，马斯格雷夫就严厉地批评了主流财政学满足于帕累托最优而忽略公平正义、个人权利以及有意义的自由概念等对一个国家的重要意义（布坎南、马斯格雷夫，2001）。但与英美传统（或称盎格鲁 - 撒克逊传统）/欧陆传统、新式财政学/旧式财政学、英语范式财政学/德语范式财政学等区分相比，基于经济学研究中选择范式和交换范式区分（Buchannan，1964）的选择范式（或称配置范式）财政学/交换范式（或称交易范式）财政学更能脱离具体语境而清晰地描述边际革命后财政理论发展的新格局，其中，现代主流财政学属于选择范式，而其他强调历史与制度分析传统的

① 这是一个与现有各种关于财政社会学产生的知识背景都不相同的提法，如坂入长太郎（1987）的相关提法是，“第一次世界大战后，作为与德国财政学思想的对立行动，国家经济的财政论受到批判，被代之以提高财政的科学性的财政理论，即国家公共经济的财政论，并发展为财政社会学的主张”。但限于篇幅，这里不能展开相关论述。

② 限于篇幅，本文对此不展开，具体可参见 Goode（1970）、Musgrave（2000）、Backhaus 和 Wagner（2004）、马珺（2012，2015）的研究。

财政学研究则可归入交换范式。财政社会学可以被看作交换范式财政学研究传统中最为自觉的理论努力。我们甚至可以将交换范式财政学看作财政社会学的代名词。

（二）熊彼特的社会理论与财政社会学

越来越多的研究基于社会理论（social theory）而非专门化学科的角度来理解财政社会学，Leroy（2011）甚至基于这一认识来确立财政社会学与经济社会学、政治社会学、法社会学等的内在联系，这种不同的联系代表了财政社会学的不同侧面。但熊彼特从未将自己看作社会理论家，正像马克思、韦伯也未将自己看作社会理论家一样，但熊彼特曾把自己定位于理论问题上的“美食家”（Spiethoff，1949），他系统地处理了方法论问题以综合不同学科的研究成果，拒绝在经济学、政治学和社会学之间划出严格的界限，是一个真正的跨学科理论家（Bögenhold，2014）。熊彼特的《税收国家的危机》一文是其社会理论发展的关键一环，展现了熊彼特社会理论的关键性特征，涉及他在《资本主义、社会主义与民主》和《经济分析史》等中要表述的一些最为重要的观点，我们甚至可以从中看到它部分体现出了后来吉登斯所说的社会学的若干发展趋势。[①] 但非常令人不解的是，熊彼特自己将之后发表的《帝国主义的社会学》和《种族同源环境中的社会阶级》看作其在社会学方面的主要论述，而将《税收国家的危机》一文排除在外（斯威德伯格，2005），这可能主要是后者并不符合英美学界对社会学的界定。

在熊彼特（2018）看来，对与税收国家有关的这些重要问题的分析涉及社会学的视野，它通过对财政的分析而呈现出来。也正因为如此，尽管不同意葛德雪关于税收国家必定失败的结论及其国家资本主义的解决方案，但熊彼特高度赞许了葛德雪创立财政社会学的不朽贡献，称“他是恰

① 吉登斯（2003）提出了社会学的九种发展趋势：一是社会学将逐步摆脱19世纪和20世纪初期社会思想的遗影；二是伴随社会学争论而来的是将出现新的理论综合；三是社会学分析的主要对象将被深刻反思；四是社会学将比以前任何时候都重视对世界体系的研究；五是社会科学内已有的学科划分将会变得越来越模糊；六是社会学家将重新培育出一种对长期的大规模社会转型过程的关怀；七是社会学将进一步强化对社会政策或改革实践的研究；八是社会运动将继续对激发社会学想象力起主导作用；九是社会学像以前一样仍然是一门富有争议的学科。

当地强调运用社会学方法分析财政史的第一人”（熊彼特，2018）。事实上，熊彼特对社会学的关注由来已久，而且在其众多著作中，“社会学”（sociology）一词曾反复出现，1953 年还出版有德语版熊彼特的《社会学文集》。从熊彼特对葛德雪的赞许来看，他们关于财政社会学的基本见解应该是基本一致的[①]，但怎么来理解熊彼特的“社会学”或“社会学方法”呢？鉴于对“社会学”这一概念的多样性理解及其在不同历史时期的变迁，我们在理解熊彼特的社会学思想及其对社会学的贡献时，一个简便的做法是把社会理论（social theory）和社会学理论（sociological theory）区分开来（Seidman,1991），前者试图理解、解释或识别大规模的社会变迁，比如资本主义经济的兴起等，后者主要是建立一个能系统地将实证研究结果组成对现代社会的综合理解的框架（Dahms，1995）。在 Dahms（1995）看来，熊彼特就是 Seidman（1991）所说的社会理论家，他基于其所处时代的社会冲突和公共舆论所关注的资本主义兴起和从资本主义向社会主义的转型等都与 Seidman（1991）所说的社会理论关注起源、发展、危机、衰落或进步等主题密切相关，而这也就说明了熊彼特在其财政社会学思想中为什么会那样高度关注历史与制度。

事实上，熊彼特对历史与制度的关注不仅关乎事实，也关乎理论，这可从他为自己首选经济史研究提供的三条理由中窥见其一般性，即“首先，经济学的内容，实质上是历史长河中的一个独特的过程。如果一个人不掌握历史事实，不具备适当的历史感或所谓历史经验，他就不可能指望理解任何时代（包括当前）的经济现象。其次，历史的叙述不可能是纯经济的，它必然要反映那些不属于纯经济的‘制度方面的’事实：因此历史提供了最好的方法让我们了解经济与非经济的事实是怎样联系在一起的，以及各种社会科学应该怎样联系在一起。最后，我相信目前经济分析中所犯的根本性错误，大部分是由于缺乏历史的经验”

① 这对我来说目前只能是一个初步的、直观的判断，因为我不能阅读德文，除 1925 年发表的《关于财政问题的社会学研究》外，葛德雪 1917 年出版的《国家社会主义还是国家资本主义》以及他的其他相关著作都未见英译本，更未见中译本，所以只能根据其 1925 年论文的英译本和中译本来进行判断。这一结论也适用于其他地方对葛德雪观点的判断，随着今后英译本或中译本的出现，相关结论可能会进行调整，甚至进行重大修改。

(熊彼特，1991)。熊彼特的社会理论承认历史研究的相对性，他认为历史学家按老套路发出的警告即“从一个时代产生的知识方法不能用在其他的时代，特别地，绝对不能将现代概念用到中世纪去”是完全正确的，但他没有走得更远，这也是他区别于大部分德国历史主义学派成员的重要特征，他明确反对有些人理所当然地认为没有任何概念能用于多个不同的历史时期的观点，因为“如果真的没有概念可用于多个历史时期，那么既没有可能进行比较研究，也不可能在人类行为及其痛苦之处进行科学的观察”(熊彼特，2018)。但他也不会支持将一些概念用于所有历史时期，比如他的“税收国家”概念，它所代表的社会事实是一个现代现象而非自古就有的，同时它也不会永远持续下去，它会被其心目中的社会主义所取代。从这个意义上说，熊彼特的社会理论可能接近于经吉登斯批评性修正后的默顿的中层理论（theories of the middle range）[①]，它重视社会制度的宏观结构特征与日常的、局部的、偶然的世俗活动之间的内在联系。[②]

在熊彼特的社会理论中，最值得我们关注的是其独特的历史哲学，正是这种可能源于其独特家庭背景[③]而形成的历史哲学将他对社会条件的分析与葛德雪等区别开来，使他们虽然同为财政社会学创始人却对税收国家的性质和前途形成完全不同的判断。在葛德雪看到税收国家是贫穷国家并即将崩溃时，熊彼特看到的则是一个最具创新力、代表了自由竞争经济的现

① 默顿的中层理论在社会学界产生了巨大的影响，在默顿（2006）看来，“中层理论介于社会系统的一般理论和对细节的详尽描述之间”。但吉登斯对默顿的中层理论说有过批评性理解，他认为默顿所假设的对宏观、长期社会过程的研究包含了一种与经验研究相脱节的象牙塔式的教条，这就不能想当然地认为默顿的中层理论更容易被检验。实际上，吉登斯主要是对“理论建构”（theory building）这个概念心存疑虑，主要原因是社会科学与人类活动之间存在反思性关系，这必须通过更多的经验观察而不是抽象的假设才能努力把握其中的复杂性。因此，吉登斯认为，默顿的中层理论与在宏观和微观社会学研究中存在的一般区别没有直接的联系，它在经过批评性修正后可以重新培育出一种对长期的大规模社会转型过程的关怀。

② 按吉登斯（2003）的说法就是，“日复一日的生活远不是枯燥和不合理的琐碎现象，许多世俗活动的特征是深含在长期的社会制度的再生产过程中的。同时，社会制度的宏观结构特性也是根植于局部的、非常偶然和短暂的社会交往中的”。

③ 这里所说的独特家庭背景是指本文前面提到的熊彼特的曾祖父、祖父和父亲三代都属于新兴的资产阶级家庭，却始终无法进入奥匈帝国的上层社会。

代税收国家正在形成。[①] 熊彼特在《税收国家的危机》一文中实际上已经阐明了这种差异的根源，即熊彼特（2018）认为社会条件不是纯粹的，它通常包含过去的残余和未来的种子，“对于研究者来说，正是这些种子特别值得关注”。熊彼特之所以如此看重对税收国家原则的捍卫，就是因为他将税收国家看作未来的种子。税收国家是熊彼特心中现代国家的理想国家，他赋予了它没有自身目的只是服务于共同目的、仅提供服务而非统治心灵等的定位，同时他也非常确定“这种类型的国家也许可以仅仅作为公民的思想习惯而继续存在，或许在一些地方已经出现”（熊彼特，2018）。正因为如此，熊彼特（2018）对现实中的国家有非常清醒的认识，他看到了作为税收国家前身的封建关系的无处不在，[②] 看到了这种旧的成分才是笼罩在国家未来发展上的阴影。在熊彼特（1991）看来，资本主义进化的表现形式具有偶然性，但“像所有理论家一样，社会史理论家不仅不愿承认其理论以外的因果要素的重要性，而且也不愿承认偶然性对于实际过程的发展所具有的重要意义”，这样就很容易“把造成当时那种形势、产生当时那些问题和影响人们态度的历史过程看作是资本主义兴起的结果”，但“即使可以把这些历史过程归因于资本主义的发展，它们展开的方式也根本不同于资本主义利益或资本主义心理所规定的方式”。找准社会矛盾的症结，对于社会理论判断社会条件的性质和运行方式并确认解决问题的原则与方向是极为重要的，熊彼特深刻地认识到旧的成分与税收国家的发展趋势不匹配才是社会危机的真正根源，他在为税收国家原则进行辩护时实际上鞭挞的是现实中的过去残余，所以他的视野并不仅仅在于奥地利，也不仅仅在于当下，正如其传记作家艾伦（2003）所指出的，“《税收国家的危机》超越了他写作时的时代、地点和环境”。

---

① 这一点很类似于马克思与托克维尔的区别，面对当时欧洲动荡的社会局面，马克思认为资本主义这种新的社会形式已经成熟到开始走向尽头，而托克维尔所看到的则是一个不同于贵族社会的新的平民社会的刚刚到来，远未取得其成熟稳定的形式。需要指出的是，马克思和托克维尔都可以被看作财政社会学的先驱，他们看待问题的不同视角在葛德雪与熊彼特的争议中得以再现，并重现在 1970 年代后期马斯格雷夫与奥康纳关于美国前途的争议中。值得重视并进一步挖掘的是，葛德雪和奥康纳也都被认为是马克思主义者。

② 在《经济分析史》中，熊彼特（1991）更为明确地指出，资本主义冲击的是一种非常稳固的社会结构，虽然封建主义衰败了，但资产阶级的社会势力不是日益增长的，因为社会的政治结构是“运行在资本主义基础之上的封建主义，是依靠资本主义为生的贵族军事社会”。

（三）熊彼特的国家理论与财政社会学

税收国家概念与财政社会学紧密联系在一起，虽然葛德雪（Goldscheid，1958）反对基于既有理论的虚幻观念来建立国家理论，熊彼特（2018）也对暴力论国家模型和社会契约论国家模型进行了批判性反思，[①] 但近百年来财政社会学始终未能发展出完整的国家理论，这是制约财政社会学未来发展的重大障碍。[②] 不过，从熊彼特（2018）的开创性经典著作中，我们是可以获得这种国家理论的雏形或诸多关键性特征的，它们展示了财政社会学的思想洞见和发展未来，并与葛德雪的国家思想形成了很好的呼应，[③] 从而将财政社会学的国家理论与大多数国家理论区别开来。

财政社会学重视基于现实对国家的性质进行探讨，熊彼特（2018）认为要揭示国家的性质就必须考虑三件事情，它们构成了财政社会学国家观的重要认识基础。一是财政社会学对国家性质的探寻既不同于对国家形而

① 正是考虑到了葛德雪所提出的“谁才是真正的国家”这一事关财政本质的问题，熊彼特（2018）否定了暴力论模型和社会契约论模型对国家的描述，即“无论是对阶级国家的描述，还是将国家描述为超越所有简单组织起来的党派与阶级之上的某种东西，都不足以充分地反映国家的本质”。因为在熊彼特看来，社会契约论模型关于国家“是人类最高的善、是人类成就的最高峰、是人类理想和力量的最佳汇聚”的说法是不现实的，而暴力论模型认为“国家除了是统治阶级的剥削工具外什么也不是”也是错误的。但熊彼特也承认社会契约论模型和暴力论模型“这两种描述，当然也并非全属子虚乌有”。

② 财政社会学的未来发展并不会因过去的坎坷而变得顺畅，其原因是多方面的，除未建立国家理论模型外，另外几个方面也值得关注：一是在严重的学科分化格局下，强调跨学科研究的财政社会学难以获得足够的发展空间，也难以吸引更多的研究力量；二是“财政社会学”这一独特的标签既可能成就了它的名声，也可能对其造成了拖累，它可能因“财政学”而不被社会学文献关注，也可能因“社会学”而被财政学拒绝；三是财政社会学的提出本来就是反对财政学成为为政治利益服务的技术工具，因此，它因敢于更多揭露财政的真相并提出与各相关学科主流相异的观点而不受欢迎。

③ 虽然葛德雪和熊彼特对税收国家的性质和前途有不同的判断，但这并不表明他们背后的国家理论是不可调和的。事实上，基于马克思主义和非马克思主义来区分葛德雪和熊彼特在财政社会学上的思想差异是表面化的，他们对自由竞争经济的共同支持决定了其共同点远大于分歧。葛德雪和熊彼特都深受马克思的影响，但他们都没有完全接受马克思对资本主义的分析。葛德雪（Goldscheid，1958）批评马克思和社会主义者对国家的忽视和敌视，反对国家社会主义，认为真正的罪恶不是工人与生产资料分离而是国家与生产资料分离，认为“资本主义是永恒的经济范畴”，“国家资本主义和人力资源是一个秩序井然的经济的两大基本支柱”。熊彼特显示出对马克思宏大分析的充分景仰，Leroy（2011）就曾强调“他对（马克思本人或葛德雪的）马克思主义分析的迷恋”。但熊彼特以不同于马克思的方式宣称税收国家所代表的资本主义终将退出历史舞台，而摆脱经济束缚的社会主义终将来临。

上学含义的探讨，也不同于从司法目的来定义国家，“对我们来说真正有意义的，就是只是要理解社会生活中历史给定的、具有明确特征的要素”。二是“我们必须认识到，仅仅理解一种社会现象自身的起源并不能揭示它的‘实质’、‘含义’、‘文化意义’以及‘内在逻辑’”，因为“如果财政社会学的观点只是让我们理解国家的产生，那么我们也许仍将处在以研究地质状况来‘解释’风景印象这样的错误中”。熊彼特提醒我们注意的是，“我们不能陷入以研究起源处的动力来探寻本质的错误中，但我们也不能忘记通过回溯分析更早的起源来发现被创造出来的某一类型［国家］所具有的特殊性质”。三是“对国家的任何现实分析，都会发现其基础有变坏的一面”，因此，我们不能像现代国家的崇拜者那样夸大国家的好处使其远离其真实形象。

要真正处理好国家本质问题，就应该抓住葛德雪（Goldscheid，1958）所说的“国中之国”（the state within the state）问题，即“财政学必须认识到其主要任务是处理国中之国的财政问题……在过去无论什么时候对国家的任何建议和议论，都忽视或隐匿了国中之国的‘国’的真实内涵，也正因为这个原因，所有试图将财政拉上正轨的努力都失败了，或者说在构建财政制度上浪费了很多创造力，要么是天真的自欺欺人，要么就是愚弄人民。国家与国中之国的斗争妨碍了国家在一个不断变动的社会中承担其应该承担的职能”。对葛德雪（Goldscheid，1958）“国中之国”概念的一般化理解可以有两个层面，它们分别对应了熊彼特（2018）关于国家性质的两种认识维度。第一种认识维度涉及的是国家的抽象特征与现实现象之间的矛盾与冲突，其中国家的抽象特征是指国家作为一种组织“为的是实现某些特定的、相对严格界定的目的”，而国家的现实现象关注的则是“确认国家所处社会中哪个集团的人更重要，以及认识到哪些要素主导着国家等”，在熊彼特看来，对后者的关注是至关重要的，“这样就可以解释国家的真正权力所在以及使用、发展权力的方式”（熊彼特，2018）。因此，“我们真的不该说‘国家做这个或做那个’。极为重要的是，要认清楚是谁或谁的利益让国家机器运转并通过它来表达利益”（熊彼特，2018）。第二种认识维度涉及的是基于不同利益判断的不同国家本质观之间的矛盾与冲突。熊彼特（2018）承认从利益角度来看待国家本质的合理性，但认为人们对此会有许多不同的观点，而衡量该种观点存在的合理性之处在于“就每一种观点来说，它们都应该有某种与众不同的东西”，这样，“国家的本质自身就存在分歧，内部存在着不同的皆为正确的东西。我们很难认识到这一点，但若对此有误解，就会带来太多无意义的争论和‘伪问题’”。承认国家本质观背后分歧的正确性实际上是承认国家本质的历史性与多样性，而这也意味着承认财政社会学理论的多元性与开放性。

在对“国中之国”的理解中，我们找到了葛德雪和熊彼特的国家观的一致性，如果用葛德雪（Goldscheid，1958）的话来表述，那就是“财政学主要研究国家的财政问题，但它从来没有停止过追问谁才是真正的国家”。在这种主要基于现实的国家观下，那种在公共领域 - 私人领域二分法下将特定社会功能赋予国家或财政的通常做法是值得商榷的，正如熊彼特（2018）曾指出的，“在公共领域与私人领域二者之间并不存在明确的界限，除非我们满足于说‘公共’就是在一个特定的时期被人们认为是‘公共’的任何事物”。因此，熊彼特（2018）既反对基于必要的公共功能来定义国家，也反对从国家的“本质”推导出“国家有限的范围”；同时，熊彼特（2018）也认为，“无论是对阶级国家的描述，还是将国家描述为超越所有简单组织起来的党派与阶级的某种东西，都不足以充分反映国家的本质”。

虽然在熊彼特（2018）的研究中，“税收”与“国家”关系如此之深，“以至于‘税收国家’这样的表达形式几乎可以被看作赘语”，但财政社会学要超越西欧的历史经验并真正对世界上其他国家或地区的长时段历史分析产生价值，就不能将国家仅仅定义为现代国家并将自己的分析局限于税收国家，而应该确立与税收国家类似的若干国家类型。“国家岁入生产（revenue production）的历史即国家的演进史”（利瓦伊，2010），葛德雪和熊彼特对税收国家的分析确立了财政社会学依靠财政收入来源进行国家类型分析的传统，即“不同的国家收入来源对于解释国家秩序之间以及它们如何与其国民交往之间存在的差异显得十分关键”（Moore，2004）。综合来看，各国历史上财政收入的具体来源主要区分为贡纳、租金、利润、税收、关税和公债，由于关税作为一国主要财政收入来源不具有普遍性，而公债对国家性质的影响要依其偿还来源来确定，因此贡纳、租金、利润和税收更具有类型学价值，我们可以据此区分贡纳国家、租金国家、利润国家和税收国家（刘志广，2012）。但要将这些国家类型运用到长时段历史分析中，我们还需要做更多的工作，套用耶希特的话说，这种国家类型区分

“不是建立在财政学研究的终点，而正是其研究的开始”（坂入长太郎，1987）。

四 结语

回顾财政社会学百年发展史，无论是从其1910年代被创立、1970年代重现学界还是从进入21世纪以来正在经历的复兴来看，都反映了当下社会经济结构所面临的深层次危机及转型的迫切需要，正如熊彼特（2018）所指出的，“在这个时期，现存的形式开始殒灭并转为新的形式，而且在这一时期原有的财政策略往往会出现危机”。但是，近百年的社会经济发展史同样表明，新的形式并不一定就比旧的形式好，新的财政策略往往造成比旧的财政策略更大的困局，而且经济全球化和新技术的发展，使税收国家实践所面临的社会条件变得越来越复杂。发达国家能够呵护好税收国家的价值吗？[①] 税收国家的种子能够在发展中国家成长吗？[②] 一句话，未来的世界能够变得更好吗？谁也无法给予肯定的回答！2008年美国金融危机和后来的欧洲主权债务危机，其背后的深层原因就是税收国家原则遭到了破坏（刘志广，2012），而这些破坏税收国家原则的主要力量也是熊彼特在《税收国家的危机》一文中所预见到的。

既然“任何给定的社会和经济秩序都可在财政中得到清晰的反映，国

① 税收国家与现代民主政治紧密联系在一起，但在2008年美国金融危机和欧洲主权债务危机的背后，我们都可以看到现代民主政治特别是政党政治和利益集团政治热衷于操纵财政政策以实现短期目标，这破坏了税收国家得以存在的宪政条件。具体分析可参见刘志广（2012）。

② 国内外有很多研究希望借英国现代国家成长史来揭示财政斗争与现代国家构建之间的关系，事实上，这也是熊彼特（2018）的研究思路，但税收之所以能够推进西欧的现代国家构建，有两个很重要的条件：一是这种现代意义上的税收是从无到有的，税收各要素的成熟形式的最终是长期斗争与妥协的结果；二是在纳税人与征税人之间存在严重的信息不对称，而纳税人处于信息优势地位，这使纳税人能够在现代税收的发展中处于有利位置并最终对征税权形成宪法制约。但研究者希望这一过程在今天的发展中国家身上重演并不现实，一是发展中国家可以在无斗争与妥协的情况下引入发达国家已然成熟的税收形式，二是日益完备的征管技术特别是正在发展的大数据技术使纳税人在征税人面前变得越来越透明，纳税人日益失去在税收设计与征管过程中的谈判地位。这样我们就可以看到，虽然大量发展中国家引入了与发达国家类似的国家治理架构，它们像发达国家一样征税，但国家的运行与社会价值观念完全不是税收国家式的。

家不可能不同于其财政制度，每一个私人家庭都与财政紧密地联系在一起”（Goldscheid，1958），既然“没有什么东西能够像政府所采取的财政政策那么清楚地表明一个社会和一种文明的性质”（熊彼特，1994），那么，我们今天就仍可以像熊彼特（2018）在百年前一样对财政社会学寄予厚望，并将熊彼特 1918 年发表的《税收国家的危机》作为我们通往伟大财政的重要思想阶梯。但发展财政社会学最令人期待的结果并不在于形成像现代主流财政学那样统一且标准化的理论以对世界进行工具性控制，而在于通过财政社会学这种多元、开放的思想体系吸收和转化不同学科的研究成果，进一步挖掘、发展和捍卫不同历史条件下熊彼特（2018）所揭示的税收国家的原则，并将这种独到的综合性思考成果不断地融入所要分析的主题中去，实现社会更深层次、更广范围的反思性对话，正如 Green（1993）所强调的，“具有自生能力的‘税收国家’是文明社会最好的希望”。

参考文献

[1]〔英〕安东尼·吉登斯：《社会理论与现代社会学》，文军、赵勇译，社会科学文献出版社，2003。

[2]〔日〕坂入长太郎：《欧美财政思想史》，张淳译，中国财政经济出版社，1987。

[3]〔法〕E. 迪尔凯姆：《社会学方法的准则》，狄玉明译，商务印书馆，1995。

[4] 冯杨、李炜光：《赤字财政与货币立宪——财政社会学视角下的现代国家建构问题》，《华人前瞻研究》2013 年第 2 期。

[5] 贺蕊莉：《财政社会学视角下的中国贫富差距问题研究》，《财经问题研究》2011 年第 6 期。

[6]〔英〕杰弗里·M. 霍奇逊：《经济学是如何忘记历史的：社会科学中的历史特性问题》，高伟、马霄鹏、于宛艳译，中国人民大学出版社，2008。

[7]〔英〕肯尼斯·戴森：《西欧的国家传统：观念与制度的研究》，康子兴译，译林出版社，2015。

[8]〔瑞典〕理查德·斯威德伯格：《熊彼特》，安佳译，江苏人民出版社，2005。

[9] 李炜光、任晓兰：《财政社会学源流与我国当代财政学的发展》，《财政研究》2013 年第 7 期。

[10] 刘守刚：《财政类型与现代国家的构建——一项基于文献的研究》，《公共行

政评论》2008 年第 1 期。

[11] 刘云龙：《民主机制与民主财政——政府间财政分工及分工方式》，中国城市出版社，2001。

[12] 刘志广：《财政社会学的研究主题和发展方向》，载上海市哲学社会科学规划办公室、上海社会科学院信息研究所编《国外社会科学前沿（2012）》，上海人民出版社，2013。

[13] 刘志广：《财政社会学与财政学基础理论创新框架》，载马珺、高培勇主编《国家治理与财政学基础理论创新》，中国社会科学出版社，2017。

[14] 刘志广：《财政制度变革与现代国家的构建》，载上海市社会科学界联合会编《中国的使命：文明建设与大国治理》，上海人民出版社，2007。

[15] 刘志广：《新财政社会学研究：财政制度、分工与经济发展》，上海人民出版社，2012。

[16] 刘志广：《中国改革顶层设计的具体指向、着眼点与主要任务——基于财政社会学的研究》，《上海行政学院学报》2014 年第 3 期。

[17] 刘志广：《中央集权型财政体制与我国古代社会发展的停滞——对我国社会经济发展史的"财政社会学"分析》，《上海行政学院学报》2002 年第 2 期。

[18]〔美〕罗伯特·K. 默顿：《社会理论和社会结构》，唐少杰、齐心等译，译林出版社，2006。

[19]〔美〕洛林·艾伦：《开门——创新理论大师熊彼特》，马春文等译，吉林人民出版社，2003。

[20]〔美〕玛格利特·利瓦伊：《统治与岁入》，周军华译，格致出版社，2010。

[21] 马珺：《财政学：两大传统的分立与融合》，《经济理论与经济管理》2012 年第 10 期。

[22] 马珺：《财政学研究的不同范式及其方法论基础》，《财贸经济》2015 年第 7 期。

[23]〔美〕约瑟夫·熊彼特：《经济分析史》（第三卷），朱泱等译，商务印书馆，1994。

[24]〔美〕约瑟夫·熊彼特：《经济分析史》（第一卷），朱泱等译，商务印书馆，1991。

[25]〔美〕约瑟夫·熊彼特：《税收国家的危机》，载〔美〕哈罗德·M. 格罗夫斯著、唐纳德·J. 柯伦编《税收哲人——英美税收思想史二百年》，刘守刚、刘雪梅译，上海财经大学出版社，2018。

[26]〔美〕约瑟夫·熊彼特：《资本主义、社会主义与民主》，吴良健译，商务印书馆，1999。

[27]〔美〕詹姆斯·M. 布坎南、理查德·A. 马斯格雷夫:《公共财政与公共选择:两种截然不同的国家观》,类承曜译,中国财政经济出版社,2000。

[28] 张宇燕、何帆:《由财政压力引起的制度变迁》,载盛洪、张宇燕主编《从计划经济到市场经济》,中国财政经济出版社,1998。

[29] Backhaus, J., and Wagner, R. E., "Society, State, and Public Finance: Setting the Analytical Stage", in Backhaus, J., and Wagner, R. E., eds., *Handbook of Public Finance* (Boston: Kluwer Academic Publishers, 2004).

[30] Bögenhold, D., "Schumpeter's Idea of a Universal Social Science", *Atlantic Economic Journal*, 42, 2014: 205 - 215.

[31] Buchanan, J. M., "What Should Economist Do?" *Southern Economic Journal*, 85, 1964: 213 - 222.

[32] Compell, J. L., "The State and Fiscal Sociology", *Annual Reviews of Sociology*, 19, 1993: 163 - 185.

[33] Crowhurst, I., "The Ambiguous Taxation of Prostitution: The Role of Fiscal Arrangements in Hindering the Sexual and Economic Citizenship of Sex Workers", *Sexuality Research and Social Policy*, 16, 2019: 166 - 178.

[34] Dahms, H. F., "From Creative Action to the Social Rationalization of the Economy: Joseph A. Schumpeter's Social Theory", *Sociological Theory*, 13, 1995: 1 - 13.

[35] Diamond, A. M., "Schumpeter VS. Keynes: 'In the Long Run Not All of Us Are Dead'", *Journal of the History of Economic Thought*, 31, 2009: 531 - 541.

[36] Goldscheid, R. [1925], "A Sociological Approach to Problems of Public Finance", translated by Henderson, E., in Musgrave, R. A., and Peacock, A. T., eds., *Classics in the Theory of Public Finance* (London: Palgrave Macmillan, 1958).

[37] Goode, R., "Public Finance in the International Encyclopedia of the Social Sciences: A Review Article", *Journal of Economic Literature*, 8, 1970: 27 - 34.

[38] Green, C., "From 'Tax State' to 'Debt State'", *Journal of Evolutionary Economics*, 3, 1993: 23 - 42.

[39] Hodgson, G. M., "Meanings of Methodological Individualism", *Journal of Economic Methodology*, 14, 2007: 211 - 226.

[40] Leroy, M., *Taxation, the State and Society: The Fiscal Sociology of Interventionist Democracy* (Switzerland: P. I. E. Peter Lang, 2011).

[41] Moore, M., "Revenues, State Formation, and the Quality if Governance in Developing Countries", *International political Science Review*, 25, 2004: 297 - 313.

[42] Mumford, A., *Fiscal Sociology at the Centenary: UK Perspectives on Budgeting,*

Taxation and Austerity (London: Palgrave Macmillan, 2019).

[43] Musgrave, R., "Public Finance andFinanzwissenschaft Traditions Compared", in Musgrave, R., eds, *Public Finance in a Democratic Society, Vol Ⅲ: The Foundations of Taxation and Expenditure* (Northampton MA: Edward Elgar, 2000).

[44] Musgrave, R., "Schumpeter's Crisis of the Tax State: An Essay in Fiscal Sociology", *Journal of Evolutionary Economics*, 2, 1992: 89 - 113.

[45] Schumpeter, J. A., "The Crisis of the Tax State", *International Economic Paper*, 4, 1954.

[46] Seidman, S., "The End of Sociological Theory: The Postmodern Hope", *Sociological Theory*, 9, 1991: 131 - 146.

[47] Spiethoff, A., "Joseph Schumpeter in Memoriam", *Kyklos*, 3, 1949: 289 - 293.

财政与国家治理：布坎南财政思想解读[*]

马　珺[**]

摘　要： 作为20世纪最著名的财政学家之一，布坎南的独特之处在于，他始终将对财政现象和财政问题的思考置于社会治理的框架之内来进行。本文尝试解读布坎南财政思想中财政与国家治理的关系，展现布坎南透过财政学视角来思考国家和社会的理想秩序与现实治理问题的逻辑。文章为理解“财政是国家治理的基础和重要支柱”这一命题提供了一种可资借鉴的思想资源。

关键词： 国家治理　财政思想　詹姆斯·M. 布坎南

自党的十八届三中全会《中共中央关于全面深化改革若干重大问题的决定》提出“财政是国家治理的基础和重要支柱”这一命题，学界普遍认为当前中国财政学基础理论建设面临新的机遇。源自苏联的“苏式财政学”看重对“财政本质”问题的追问，尽管不能令人满意，但仍可列为回应这一问题的一种方式。改革开放以后，“苏式财政学”式微，其对“财政与国家治理”问题的关注也遭到摈弃。“英美财政学”的引入，使财政学向科学化、技术化和形式化方向深入，“财政与国家治理”的关系不再是财政学研

* 原文首发于《财政研究》2016年第12期，原标题为《布坎南财政思想中的国家治理理论》，经作者和杂志社同意，收录于本书。收录时作者对原文进行了调整、修改并添加了部分相关内容。

** 马珺，经济学博士，研究员，中国社会科学院财经战略研究院税收研究室主任，主要研究方向为财政思想史、财税理论与政策。

究的主题。而反观中国自身的文化传统，一直缺乏系统的、学科意义上的财政学研究，历史文献中的只言片语尽管隽永经典，却不足以符合逻辑地、系统提出和回答这一提问。至于经典意义上的“马克思主义财政学”以及各种西方马克思主义，随着人们对“苏式财政学”的反思与摈弃，亦已淡出研究者的视线多年。因此，中国唯一彰显的是英美新古典财政学传统，然而，仅仅依靠这一传统所提供的学术资源，显然无以回应上述重大理论命题（马珺，2015）。

寻求一个好的国家治理模式，是人类社会面临的基本问题。只有立足中国历史与现实并融会中西方的相关思想资源，去伪存真，方能对这一论题给出中肯而系统的回应。本文重点挖掘了西方财政学传统中对英美新古典财政学持批评意见的代表人物——詹姆斯·M. 布坎南——财政思想中的国家治理理论，旨在引发更深入而全面的讨论。

文章第一部分对布坎南的生平做了简略回顾。第二部分探讨布坎南思想中财政与国家治理之间的关系。为了给读者提供一个用以理解布坎南财政思想的历史和学术背景，该部分首先介绍了19世纪末至20世纪40年代的美国财政学的发展，然后再探讨布坎南如何以财政学研究为起点，延伸到对国家治理问题的研究。第三部分分析布坎南如何将财政问题置于国家治理问题的大视野之下进行研究，并对这一思想的逻辑体系进行了概括。第四部分是反思与借鉴，指出文章的未尽之处，以作为下一步研究的方向。

一　布坎南生平简介

布坎南生于美国田纳西州默夫里斯伯勒的一个贫苦之家，他在当地的公立学校完成了小学和中学课程之后，进入中田纳西州立大学，于1940年取得学士学位，次年又于田纳西大学获得硕士学位。太平洋战争爆发后，布坎南加入美国海军服役（1941年），1945年末退伍并组建家庭。受惠于美国联邦政府优待退伍军人的一项法案，布坎南得以于1946年入读芝加哥大学经济系。

在当时的芝加哥大学经济系，财政学作为经济学的次级学科，属于边缘的研究领域（Brady，2007），缺乏专任的财政学教师，两位主要的授课教师（Simeon E. Leland 和 Roy Blough）均来自政治学系。布坎南没有解释过他为何选择这样一个冷门来做研究，或许是两位财政学课程老师正在研究的问题吸引了他的注意力。他的博士论文研究了联邦制下州际财政均等化问题，这正是一位课程教师研究课题的延伸。在这篇博士论文中，他明确地表示出对财政正义问题的兴趣（Pincus，1994）。

20 世纪 40 年代末期美国财政学的主流是艾奇沃斯－庇古的规范效用主义、马歇尔税收归宿理论以及凯恩斯否认存在债务负担的国家干预主义理论的综合（Buchanan，2007），主导当时芝加哥大学财政学讲席的也是这一传统。尽管布坎南 1950 年代的大部分工作仍在这一传统之内进行（Johnson，2014a），但并不意味着他对当时的财政学主流理论是满意的。相反，他正在酝酿着一场财政学发展史上的革命。仅仅是限于其自身学力尚且不足（Buchanan，2007），他的这一抱负才没有那么明显地表露出来。对他来说，20 世纪 50 年代是其系统地梳理自己理论体系和形成研究方法论的 10 年。这 10 年里，他只是偶露峥嵘，发表了为数不多的几篇与传统财政学旨趣相异的理论文章（Buchanan，2007）。

从芝大毕业后，布坎南回到田纳西大学任教 3 年，随后来到佛罗里达州立大学，在这里一直待到 1956 年。此后，布坎南大部分的学术生涯都在弗吉尼亚州度过。他先来到弗吉尼亚大学（1957～1968 年）任教，在这期间共同领导和见证了公共选择弗吉尼亚学派的发端与成长。中间经历了在加州大学洛杉矶分校（1968～1969 年）的短暂停留，最终移至弗吉尼亚理工学院（1969～1983 年），因与院方在意识形态方面分歧严重，遂率领公共选择中心于 1983 年整体性搬迁至乔治·梅森大学，直至 2013 年逝世。由于布坎南的加盟，此前名不见经传的乔治·梅森大学经济系，短短若干年便突飞猛进，如今更成为奥地利经济学与公共选择研究的重镇（Vaughn，2015）。

布坎南是一位勤奋、严谨而又多产的学者，他一生撰写了 300 多篇文章以及 20 余部著作，1986 年瑞典科学院将当年的诺贝尔经济学奖授予布坎南，以褒奖其在公共选择和宪法经济学方面做出的贡献。获奖之后，布坎南仍一如既往全身心地投入学术事业，自由基金会 2001 年出版了 20 卷本布坎南文集（Wagner，2008）。他生前的发表记录，持续到 2012 年，其最后一次在美国之外参加研讨会，是在 93 岁高龄之时，布坎南的学术生命力之旺盛由此可见一斑。虽然已至耄耋之年，但直到逝世前的数月，布坎南仍然热情参与各种研讨会。

二　布坎南思想中的财政与国家治理

（一）历史背景：19 世纪末至 20 世纪 40 年代的美国财政学

20 世纪 40 年代的美国，财政学作为一门学科的发展，正处于新旧交替的转型时代。此前，经济学教学在美国以多元化著称。体现在财政学上，制度主义倾向的财政学与英国古典经济学传统下的财政学并存。以塞利格曼（E. R. A. Seligman）、埃利（Richard T. Ely）、亚当斯（H. C. Adams）、普伦（C. C. Plehn）等为代表的一代财政学家，因其普遍有过留学德国的经历，深受德国国家科学和财政学说的影响，回国后深耕茂植，建立了偏向于历史主义和制度主义的财政学研究体系，在大萧条之前一直是美国财政学研究的主流，对美国 19 世纪末期以来财政模式的转型起到了至关重要的推动作用，塞利格曼本人也因此被称为美国财政学的创始人（Johnson，2014b）。与此同时，沿袭英国艾奇沃斯－马歇尔－庇古等人的旧福利经济学传统，从事财政学研究的学人也大有人在（本文称之为旧的正统财政学）。他们沿袭社会效用和福利经济学思路，以及均衡分析方法，强调经济分析的严谨性、一般性，主张运用数学模型，反对制度主义财政学热衷于应用性方法、大量的历史材料铺陈、法律分析和统计数据描述，学术史上的塞里格曼－艾奇沃斯之争持续将近 20 年（1892～1910 年），对 1940 年代美国财政学的发展产生了深远影响（Johnson，2014a）。

以 20 世纪 30 年代为界，此前尽管制度主义财政学派具有明显的领先优势，但依然称得上多元共存的学术格局。然而大约自 30 年代晚期至二战结束的一段时间里，上述百花齐放的学术环境悄然改变。从各大学拒绝聘用制度主义学者开始，经济学学界的德国制度学派学人渐次退场，英国新古典主义经济学传统取而代之（Johnson，2010）。因此，至 40 年代中期，“独尊英术”的新古典主义财政学在美国一枝独秀，大约在 50 年代中期，后者即完全取代了前者。德裔学者理查德·马斯格雷夫在新的学术传统转型形成过程中起到了至为关键的作用。他对新古典财政学进行了结构性的改造，将此前未被重视的公共支出分析推到前台，通过国家职能的三部门划分和引入宏观经济政策分析，为政府对经济社会的深入干预确立了坚实的理论基础。马斯格雷夫（Musgrave，1959）以后，坚持国家干预有效和崇尚科学主义、形式主义（formalism）、更为依赖数理分析的新古典财政学研究传统，主导了英美财政学界，并扩及全球、蔚为主流，为日后包括中国在内的后进国家学术界所吸收和模仿。

布坎南正是在新古典财政学由“庇古时代”向“马斯格雷夫”时代转型之际——即20世纪40年代中期——加入财政问题研究的。经历了对美国历史上“镀金时代”的反思，在进步主义理论家和政治活动家的极力推动下，从20世纪20年代开始，美国建国之始流行的消极政府理念逐渐被更积极的、功能更完备的分配性政府的理念所取代（Mehrotra，2005）。通过税收、管制、反托拉斯立法等手段，国家越来越多地参与社会经济生活，政府所支配的国民收入份额稳步提高，到20世纪40年代末期，已经达到国民收入总额的一半以上。而对如此大规模的公共经济活动，旧的正统财政学对此却少有研究。

（二）财政学研究什么

自19世纪晚期以来，美国制度主义财政学家专注于三大方面的社会政策研究：一是从理论上论证综合税基的正当性，积极推动美国联邦税制变革（由以间接税为主体向以针对个人的直接税为主体的结构性演化）；二是致力于推动福利制度和社会变革，以及为“新政”建言献策；三是关注战时政府融资与债务问题。对财政实践的过多关注，使制度主义财政学家无暇顾及财政学作为一门学科的理论建设。

而相对不那么入世的旧财政学学者，应是当时学院财政学学者和财政学学科建设的主体。然而，这一学派同样有其不足之处。一是在缺乏论证的前提下，假定国家能够弥补和校正市场缺陷，并以此作为公共政策的基础；二是同样缺乏系统的财政支出理论，仅有的财政支出分析限于为数不多的外部非经济情形。

布坎南所在的芝加哥大学，在那时也未展开包含收、支两方面的成体系的财政学研究。在此开设课程的财政学学者，如利兰（Simeon E. Leland）和西蒙斯（Henry Simons），其财政学知识框架均来源于英国新古典财政理论，即马歇尔、庇古的旧财政学。西蒙斯就明确提出财政学不必研究支出问题（Johnson，2010），受其影响，芝大涉足财政学的师生也以税收研究为主。

因此，截至20世纪40年代，财政学在美国的发展经历了两个阶段，1930年以前是制度主义财政学传统占上风，此后的10年，则是英国新古典财政学传统占上风（Johnson，2014b）。但作为一门学科，新古典传统下旧财政学的研究范围无法涵盖国家活动的全部，并且它还直接导致了财政学学科自主性的缺失。由于将财政看作与市场相对应的一种资源配置方式，因而财政学成为经济学在财政问题上的应用研究。正统财政学无法突破经济学的研究界限，演化为只研究资源的公共配置问题的学问。依存于新古典经济学的财政研究，因此算不上是一门独立的学科。无论从哪个角度来看，财政学作为一门学科都同样面临着重建，1940年代以后，财政学在美国沿着两条不同的路径发展，反映了其各自的支持者完全不同的知识趣味。其中，以马斯格雷夫为代表的学者吸收了对旧的正统财政学的批评，建立了新古典经济学传统下的新的正统财政学。它虽然拓展了财政学的研究领域，将支出分析囊入其中，扩展了财政职能，但在根本上仍然维护旧的正统财政学所持的国家观念，将财政作为资源配置手段，关注财政参与社会资源分配的后果。另外，布坎南则提出了囊括收入和支出两方面、超越纯粹的资源配置考量、将财政学作为广义社会治理问题的一部分（即其中的国家治理）来研究的新思路。

（三）布坎南的国家观念

国家观念为财政学研究提供了政治哲学基础。布坎南将财政作为国家治理问题来展开研究，这一思路直接源于他对财政学研究方法论的系统思考。在其早期发表的论文中，布坎南（Buchanan，1949）论证了一种不同的国家观念——个人主义国家观（individualistic theory of state），并以此为基础，提出了区别于正统财政学的研究范式。

布坎南认为，国家是理性个体基于自我利益最大化的计算，经由相互间的商谈和交易而自愿达成的一系列规则或秩序。国家活动的正当性在于，它是基于社会成员的同意、为了满足社会成员的个人需要而建立的。作为一种规则体系，它既规范着社会成员的后续交易与互动行为，也受社会成员之间进一步商谈所达成的新规则的制约。因此，国家活动的范围及程度，并非一成不变。国家活动的最终评价主体是社会成员本身，而不是某个统治者或统治集团、技术专家，甚至某些源自外部的客观标准或伦理规范。

个人主义的国家观，对当时的正统财政学中隐含着的有机主义国家观（organismic theory of state）提出挑战。在后一种国家观之下，国家有着自己的神经中枢，由它来对社会成员的利益进行总合，最终的目标是要达成总体利益最大化。然而在反对者看来，独立于社会成员个人的主观判断、依赖外部规范标准的国家利益是可疑的。与之相比，个人主义国家观不仅仅只是一种国家观念，更重要的是，它蕴含着理解人类社会治理结构的方法论上的差异，布坎南在随后的作品中更为系统地论述了他所主张的方法论个体主义（Buchanan，1949）、方法论主观主义（Buchanan，1969）以及政治经济分析的交易范式（Buchanan，1964）。[①]

三　国家治理视野下的财政活动

个人主义国家观的提出，是布坎南针对自己属意的财政学研究范式（即交易范式财政学）所亮出的一面旗帜。他认为，随着经济危机和战时经济的结束，社会经济和政治生活步入正轨，人们看待财政问题的方式应该有所改变，从而提出了和平时期如何思考财政问题的方向，即如何调整过去那种计划型的、中央集权的财政思维，以适应基于市场经济和民主政治的新的财政常态这一研究思路（Congleton，2014）。

（一）市场和投票过程中的个人行为

布坎南分析了市场和政治场合下的个人选择的区别（Buchanan，1954a，1954b）。在他看来，市场上的买卖与投票站里的投票行为在本质上都属于交易（exchange）行为，二者的区别主要体现为交易的制度环境上的差异。在完全竞争的市场交易中，个人参与交易的成本－收益结构是清晰的，个人对选择的结果及其影响有确切的预计和判断，个人选择无需考虑市场上其他人的行为与反应，也不考虑对他人福利的影响；而在投票的场景中，个人投票的成本－收益结构模糊，个人选择对自身和他人的影响与后果不

① 具体解释参见马珺（2015）。

清晰，个人行为的外部性导致个人在公共领域做选择时，事实上需要考虑他人的福利及反应（当然，这并不意味着人们一定会自觉地为他人做打算，而不是陷于狭隘的私利）。此外，在通常的市场上，个体做出的是边际选择，比如少买或多买一些商品或服务，交易只在对双方都有利时才会发生。而在政治市场上，个体只能做0－1选择，对一项提交表决的方案或候选人，要么支持要么反对，这决定了政治市场的参与者有胜负之分，对于政治交易中的输家，政治市场不可避免地具有强制性。

（二）规则的选择

由于投票场合中的政治交易远比纯粹的市场交易更为复杂，为了避免在日常政治交易中受损，理性的参与者会考虑设计出那些用于规范政治交易的规则，以维护自身的利益。基于对多数同意规则的功效的思考，布坎南和图洛克（2014）提供了一个集体决策的双层结构，区分了“日常政治”和“立宪政治”。前者是指按多数投票规则，在议会里就日常政治决策进行的那些投票行为，后者是关于日常政治在其中得以运行的框架规则的决策。

两阶段决策的分析框架，可以被看作布坎南对一致同意规则的创造性解读。这一区分为我们调和政治行动中效率与正义之间的矛盾打通了道路。在日常政治决策中，为了避免议而不决以及从节约决策成本的效率考虑，不宜采用一致同意规则。多数决策规则因而成为主导规则，但这样做将不可避免地对政治决策中的少数派造成强制，即产生外部成本，从而提出日常政治决策的合正义性问题。然而，假如这一外在强制已经在“宪法”层面获得了社会成员的一致同意，便应视为个人自愿接受的自我约束，而不再是一般意义上的外在强制。因此，仅有民主政治是不够的，为了维护最终的政治正义，日常政治的范围及多数决策规则，必须置于宪法的制约之下。布坎南认为，经济学家将过多的精力用于分析既定约束条件下个人如何进行选择的问题，而忽略了对约束条件本身的选择进行研究，宪法经济学关心的恰恰是后一种选择问题。

（三）治理的逻辑/社会秩序的构成逻辑

《同意的计算：立宪民主的逻辑基础》对自由社会秩序下决策规则的选择做出经济解释，《自由的限度》（Buchanan，1975）则从政治哲学的高度，全面阐述了治理的逻辑，即社会秩序的构成及其运转问题。在这部作品中，布坎南首先描述了人类存在之初面临的生存环境：一是普遍存在的不确定性；二是普遍存在的资源的稀缺性。因而，每个人一出生就面对着不确定性条件下的生存竞争。

为了应对不确定性条件下的资源稀缺，理论上人们可以通过以下几种方式获取资源以扩大自身的生存机会：（1）自行从事生产；（2）通过交易以换取所需资源；（3）偷窃或以武力掠夺他人的成果。尽管生产才是克服稀缺性的有效途径，然而在弱肉强食的丛林社会，由于缺乏对产权的界定与保护，偷窃和掠夺将成为首要的法则。同时，为了保护自身所拥有的资源、防止他人夺取，每个人都需要投资于防卫，这更减少了对生产的投资激励。人们为了眼前的利益而相互争斗，霍布斯笔下作为自然均衡的无政府状态就这样陷入恶性循环。

在这里，经济学的重要性凸显出来。其最重要的发现，就是人类具有交易的天性，因此有可能通过交易（而不是偷窃和掠夺）实现互通有无，以克服资源的稀缺问题。理性的个人由此想到对自己的行为施加约束，以避免战争状态。这样做的好处是，可以免去军备投资，将社会资源用于生产性用途，提高社会资源的总体利用效率。

放下武器、相约合作是走出丛林困境的第一步，为激励人们通过生产和交易而不是通过偷窃和掠夺获利，必须建立强制机构，以实施和保护产权，并对不合作行为进行威慑和惩罚，这正是布坎南所称的“保护性国家”的职能。可见，市场交易的效率依赖支撑其运行的政治结构。这一政治结构不是外生的，而是由理性的社会成员通过契约或交易而建立的，这就是“作为交易的政治”。

正如前文所述，人们之间相互立约的过程也可以划分为两个阶段：在前一个阶段，界定个人权利，并且制订集体决策的规则；在后一个阶段，人们从事生产和交易，以获取相应的利益。就交易活动而言，一种交易是典型的市场活动，用来满足社会成员对私人物品与服务的需求；另一种交易则依赖生产性国家职能，旨在满足社会成员对公共物品与服务的需求，它是在社会成员将市场交易的获利空间利用殆尽之后，同样地经由其自主选择而达成的。

（四）国家治理中的财政

图 1 有助于理解布坎南如何将财政制度嵌入国家治理框架。假定社会由两名成员 a 和 b 组成，U_a和 U_b分别代表二人在不同的资源配置方案下的效用水平，U_1、U_2、U_3代表着社会等效用曲线，曲线 PP 则代表当前资源禀赋和生产技术条件下社会资源配置的帕累托效率边界。该图刻画了社会成员从初始状态出发，通过自由交易而达成社会契约的过程。

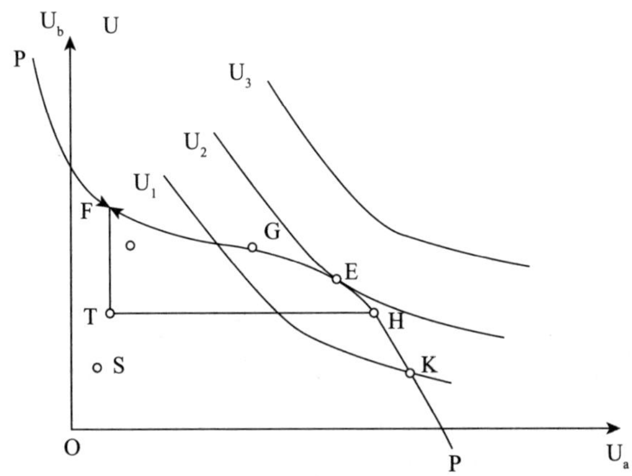

图 1　社会治理的两阶段契约

资料来源：根据 Buchanan（1975）及 Bush（1972）绘制。

布坎南假定分析的起点为自然状态 O，也可以称之为霍布斯丛林状态。自然状态中的人是天生不平等的，他们依靠天赋和暴力达成自然均衡。此时，每个社会成员都要同时从事三种活动，即生产、保护和掠夺，从总的社会生产效率来看，社会成员共同裁减军备是有利的（哪怕结果是一个人对所有人的统治，即所有人都为一个人生产）。对分享裁军收益的预期，使每个人都有动力通过谈判达成新的社会均衡。实现摆脱无政府主义丛林世界的第一步飞跃，就是社会成员运用自己的自由意志，裁减军备和界定财产权利（从 O 点移向 S 点），尽管这里隐含着征服、奴役和强制。

社会秩序构成逻辑的分析框架，包括在两个契约阶段的划分中。其一，就是从 O 点移向 S 点的过程，布坎南称之为“立宪政治”阶段。在这个阶段，个人权利得以界定，并且集体决策规则得以制定。其二，就是从 S 点移向 T 点并进一步移向 a 和 b 的效用可能性曲线 PP 上任何一点的过程，布坎南称之为“日常政治”阶段。在这一阶段，人们根据在前一个阶段里界定的进行各种活动和处置事物的权利，相互之间发生交易活动。其中，从S点向T点的移动，描述了代表性个人在既定的制度约束下，通过私人物品的市场交易而改善自我福利的过程，其中的“市场失灵”则为新古典财政学的分析设定了起点；从T点向PP曲线上诸点移动的过程，则体现了公共物品交换活动的那些政治过程，也即日常政治过程。这表明，当人们利用市场交换实现互利的潜力耗尽之后，仍可以通过政治交换过程而获得福利改善，新古典财政学分析就蕴含于这一过程。可见，从T点向任何介于F点和H点之间的运动，都将使交易各方获利。但是，朝向PP曲线上其他点（如K点）的运动，在使部分社会成员的福利有所改善的同时，也使其他成员受损。至于个人为何要在后一个阶段接受集体对其名义要求权的再分配，得回到立宪契约本身。新古典财政学所探求的基本问题是，在将社会资源配置状态向PP曲线推进的过程中，那些能够确保全社会的福利最大、同时又满足最低的社会伦理底线、不至于造成不可接受的社会不公的方案，其应满足的基本条件是什么。公共选择研究纲领则避开了对社会资源配置结果的直接关注，而是假设理性的个人可以预见到，自己在后立宪阶段与国家之间的交易中既可能遭受损失也可能获得好处，由于个人不清楚自己在将来的政治交易中将会处于哪一方，因此，风险回避的个人将倾向于选择在事后看来比较公正的规则，并接受该规则之下的可能结果，这使每个人的行为看上去都像是为他人考虑一般。

《自由的限度》一书涉及社会秩序构成的三大论题：一是人们按何种规则组建社会，也即社会秩序的构成原则，这是政治哲学的论题；二是以何种政治制度及其治理结构，确保上述原则得以实现，这是政治科学的论题；三是为该政治制度及治理结构下的社会公共事务进行融资、支出和进行相应管理的供求结构与制度安排，这是经济学特别是财政学的论题。从有助于理解社会秩序及其治理的角度而言，上述三大论题是环环相扣、密不可分的整体，单独探讨哪一方面，都不能清晰展现社会治理问题的全貌。也正是基于这一理论视角，布坎南作为一个财政学家，体现出与众不同的一面，他从来都不是就财政论财政，相比于其他财政学家看重的财政政策所追求的那些配置与分配结果，他更注重这些结果所依据的那些政治规则和哲学原则（Buchanan，2007）。

这一学术立场使他无法认同源自英国的马歇尔、庇古以来的新古典财政学传统，也不认同美国本土财政学学者对量能课税原则及税制改革的孤立关注。然而上述两者逐渐融合，汇成美国20世纪中上期以来以马斯格雷夫为代表的新的财政学主流。在布坎南看来，这一研究范式仅仅回应了上述社会治理原理的第三个论题，而且对该论题的回答，仅仅是从最大化资源配置的社会总体效率角度展开的，无关社会治理与制度正义，相对于两百年前斯密的政治经济学，当代财政学以科学名义而自我设限的研究立场，令人很难将此后的财政学学科发展完全理解为真正的学术进步。

四　反思与借鉴

回顾布坎南的生平、翻阅他的著述，不难发现，财政问题研究不仅是布坎南学术生涯的起点（Buchanan，2007），也是贯穿布坎南日后更为广泛的政治经济学研究的一条主线。作为一种问题意识，它连通了布坎南对经济学、政治学、道德和政治哲学等领域内的工作。可以说，布坎南自始至终从一个财政学家的视角来思考国家和社会的理想秩序与现实治理问题。在他眼中，财政学研究的重心应重新定位，从对稀缺资源最优配置问题的研究转向探索道德上平等的个体如何通过自由契约实现公共领域自我治理的逻辑。而自20世纪中期以来，主流财政学的关注点明显地偏重于前者，导致对国家和社会治理视角的普遍忽视。

美国是世界上第一个由民众通过自主协商而建立起来的复合共和国，布坎南自称是一个古典自由主义者，他极其欣赏建国者所遵循的那些传统观念——平等、自治，以及通过协商或契约方式实现社会治理。出于对美国历史传统及其社会秩序所依托的犹太教－基督教传统的认可，布坎南认同建立在自治与互爱伦理之上的个人主义国家观，对个人主义国家观的坚持又促使布坎南致力于发展一种基于交易的政治经济学和财政学理论。

这一在根本上隶属于社会契约论的财政学理论，不可避免地遭到了批评。其中，最受攻击之处在于，契约主义国家观念不符合国家产生的真实历史。事实上确实如此，历史上大多数的国家是依靠武力和征服而非通过商谈和契约实现的。美国的建国史只是一个不可复制的特例而已。即便是仅仅考虑民族国家体系形成以后的国家内部财政史，依然很少发现基于自由个体自愿立约的两阶段财政过程。对此，布坎南的辩护是，第一，他并不意欲去还原美国之外的其他国家创设的历史真实，事实上他的全部理论只是针对美国自身的历史情境；第二，他关注的是如何走向一种良序的国家治理，而并不关注现实治理结构的历史来源；第三，布坎南契约财政理论的可能性，很大程度上依托于他对人性的乐观看法。这种乐观主义，除了源于美国建国史留给他的正面印象之外，更重要的是他对人性本身有自己的解读。第一，人是风险趋避的，即人类天生厌恶风险，为应对可能发生的风险而倾向于事先进行规划。这意味着，人类会以一种长远的眼光来解决当下的问题，从制度上平滑未来可能发生的风险。第二，人是喜欢交易的动物，交易是人的天性，自愿交易对各方都有利。第三，人是有理性的、会计算的生物，在约束条件下能够判断自身的最佳利益在哪里。第四，人类在行动时共享并守护着基本的伦理底线，即“对等逻辑”，简单来讲就是“己所不欲、勿施于人”、“投之以桃、报之以李”和“以眼还眼、以牙还牙”。在上述对等逻辑之下，理性的社会个体趋向于选择那些在长期对大家都有利的行为，哪怕这种行为在短期里有违个体的私利，在这样做的同时，他（或她）不必是个道德高尚的人，社会自然地实现“人人为我，我为人人”的境界，“合作”而非“对抗”性的社会契约因而是可能的。基于这样的人性假设，布坎南努力使其契约财政思想具备逻辑上的可信性。

不可否认，作为一种理论体系，布坎南对民主体制下财政制度及其运行的考虑是逻辑自洽的。尽管这一逻辑在20世纪60年代后期以来，因西方民主政体种种内部矛盾的爆发，也凸显出其在应对现实治理问题时的力所不逮。在这个问题上，布坎南批评了19世纪中后期以来的政治信条，特别是对民主政治的过度信任与信赖。他提出仅有民主政治是不够的，多数决策规则往往导致对社会整体及其长远利益不利的结果。持续扩张的政府规模、财政赤字的常态化、选票交票、过度的再分配以及对少数派的歧视等，无一不是公民自己选择的结果。从更高的宪法规则层面，寻求对行政权力扩张趋势的制约，同时恢复社会成员对自身境况负责的社会伦理，取得个人自由与责任之间的平衡，社会才有可能在无政府和利维坦之间找到其应处的位置。这正是20世纪70年代以后的布坎南将更主要的精力投入宪法经济学研究的重要原因，也直接导致人们将布坎南归入公共选择学者一类，或者称之为立宪政治经济学家，很少将他的贡献与财政学直接联系起来。

这一认知倾向，既反映了学界对财政学学科性质的普遍误解，也反映了人们对布坎南学术贡献的理解有失全面（马珺，2014）。

本文仅仅初步解读了布坎南财政思想中财政与国家治理的关系问题，在下述三方面仍有待于深入探讨：一是文章没有接着引申出布坎南据此提出的实证主义财政学研究路径，以及这一路径与他所反对的规范主义财政学研究之间的差异，这一点对于财政学学科体系建设显然是有重大意义的；二是文章没有对其他思想资源中有关“财政与国家治理”关系的理论进行研究，但这并不意味着它们是无关紧要的，相反，它们对于理解“财政与国家治理”的关系同样是不可或缺的；三是文章没有提示这一研究路径在主要财政学议题上的具体应用。事实上，从这一角度出发，布坎南几乎在所有的财政学议题上，都提出了迥异于主流观念的论点。作为建设有中国特色的哲学社会科学理论体系努力的一部分，中国财政学理论创新的前提是站在前人的肩膀上，吸取前人研究的精华、去其糟粕，并立足于中国的现实，以创新性地回应时代提出的重大命题。基于此，不管我们是否同意布坎南的具体见解，但他将财政学置于国家治理理论框架下加以研究的思路，确实是值得我们在研究中加以借鉴的。

参考文献

［1］马珺：《财政学研究的不同范式及其方法论基础》，《财贸经济》2015年第7期。

［2］马珺：《作为财政学家的布坎南——已故诺奖得主被忽视的身份》，《财政经济评论》2014年第1期。

［3］〔日〕神野直彦：《财政学——财政现象的实体化分析》，彭曦、顾长江、韩秋燕、范丽香译，南京大学出版社，2012。

［4］〔美〕詹姆斯·M. 布坎南：《成本与选择》，刘志铭、李芳译，浙江大学出版社，2009。

［5］〔美〕詹姆斯·M. 布坎南、戈登·图洛克：《同意的计算：立宪民主的逻辑基础》，陈光金译，上海人民出版社，2014。

［6］Boettke, P. J., and Coyne, C. J., “James M. Buchanan (1919 –)”, *SSRN* 1696196, 2005.

[7] Brady, G. L., Buchanan, R. B., and Meiselman, D., "The Chicago Roots of the Virginia School", *Journal of Public Finance and Public Choice*, 25, 2007: 103 - 127.

[8] Buchanan, J, M., *Cost and Choice: An Inquiry in Economic Theory* (Chicago: Markham, 1969).

[9] Buchanan, J. M., "Individual Choice in Voting and the Market", *The Journal of Political Economy*, 62, 1954a: 334 - 343.

[10] Buchanan, J. M., "Social Choice, Democracy, and Free Markets", *The Journal of Political Economy*, 62, 1954b: 114 - 123.

[11] Buchanan, J. M., "The Pure Theory of Government Finance: A Suggested Approach", *The Journal of Political Economy*, 57, 1949: 496 - 505.

[12] Buchanan, J. M., *Economics from the Outside in: "Better Than Plowing" and Beyond* (Texas: Texas A&M University Press, 2007).

[13] Buchanan, J. M., *The Limits of Liberty: Between Anarchy and Leviathan* (Chicago: University of Chicago Press, 1975).

[14] Buchanan, J. M., "What Should Economist Do?" *Southern Economic Journal*, 85, 1964: 213 - 222.

[15] Bush, W. C., "Individual Welfare in Anarchy", in Tullock, G., eds., *Explorations in the Theory of Anarchy* (Blacksburg: Center for the Study of Public Choice, 1972).

[16] Congleton, R. D., "The Contractarian Constitutional Political Economy of James Buchanan", *Constitutional Political Economy*, 25 (1), 2014: 39 - 67.

[17] Holcombe, R. G., "John Meadowcroft: James M. Buchanan", *Public Choice*, 151 (1), 2012: 399 - 401.

[18] Johnson, M., "American Academic Public Finance: The First Fifty Years", *SSRN* 1722768, 2010.

[19] Johnson, M., "James M. Buchanan, Chicago, And Post-War Public Finance", *Journal of the History of Economic Thought*, 36 (4), 2014a: 479 - 497.

[20] Johnson, M., "Progressivism and Academic Public Finance, 1880 to 1930", *History of Political Economy*, 46 (1), 2014b: 1 - 32.

[21] Mehrotra, A. K., "Envisioning the Modern American Fiscal State: Progressive-era Economists and the Intellectual Foundations of the US Income Tax", *UCLA Law Review*, 52, 2005: 1793.

[22] Musgrave, R., *The Theory of Public Finance: a Study in Public Economy* (New York: McGraw-Hill, 1959).

[23] Pincus, J. J., James Buchanan's Federalist Papers, University of Adelaide, Department of Economics, 1994.

[24] Vanberg, V. J., "James Buchanan's Contractarian Individualism: A Personal Account", *Review of Austrian Economics*, 27 (2), 2014: 147.

[25] Vaughn, K. I., "How James Buchanan Came to George Mason University", *Journal of Private Enterprise*, 30 (2), 2015: 103.

[26] Wagner, R. E., "Buchanan, James M. (Born 1919)", in Durlauf, S. N., and Blume, L. E., eds., *the New Palgrave Dictionary of Economics* (Macmillan Publishers Ltd, 2008).

现代财政与国家治理的中国实践篇

国家能力、秩序与央地关系建设

吕冰洋*

摘　要：本文认为，国家治理的两大目标是活力和秩序。在中国国家治理思想中，“改革、发展和稳定”三者同等重要，秩序来自安全和稳定，为防止国家被外敌入侵或内部平衡力量打破而失去秩序，政府需要对社会力量进行动员和控制。国家治理依赖“国家能力”的支持，国家能力的两大支柱是市场增进能力和组织动员能力，市场力量越是被充分动员起来，就越是需要政府有足够的权威维持社会的稳定与市场的运转。央地关系包括行政关系与财政关系，政府间行政关系包括官员选拔权、考核权和监察权三方面，政府间财政关系包括事权、财权和转移支付三方面。央地关系处理得当与否，对市场增进能力和组织动员能力有着重要影响。在秩序目标下，中央政府比较看重组织动员能力的建设。

关键词：国家能力　秩序　央地关系

在处理央地关系上，是集权好还是分权好？分析这个问题需要找一个理论支点：国家能力。本文从“国家能力”这一核心概念出发，说明大国发展尤其需要国家能力的支撑，国家能力的两大支柱是市场增进能力和组织动员能力，它们对应的国家治理目标分别是活力与秩序。央地关系的构

* 吕冰洋，经济学博士，教授，中国人民大学财政金融学院财政系主任，主要研究方向为财税理论与政策、现代财政制度构建、经济增长。

建，要同时兼顾这两大目标进行设计。学术界已有大量文献说明如何通过制度建设来激发地方活力，但是对秩序目标的关注度不足，本文集中研究秩序目标下国家能力提升与央地关系构建问题。

一 秩序目标与郡县制的形成逻辑

近代以来，人们有普遍的共识，即只有激发社会活力才能推动社会进步和经济发展。因此，激发社会活力是国家治理的一个基本目标，这几乎是不言自明的道理。然而，从中国历史发展轨迹看，几乎可以说，它肯定不是因为活力目标而产生和发展，而是另一个关键目标——秩序！

（一）秩序在国家治理中的重要性

大量历史经验以及政治学和社会学著作告诉我们，“秩序”是政府所追求的重要目标。制度经济学家认为，所谓秩序，“是指符合可识别模式的重复事件或行为”（柯武刚、史漫飞，2000）。秩序具有系统性、非随机性、可理解性的特点，它的基本内涵包括三个方面：政治和社会结构的相对稳定；各种社会规范的正常实施；把无序和冲突控制在一定范围。

秩序有助于维持社会成员之间的信赖和合作。诺思等（2013）在《暴力与社会秩序：诠释有文字记载的人类历史的一个概念性框架》一书中指出：“当秩序占据主导地位时，人们就可以预见未来，从而能更好地和他人合作，也能对自己冒险从事创新性试验感到自信。”当国家失去秩序时，信赖和合作就会被瓦解，交易成本将迅速上升，劳动分工将难以为继，经济效率就会下降。

制度经济学家认为，制度的关键功能是增进秩序。据诺思（2006）、柯武刚和史漫飞（2000）等制度经济学家的分析，制度可简单定义为规则，而秩序则是一套关于行为和事件的模式。在制度经济学家柯武刚和史漫飞（2000）撰写的《制度经济学：社会秩序与公共政策》一书中，开宗明义就说“公共政策的中心功能应当是支持和增强社会秩序和经济秩序”，他们将所有的公共政策称为秩序政策。

秩序演化遵循两个路径：一是自发秩序；二是人为秩序。强调自发秩序优越性的人认为，秩序像市场经济一样，应由“无形之手”指引来协调并实现最优，例如，哈耶克（Hayek，1967）认为，“人类智识远不足以领会复杂人类社会的所有细节”，我们没有充分的理由来“细致入微地安排这样一种迫使我们满足于抽象规则的秩序”。强调人为秩序优越性的人认为，秩序是人的理性和自身自发性共同作用的结果，但是仅靠个体的理性和自发性无法保证公共秩序稳定。例如，以波兰尼（2007）为代表的强调政府干预的思想家认为，市场自发的秩序将最终导致社会瓦解并引发灾难。按波兰尼（2007）的理解，经济领域的适用规则是等价交换，社会领域的适用规则是互惠，若政府不加阻止的话，经济规则就会侵入社会领域并形成“市场社会”，例如，教育产业化就会破坏教育公平，此时社会信任就会被瓦解，社会合作也无法得到开展。

马克思主义者认为，“国家与社会的关系实际上包括两个方面：一是国家脱离社会而相对独立；二是国家作为相对独立的力量，驾驭着阶级社会。国家与社会这两方面的关系，是国家相对自主性的全部基础”（王沪宁等，2016）。从这个意义看，马克思主义者是承认国家自主性的，国家能够深刻影响社会秩序的形成与走向。

（二）“秩序观”与“风险论”的区别

与“秩序”有密切关联的词语是“风险”，一些学者从风险控制角度阐述国家治理的逻辑。

曹正汉（2017）认为，统治者面临两类统治风险：一是社会风险，它是源于民众的统治风险，指集权统治有可能遇到民众抵制，比如，民众有可能发起抗议，爆发骚乱，甚至发生大规模叛乱，威胁到政权稳定；二是代理风险，是源于地方官的统治风险，指地方官可能偏离中央政府控制，甚至反叛中央或谋求割据独立。“风险论”认为，中央政府为了确保政权稳定，在财政、行政成本、军事技术、政治竞争等约束之下，需要同时考虑社会风险与代理风险，使这两种风险综合起来对政权稳定的威胁最小化。

沿着风险控制的思路，曹正汉（2017）从中央政府需要降低统治风险的角度，解释集权与分权的原因。他认为，中央政府在处理集权与分权的问题时，虽然受财政和行政成本等约束，但在财政可以承受的范围内，主要考虑的因素是社会风险与代理风险的相对严重程度。具体而言，如果社会风险变得相对更严重，中央政府将加大地方分权来控制社会风险；反之，如果代理风险变得相对更严重，中央政府将加大中央集权，削弱地方分权。

财政行为体现着政府的意图，作为财政学学者，刘尚希（2003，2018）对风险与财政的关系进行了大量研究。他认为风险是“经济、社会的稳定与发展受到损害的一种可能性”，世界本质是不确定性的，这种不确定性必然带来风险。国家治理的作用在于向风险社会注入确定性，从而消除社会风险。历史上的财政变革，所要直接解决的问题是当时的政府财政危机，但财政危机背后是经济、政治制度无法与当时社会相匹配，而非单纯的财政问题。因此财政改革应是社会制度变迁的起点，逐渐向其他引发财政问题的根源领域延伸，与社会其他方面的改革配合，实现整体改善。

控制和化解风险的确是国家治理的应有之义，有关政府间关系的制度设计也必有这一层面作用的考量。但是，“风险”一词重在强调防范与化解上，是被动性的，而秩序的含义与风险的含义相比，多了一层主动性，即国家为了实现某种目标，需要建立严密的组织、实施井然的秩序，以达到层层发动的效果。当国家试图有所作为而不是防御为主时，例如，汉唐时期的开边，新中国成立后实行重工业优先发展战略，那么政府间关系设计又是另一种风景。或者说，“风险论”强调对社会力量的控制一面，而“秩序观”同时有对社会力量的动员与控制两方面含义。

（三）秩序受到冲击的内外原因

1. 古代社会秩序受冲击的原因

破坏秩序的力量来自各种内外冲击。外在冲击的典型代表是外敌入侵，特别是与广阔草原、沙漠和海洋相连的国家，在其漫长的生存史上，要经常面临草原蛮族和海外强国的入侵威胁。内在冲击秩序的重要原因是内部力量平衡的打破，它包括：一是经济平衡的打破，例如，传统农业平衡建立在脆弱的生态基础上，当出现天灾时往往会导致农民流离失所；二是政治平衡的打破，例如，地方政治力量超过中央时，就可能对中央权威造成挑战；三是社会平衡的打破，当社会各阶级或阶层相对力量发生较大变化时，将导致社会结构的剧烈变革。因此，国家对秩序的依赖程度取决于内部和外部挑战程度。

为避免秩序遭到破坏，政府必须组织资源以抵御各种潜在的风险，为此需要强调组织效率。为了提高组织效率，政府不得不对经济甚至社会施加一系列约束。那么，什么样的目标会催生这样的结果呢？

我们先把视野移向历史。从中国古代史的研究中，人们可总结出历史上农业立国的超大国家存在三种重要依赖——安全依赖、水利依赖、救灾依赖（吴稼祥，2013）。安全依赖的产生是由于外敌入侵的压力存在，政府要组织社会实行军事优先发展战略，特别是与广阔草原、沙漠和海洋相连的国家，在其漫长的生存史上，往往无时无刻不面对草原蛮族和海外强国的入侵威胁。水利依赖涉及大河流域的国家，为避免河流上下游地区之间的水资源争夺战乱，政府要统一治理大河流域，并由此派生出统治阶层所需要的许多非水利工程，如大运河和陵墓等。我们看到，华夏民族的生存发展，每每与抗洪抗旱和修建宏伟水利工程的历史交织在一起。救灾依赖涉及农业立国的国家，旱涝丰歉往往此起彼伏，为克服灾害的负面影响（如流民增加影响社会稳定），政府要抑制商人的囤积居奇、买低卖高行为，实行对农业生产的统一管理。邓云特（2011）有一部著作《中国救荒史》，详细统计了中国历史上的灾荒现象，以唐朝为例，统计结果为唐代共计受灾 493 次，其中旱灾 125 次、水灾 115 次、风灾 63 次、地震 52 次、雹灾 37 次、蝗灾 34 次、霜雪灾 27 次、歉饥 24 次、疫灾 16 次，年均受灾 1.7 次。令人触目惊心！

由于这三种依赖的存在，政府就需要牺牲一定的经济效率，换取组织效率的提高。例如，汉武帝为筹集军费对抗匈奴，采取了摧抑豪强、节制资本的措施，其对资产所得者征收的财产税（算缗）令大量有产者破产。

冯维江（2009）用历史数据告诉我们，秩序是国家治理的重要目标。他检索了二十四史加上《清史稿》中五个重要关键词：富国、变法、无偏、均田、安危。富国和变法代表治理者的效率目标，无偏和均田代表治理者的平等目标，安危代表治理者的安全目标。平等和安全有利于维持社会秩序，政府对平等和安全的追求也可视为对秩序的追求。统计结果显示，效率、平等、安危的出现频次分别是 160 次、78 次和 359 次，这说明政府对秩序的关注度大大超过了对效率的关注度（见图 1）。

作者进一步度量了政府目标的强度值和实现值（见图 2、图 3）。可以看到，安全是政府第一位目标，但是在安全、效率和平等三个目标中，最不容易实现的是安全目标。效率和平等目标的强度和实现程度交替变化。从中也可见，中华民族在五千年发展历程中，长期所面对的内外冲击的严峻形势。

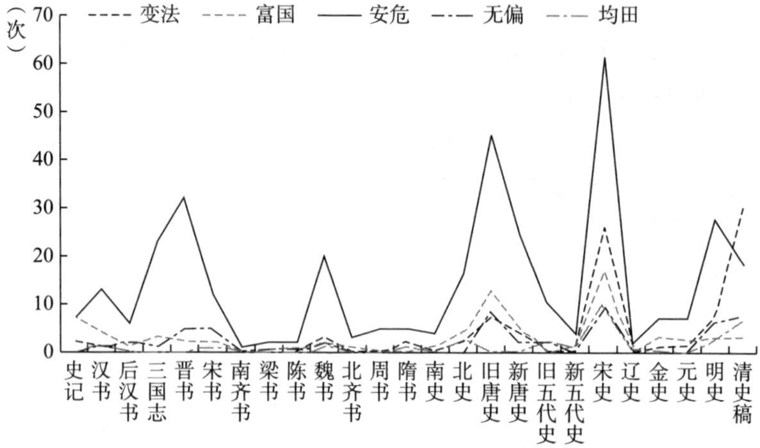

图 1　关键词在二十五史中出现的频次

资料来源：冯维江《侠以武犯禁——中国古代治理形态变迁背后的经济逻辑》，《经济学（季刊）》2009 年第 2 期。

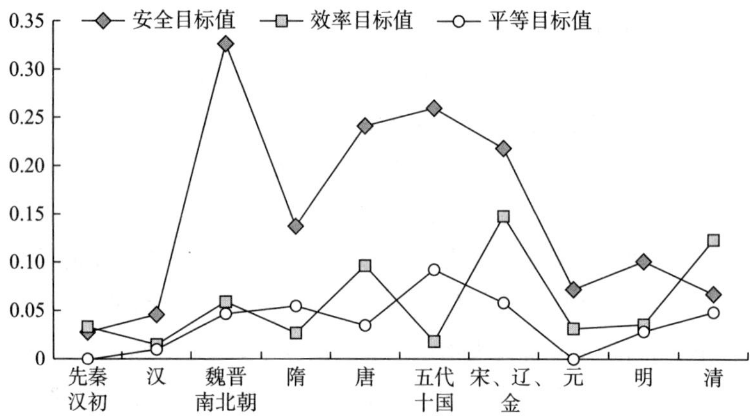

图 2　政府目标的强度值

2. 现代社会秩序受冲击的原因

从历史发展进程看，人类社会进入市场经济阶段后，伴随经济发展，维护和建立秩序的需求更加强烈。吕冰洋（2018）系统分析了市场经济发展对社会秩序的冲击。以自由竞争为特征的市场经济发展，一方面极大地释放生产力，另一方面也对原有社会秩序和政治制度造成严重冲击。现代人在获得自由和解放的同时，也要付出沉重代价，这个代价突出表现为社

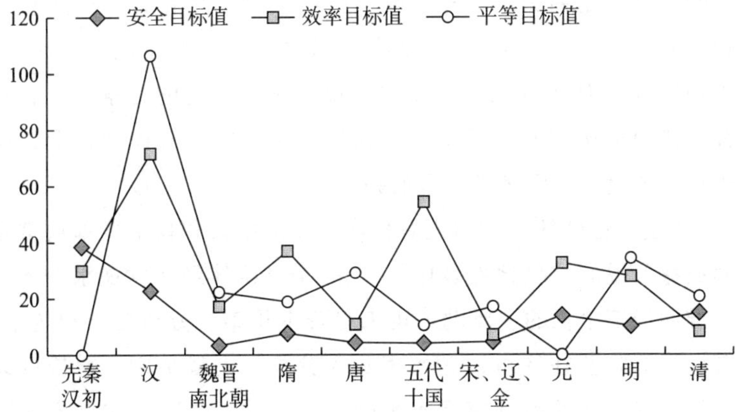

图 3　政府目标的实现值

会失序。

市场经济发展会破坏社会秩序的原因主要有以下三种。

第一，人和自然的商品化导致的经济从社会中脱嵌。波兰尼（2007）指出，市场经济发展分为两步，先是商品自由流动，然后是生产要素自由流动。商品自由流动可以增加人们选择的自由，并促使生产扩大，但是生产要素自由流动将产生一系列负面结果：要增加劳动力的流动性就需要增加工资的弹性、增加就业的波动；要增加土地的流动性就需要将人们驱离世代居住的家园，到城市里寻找工作；要增加资本的流动性，就要通过货币供给的涨落来改变收益预期，这样不可避免地对一些组织造成严重破坏。因此波兰尼总结，“一般而言，经济进步总是以社会混乱为代价的”。

第二，多元化利益格局形成导致的集体行动加强。市场经济本质上是一种自由的力量，在这种自由力量冲击下，国家对社会的政治与经济控制势必要逐步放松，社会领域会出现多元化的利益诉求，由此会涌现大量的社会组织。面对如此众多的社会组织，原有的国家支配社会的模式会逐渐瓦解。在政府权威退出的地方，不能简单地认为社会自我组织会自动建立良好的社会秩序，相反，它会使社会控制碎片化。在国家失去一部分对社会的控制时，社会会自发组织起来，形成强有力的集体行动载体，对政府权威可能造成挑战。在政治学者米格代尔（2009）的《强社会与弱国家：第三世界的国家社会关系及国家能力》一书中，通过对非洲社会发展事例的分析表明，大部分非洲国家的权力建制没有彻底渗透到村社管理层面，形成碎片化的社会控制局面，而这种社会控制主要掌握在各部落手里。如果出现这种局面，那么社会极易出现涣散且无序状态。在中国民国时期上海、天津等市场经济相对活跃地区，在政府权力频繁更迭的背景下，青帮、洪帮等黑社会势力迅速膨胀，这正说明如果政府不能有效控制社会，社会自然会涌现出有力量的组织来替代政府控制社会。

第三，“创造性破坏”冲击现有秩序。经济增长和技术变革通常伴随经济学家熊彼特所说的“创造性破坏”。当一个经济体经济发展水平还比较低的时候，推动经济增长的主要动力可来自资本积累、劳动投入和技术模仿，这时经济增长的收益往往可以为大多数人分享，也就是说，增长可以实现共赢。可是，当经济发展到较高水平时，要素投入的边际收益会递减到较低水平，此时持续的经济增长要求创新，而创新必然伴随创造性破坏进程。它在经济领域内的体现就是新技术替代旧技术、新产业替代旧产业，它必然同时产生受益者和受损者，它传导到社会领域就是破坏已有的社会结构，在政治领域内就是破坏已经建立起来的权力关系。这是一个打破稳定与重建秩序的过程。

市场交易范围的扩大、市场分工的深入、社会组织的活跃、政府间竞争的激烈，会使各市场参与主体信息不对称性提高，而不对称信息容易激发机会主义行为，为此，建立一个保证承诺有约束性并能强制执行的规则是非常有必要的。这需要政府对经济社会进行一系列控制，包括控制市场自由竞争带来的无序行为、控制市场领域对社会领域的侵入、控制地方政府间的无序竞争行为。

改革开放40多年来，我国逐渐由计划经济走向市场经济，国家治理的目标也发生了重大变化。在改革之初，国家治理以推动经济增长、实现四个现代化为主。但是随着改革的深入，我国社会发生了深刻的结构性变化，社会冲突层出不穷，社会秩序失范的现象屡见不鲜。如果说，改革开放后近30年时间，国家治理的重心是经济治理以满足人们不断增加的物质需要的话，那么，当前中国国家治理的很大一部分精力要集中在社会治理，以满足人们建立和谐有序的社会秩序需要。

实际上，“稳定压倒一切”和“建设和谐社会”这两个重要官方话语，生动地体现了国家治理中对秩序的重视。

（四）秩序依赖下的郡县制形成逻辑

每个国家的制度形成，都必定有它的历史逻辑，中国郡县制形成的历史逻辑是什么呢？我认为就在于中国自古以来国家治理对秩序的高度依赖。

前文指出，破坏秩序来源有内、外两种冲击，内部冲击是各种平衡的打破，外部冲击主要来自战争威胁。为避免政权在冲击下崩塌，政府需要组织动员社会力量来应对这些挑战，在当时历史条件下，控制动员社会力量的最好方式就是郡县制。

这里以军事挑战来说明这一点。中华民族经常受到外部入侵力量的压迫，来自战争上的威胁一直是历代政权面临的最严重的威胁。为了在军事竞争中胜出，政府必须建立良好的组织，必须限制地方的割据势力，为此，需要建立一个能够听从中央政府、组织严密的官僚体系。以春秋战国为例，在春秋时期，各诸侯国广泛采用分封制，在分封制下，政府能够动用的资源是有限的，因此在春秋时期，战争的规模一般都比较小，往往是几千人的规模。但是到了战国时代，不少诸侯国采用了郡县制，他们所能够动员的人力物力可以说是以指数级增加。因此在战国时代，能够看到的战争规模往往是几十万人，像长平之战，赵国参战士兵有 40 万人。秦国进攻楚国的时候，动员了 60 万士兵。这是分封制下不可想象的。

福山（2015）指出中国传统制度的特点、优势和形成原因。“现代国家的发展需要具体的策略，促使基于亲友的政治组织演化成非人格化的。中国是世界上第一个建立非家族制的现代国家的文明社会，比类似的政治单元出现于欧洲整整早了十八个世纪。中国国家建设的动力与近代早期的欧洲集权国家如出一辙，即普遍且持久的军事斗争。军事斗争激励统治者向人口征税，建立行政等级制度来管理军需，以功绩和能力而不是私人关系为前提指导录用和晋升。借用社会学家查尔斯·蒂利（Charles Tilly）的话，‘战争创造国家，国家发动战争’。”

郡县制的实行，一方面使政府组织动员能力大量增加，另一方面也使政府治理水平大大提高。在古代社会，不论是中国的分封制还是西欧的领主制，政府组织是建立在人身依附关系上的，官员可称为“家臣”，政府自然避免不了广泛存在的人身依附主义。而郡县制让中国较早地建立了非人格化的、组织良好的国家治理形式，横向历史比较，它实际上是较高层次的国家治理形态。借用明末思想家王夫之的一句话，那就是："郡县之制，垂二千年而弗能改，合古今上下皆安之，势之所趋，岂非理而能然哉？"

二　央地关系中的权力构成

（一）央地关系的权力架构

央地关系分为政府间行政关系和政府间财政关系，它们各自体现着政府间的政治关系和经济关系，这两大关系有着紧密联系。每一个关系、每一个关系中的每一部分，都会存在权力是该集中在上级政府还是该下放到下级政府的争论，即"集权"与"分权"之争。

一般来讲，如果上级政府特别是中央政府拥有较多权力，则称之为"集权"；如果下级政府拥有较多权力，则称之为"分权"。在市场经济条件下，中央政府无法独立处理所有公共事务，需要激励地方政府发挥靠近当地市场的优势，中央政府须给予地方政府更大的自主权才能激发地方政府的积极性。但是分权过度又会导致地方政府间过度竞争、妨碍统一市场形成、削弱中央政府权威等一系列问题。因而集权与分权各有利弊，其利弊分析引发了学界的大量研究。

笼统研究集权与分权的利弊是不够的，在研究集权与分权问题之前，我们必须对政府间权力进行分割和梳理。图 4 为当前政府间关系权力架构。

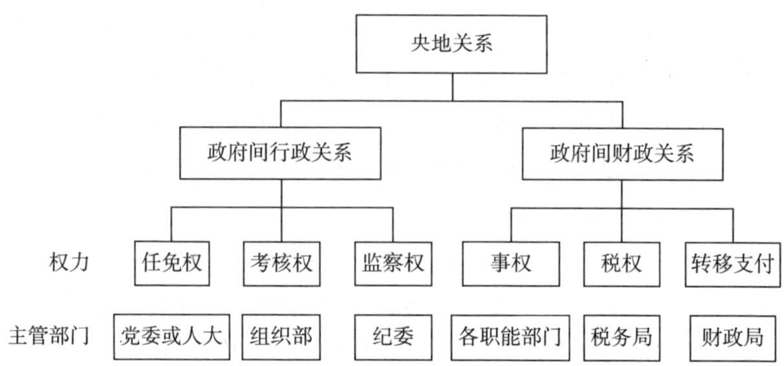

图 4　当前政府间关系权力架构

（二）政府间行政关系权力分配

在政府规模、政府级次和行政架构确定后，上级政府对下级政府可拥有的权力主要体现为三种：一是任免权，焦点是官员权力来自哪里，是上级政府任命、辖区居民选举，还是党内选举，或者其他；二是考核权，焦点是谁来考核官员，考核标准如何确定；三是监察权，焦点是各级政府行政是由谁来监督和处罚的。

1. 官员任免权

任免官员可采取自上而下或自下而上两种形式。如果由上级政府来任免下级政府官员，那么下级政府官员为得到任用或晋升，他的行为就要以上级政府的目标为导向。如果上级政府将官员任免权更多地赋予当地居民，譬如地方官员严格按选举产生，那么下级政府官员的行为就要以当地居民的目标为导向。

我国自秦朝以后，郡县制取代了分封制，官员队伍由贵族转为从地主或平民中选举产生，对此，历代采用的方式不同，如秦汉时有荐举和征召，魏晋采用九品中正制，隋唐之后采用科举制。但是，即使是在专制程度比较强的历史时期，上级政府拥有官员任免权也不意味着当地居民的偏好得不到有效表达。大多数朝代在选拔官员时，既重视官员是否符合上级考核标准，也重视当地居民、平级或下级官员的意见，即考察“政声”或“民意”。

官员选拔权有集权和分权两种模式：当官员由上级政府进行选拔时，它就比较体现集权特点；当官员由当地政府或人民选拔时，它就比较体现分权的特点。对于后者，地方官员既可能由地方首长任命，也可能来自当地居民选举。因此，自然就可以得出如下一个结论。

官员由谁来选拔和任免，谁就决定官员的偏好和行动方向。

这个结论正是孟德斯鸠所说：“权力只对权力的来源负责。”

2. 官员考核权

与市场行为相比，官员的行为更加多样，也更加隐蔽，官员的行为必须经过考核才能确认他的成绩，以决定是升迁、留用还是罢免。上级政府与下级政府之间存在大量信息不对称，上级政府为了最大限度地掌握地方官员的信息，往往会设置很多考核指标。考核指标决定着地方政府官员的行动方向，如果考核指标不合理，那么官员的行为就会出现较大的扭曲。

我国历朝历代，官员考核制度都是官僚政治的一个重要组成部分，中央政府不断改革考核办法以适应不断变化的现实。举例来说，在明朝开始时，制度规定，京官每六年“京察”一次，地方官每三年一次“大计”（均指考察）。但明代后期吏治腐败，这些制度流于形式。首辅张居正眼见制度变质后，对考核制度进行了一次重大改革，执行“考成法”，即在对各级官吏进行定期考察基础上，对其所办各事均要求在规定期限内办妥，即所谓“立限考事”“以事责人”。

官员考核权有集权与分权之分。当由上级政府考核下级政府的行政绩效时，就比较体现集权特点；当由地方政府人大、政府、群众等考核当地政府行政绩效时，就比较体现分权特点。

3. 官员监察权

为避免官员出现渎职、腐败、不服从等行为，政府需要对官员的行为进行监察。

监察权也有分权与集权之分。当由上级政府对下级政府官员进行监察时，就比较体现集权特点；当由地方政府内部进行自我监察时，例如由同级纪委监察同级各部门官员，就比较体现分权特点。

我国在长期实践中，不断探索如何完善监察机制。目前对官员的行为监察主要通过纪委部门完成，它一方面进行党的纪律检查，另一方面进行行政监察，其内容包括执法监察、廉政监察和效能监察。

任免权、考核权和监察权，这三种权力分割状况对官员的行为产生重要影响。任免权决定着官员的整体行动方向，考核标准决定着官员的具体行动方向，两者不一定保持一致。举例来说，上级政府拥有对官员的任免权和考核权，上级政府希望地方政府更多关注当地民生发展，例如在考核指标里将教育水平放进去，但是教育水平提高是一个难以度量和难以观察的标准，地方政府会将更多资源用于能够对任免产生重要影响的指标上，而这样的指标常常是显性的、短期能实现的指标，譬如说 GDP 和投资。如果拥有官员任免权的上级政府更多地体现个人意志，而个人意志又过多地夹带私利，如下级官员的忠诚或贿赂，那么任免权与考核权的集中就会出现更多的问题。

监察权用于纠正上级政府期待的地方政府执政目标与实际执政行为的不一致之处。监察权集权的好处是有利于通过行政手段迅速纠正地方官员的不轨行为，并使地方能够服从上级政府，但是不利之处是，监察权行使过多，会使地方政府疲于应付各种上级检查，行政效率会下降。

（三）政府间财政关系权力分配

政府间财政关系架构由三部分组成：一是政府间事权分配，政府间事权分配决定各级政府的行动边界；二是政府间财权分配，财权包括税权、收费权和债权等，以税权为主，政府间财权分配决定各级政府所能获得的收益多寡；三是政府间转移支付分配，当地方政府财政收入不能满足财政支出需要时，就需要上级政府通过转移支付来解决。大量文献所研究的财政分权问题，就是关系到这三方面内容的权力分配及所产生的问题。政府间财政关系架构如图 5 所示。

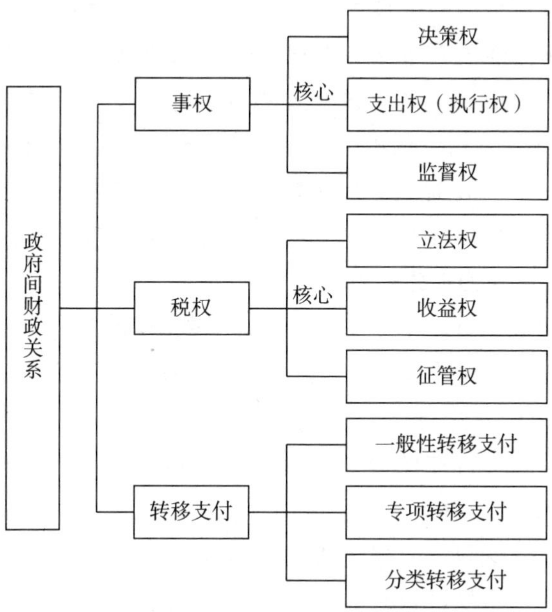

图 5　政府间财政关系架构

1. 事权

事权就是政府职能（楼继伟，2013）。事权包括决策权、支出权（执行权）、监督权三部分：决策权是关于做出公共事务决策的权力；支出权是关于负责财政支出的权力，也可说是财政支出责任，因为财政资金支出会伴随行动，因此它也可称为执行权；监督权是关于监督财政资金使用和管理的权力。事权通过各个政府职能部门与财政部门一起来实现，但是资金运转要通过财政部门。因此，事权既体现了政府间的行政关系，又体现了政府间的财政关系。

事权的三部分权力是可以在不同层级政府、政府不同部门间划分的。举例来说，上级政府让下级政府负责基础教育，但下级政府财力不足，实施基础教育的资金需要上级政府转移支付来解决。上级政府与下级政府的事权分配为：在决策权方面，上级政府决定教育标准或支出规模，如教师工资水平，地方政府也可能拥有部分决策权，如学生餐饮标准；在支出权方面，主要由下级政府负责支出；在监督权方面，上级政府或审计部门负责监督执行部门资金使用、责任落实、执行效果等。

事权中的监督权属于上级政府，不存在分配问题。决策权归属于哪一级政府要依公共事务的外部性来确定，属于全国性公共事务应由中央政府来决策，属于地方性公共事务应由地方政府来决策。如果属于跨区域的公共事务应由中央政府来决策，如跨区域的河流治理就属此类。地方政府拥有决策权时就应承担相应的财政支出责任，其资金源自税收、转移支付、收费、债务等。中央政府拥有决策权时可以根据实际情况落实支出责任，如中央政府承担支出责任有效时应由中央政府来承担，地方政府承担支出责任有效时应由地方政府来承担。

在三种事权分配中，支出权是核心，它的分配代表着由哪一级政府负责财政支出，也即意味着政府履行相关政府职能。

2. 税权

税权是国家机关行使的涉及税收的权力的总称，它包括税收立法权、税收征管权、税收收益权。

第一，税收立法权。根据税法范围不同，税收立法权有狭义和广义之分。狭义的税法仅指经国家最高权力机关正式立法的税收法律，因此狭义的税收立法权仅指与制定税收法律有关的各种立法权限；广义的税法指各种有法律效力的规范性税收文件，包括税收法律、法规、规章等，因此广义的税收立法权包括各种具有法律效力的税收法律、法规、规章的立法权。

税收立法权一般由民选的代议机关拥有。例如，在美国，税收立法权专属于国会，总统在税收立法权只享有有限的否决权。国会两院通过的税法议案必须送总统签署，总统不同意，可以行使否决权，被否决的税法议案送回国会两院重新审议，如果国会两院再次以三分之二以上多数票通过法案，则该法案不需要再经总统签署而自动生效。日本、澳大利亚的税收立法权专属于议会。近代民主法治国家一般都将国家权力分为立法、行政、司法三个方面，并由不同的机关行使，行政机关和司法机关必须遵守立法机关制定的法律，不得代行立法职能。但是，随着经济的发展和社会的进步，社会经济关系日益复杂，民选代议机关很难胜任全部的立法任务，不得不将某些立法事项委托给行政机关完成，因此，委托立法成为西方国家立法的重要组成部分。但是，由于税收关系到国民财富的分配，对公民财产权利和经济生活有重大影响，因而各国大都在税收立法权的委任方面采取非常审慎的态度，一般不将税收立法权轻易授出，行政机关、司法机关不能参与税收立法或只能对公民权益影响较小的具体税收问题行使立法权。

第二，税收征管权。税收征管权是指税收管理权力，也称为税收行政权、税收执法权。税收征管权力由多项权力组合而成，包括：税款征收权、税收检查权、税收处罚权、税收减免权、税务行政复议裁决权等。税收征管权在税收工作中居于中心位置，它是税收行政工作或者税收行政活动的最直接、最显著的表现，对于有效地保障税款的筹集、保障资源从私人部门向公共部门的转移有着重要作用。

第三，税收收益权。税收收益权是指拥有税收收益的权力。税收收益权的划分直接关系到各级政府的财政收入规模及一系列政府行为能否得到财力保障，由此对一系列经济行为产生影响，例如地方政府为保护地方税源实行地方经济保护主义、为扩大税源而调整相关产业政策等。

在三种税权分配中，税收收益权是核心，因为各级政府最关注的是真正可以支配的税收多寡。

3. 转移支付

当地方政府财政收入与支出责任不匹配时，就需要政府间转移支付来弥补地方政府的财力缺口。一般而言，转移支付分为两类：一类是一般性转移支付（或称无条件转移支付），它主要用于弥补和均衡地区间财力差距，它按地区经济发展水平、公共服务成本等因素分配资金，中央政府不指定资金用途，它主要用于缓解中央和地方之间纵向财政不均衡的问题，保持地区公共服务均等化；另一类是专项转移支付（或称有条件转移支付），是按项目设计、中央政府严格指定资金用途、地方政府必须依照中央政府的要求将资金用在事前约定的公共支出上的转移支付。这两类转移支付是世界各国普遍采用的转移支付形式。

实际上，在一般性转移支付和专项转移支付之间，还有一类转移支付——分类转移支付。它是按因素法分配与按项目法分配的结合，举例来说，中央政府通过测算确定了某地区的教育支出的缺口，为弥补这个缺口增加对这个地区的转移支付。它限定转移支付资金只能用于教育上，但并不限定它是用于教师工资还是校舍改造，就是说它与一般性转移支付相比，在使用上有范围限制；但与专项转移支付相比，又不限定于具体项目，有较大的自由度。

央地关系，本质上就是政府间关于行政和财政的各种权力的分配关系。

三　国家能力理论及对政府间关系的影响

（一）国家能力的核心：市场增进能力与组织动员能力

中国共产党第十八届三中全会指出，中国改革的总目标定位是“推进国家治理体系和治理能力的现代化”。要实现该总目标需要国家能力的支持，国家能力是国内外社会科学普遍关注的一个核心概念，它对国家治理水平有着至关重要的影响。那么，什么才是国家能力的核心呢？

国家能力的概念原型最早出现在社会学家和政治学家的著作中，随着20世纪末期制度经济学的蓬勃发展，国家在经济中的作用得到了广泛的重视。但对“国家能力”一词的精确含义，不同学者有着不同的见解。米格代尔（2009）将领导人的意志作为国家意志的代表，认为“国家能力是国家领导人运用国家机构让人民去做领导人希望它们做的事情的能力”，并且将国家能力详细分为“……渗入社会的能力、调节社会关系、提取资源，以及以特定方式配置或运用资源四大能力”。Besley 和 Persson（2009）认为政府提供的法律能力和财政能力代表国家能力，并称这两者是“繁荣的支柱”。亨廷顿（2015）把“容纳变迁的能力”作为国家能力，Acemoglu（2016）把政府的基础设施提供能力作为国家能力。

本文认为，国家能力的核心有两个：市场增进能力和组织动员能力。

1. 市场增进能力

市场经济是配置资源最有效的方式，如果政府能够增进市场的功能，那么一个经济体必定是充满活力的。市场虽然是偏经济的概念，但是自工业革命以来，人类波澜壮阔的历史说明了，只要是市场经济发展了，那么在市场经济驱动下，人作为流动性的生产要素，他们的自由会随着市场经济发展而不断扩大，社会的流动性也会大大增强。市场经济的发展，必定会融化原有的僵化的社会管理体制，最终会不断增加社会的活力。正因为如此，即使是作为主流的新古典主义经济学，为市场自由而辩护时，虽然也求助于效率，但更根本的论据还在于这样一种观点，即“市场保证了个人自由本身”（弗里德曼，1986）。中国改革开放以来的社会变迁进程说明了这一点。

为提升市场增进能力，政府该做些什么呢？对此，制度经济学家奥尔森（2014）创造出一个“市场增进式政府”（market-augmenting government）概念。他认为，经济成功有两个条件，一是要求可靠而清晰界定的权利，二是不存在任何形式的巧取豪夺。政府如果能够满足这两个条件，那么这种政府就是“市场增进式政府”。一个政府如果有足够的权力去创造和保护个人的财产权利，并且能够强制执行各种契约，与此同时，它还受到约束而无法剥夺侵犯私人权利，那么这个政府便是一个“市场增进式政府”。

2. 组织动员能力

不论古今中外，任何国家都会面临着内外危机的冲击，为应对这些危机，就需要提高国家的组织动员能力。同时，当国家试图有所作为时，例如拓展领土、完成国家经济发展计划，组织动员能力就必不可少。对中国这样的一个国家而言，提高组织动员能力对国家建设尤其重要。

翻开中国二十五史，可以说每一页都记载着各类危机的发生与应对，这些危机处理不好，就会影响社会稳定甚至政权生存。历代王朝，无不为应对这些危机而绞尽脑汁，往往是政府的组织动员能力发挥得好，就有助于克服这些危机，发挥得不好，危机就会扩大甚至最终导致王朝覆灭。而在汉唐王朝这样具有较强主动性的时期，政府对社会力量的组织和动员也往往比较成功，国家呈现蓬勃旺盛的生机。而在宋明之后，中华民族逐渐趋于保守和内敛，国家更强调控制能力而较忽视动员能力。而到了现代，中国共产党通过坚定的信念、严密的组织，在保持对社会的强大控制能力的同时，也极大增强了社会动员能力，正如毛泽东词中所写“唤起工农千百万，同心干”，由此产生了改天换地的磅礴之力。

王国斌（2008）在研究中国历史上国家治理目标时指出："中国的国内秩序依赖有效的社会控制——这种认识，是中国政治古训以及而后历代政治实践的一大特色。对中国国家的主要威胁不是外力入侵，而是内部瓦解。因此，维持与重建国内秩序，既是国家的主要考虑，又是其行政力量投付最多的方面。"

重视国内秩序，重视社会控制，这是历代王朝在国家治理中的普遍性做法。

如果说，在封建社会，政府发展经济的愿望并不那么强烈，政府控制社会的目标是重视社会稳定以及便于动员力量应对危机的话，那么，在面临激烈经济竞争的现代社会，政府还会重视组织动员能力吗？

前文指出，中国封建社会存在安全依赖、水利依赖和救灾依赖，由此强调国家的组织效率。在现代社会，虽然国家的水利依赖和救灾依赖相对减弱，但是政府仍有可能为经济赶超或为实现社会公平等目标或为应对像2020年全球新冠肺炎疫情冲击那样而重视组织动员能力的建设。中国从新中国成立开始，就长期以经济赶超为目标，为此要组织和动员社会各种资源投放在政府认为应优先发展的重化工业、国防工业等。政府为了提高组织效率，对农业生产体制、工业生产体制、价格体制、金融体制、外贸体制实施干预导致的一系列市场扭曲在所难免，而且由于制度惯性的作用，政府干预带来的市场扭曲对现行经济运行仍有重要影响，这在金融垄断、户籍管制、城乡社会保障制度分割等现象上都有明显体现。

在改革开放后，中国逐步迈入市场经济，但是市场经济的发展对原有社会秩序造成了严重冲击，从中国近30年狂飙突进的经济发展中，我们不难看到这一点，例如大量国有企业职工下岗、农民被迫进入城市打工、土地不断遭到城市扩张的侵吞等。为应对这些冲击，仍需要政府有强大的组织动员能力，以防护经济对社会的剧烈冲击，例如，建立大范围的社会保障制度、划定耕地红线、谨慎推进土地制度改革等。

实际上，市场力量越是被充分动员起来，就越是需要政府有良好的组织以维持社会的稳定与市场的动转。2020年新冠肺炎疫情蔓延全球，以美英为代表的发达国家的表现令人大跌眼镜，截至2020年10月2日，美国累计确诊感染新冠肺炎总人数为749.5万人，死亡121.3万人，而英国感染人数是46.5万人，死亡4.2万人，就连两国总统也是感染者。之所以如此，以国家能力的观点看，这些国家过于重视通过鼓励个人自由来增强市场功能，而对国家组织动员能力建设不足。与之相比，中国在疫情中经受住了考验。按理，中国在与各国比较中，面临的防疫形势最为严峻：首先暴发，信息有限，人口最多，暴发时正逢春运。然而中国在经历武汉紧张的抗疫战后，政府越来越娴熟地利用现代信息技术和网状社会治理结构，将疫情牢牢地控制住，社会秩序和市场力量也均得以逐渐恢复。这是国家能力的两面互相促进的绝好例证。

周庆智（2014）用了大量的历史材料证明，中国现代国家建构是一个不断加强权力对经济社会生活全面渗透的过程，地方政府政权建设着重于两大能力建设，一是大规模汲取财税能力，二是对社会的全面主导和控制权力。这实际上是强化国家组织动员能力的一种体现。

（二）提升市场增进能力的路径

为提高国家的市场增进能力，政府应做到以下三点。

一是公共产品提供。在一些领域，市场存在失灵已是经济学界的共识，对此，政府应提供公共产品弥补市场失灵。例如，像高铁、通信卫星等基础设施，由于存在较强的外部性，由私人部门提供的话无法实现收益与成本的平衡，政府提供后会降低私人部门交易成本、加快市场融合，从而增进市场的功能。

二是产权保护。市场经济是自由的经济，包括商品流动的自由和生产要素流动的自由，在自由经济中，政府要保证交易活动能够正常进行，市场活动不会被偷窃、抢劫、违约等中断，需要政府对正常的市场活动予以法律保护。在制度经济学那里，国家相当于在市场交易活动背后的“第三方”，因为没有产权的法律保护，交易双方无法产生稳定的预期，交易活动就会中止。并且，随着市场交易范围的扩大和纵向一体化程度的加深，国家的法律保护能力要相应加强（巴泽尔，2006）。

三是权利开放。市场经济是一个弥散着复杂信息、广泛分工的经济，在这样的经济中，必须激发各个经济主体的活力才能增进市场功能，也就是说，要进行权利开放。诺思等（2013）将社会秩序分为两种，即权利限制秩序（the limited access order）和权利开放秩序（open access orders）。在权利限制秩序中，人际关系是重要的；在权利开放秩序中，人际关系仍然是重要的，但没有人际联系的各式人等——通常称之为公民（citizens）——在广阔的社会行为领域里互动，而无需确切地知道各自的身份。要建立权利开放的社会秩序，政府要做到两方面：一是中央政府向地方政府权利开放，激发地方政府积极参与地方事务治理的积极性；二是政府向社会权利开放，允许企业、个人和社会组织参与更多的经济和社会事务。

（三）提升组织动员能力的路径

为提高国家的组织动员能力，政府应做到以下四点。

一是社会控制。罗斯（1989）较早地分析了社会控制与社会秩序的关系，认为在现代社会，为避免“人与人的战争”状态，需要进行一定的社会控制。在社会控制中，国家层面的社会控制不可缺少，“只有在社会控制高度集中时，一个强而有力的国家才能出现”（米格代尔，2009）。实现社会控制的意义有三：避免市场经济原则侵入社会，形成资本支配下的“市场社会”；避免社会组织发展成为一种挑战政府权威的力量；能够及时应对国家层面的危机。

二是宏观调控。市场经济运行不可避免地出现经济波动，这种可能的经济波动来源有：供需失衡、外部冲击、创造性破坏、产业结构的转换等。为避免经济波动对经济和社会造成剧烈冲击，政府需要进行宏观调控。在宏观调控中，既需要动员力量，也需要控制力量，两者是辩证统一的，没有控制就谈不上动员，在动员力量后更需有效地控制力量，它包括经济力量和政治力量。

三是政治集权。要提升国家的组织和控制能力，势必要求实行一定的政治集权，这实际上是近些年来一些著名学者所强调的主题。如阿西莫格鲁和罗宾逊（2015）指出，“包容性政治制度”体现在足够集权和多元化两点上，韩国和美国成功的关键不仅在于具有多元化的政治制度，而且还在于它们是足够集权和强有力的国家。福山（2015）指出，构成政治秩序的三个重要因素之一，是国家是中央集权且等级分明的组织。

四是财政汲取。财政收入是政府施政的保障，也是在国与国竞争中让国家能够胜出的关键。但是提高财政汲取能力并不意味着一味地提高税率，而是要让财政收入能够支撑国家目标的实现且不会增加社会对政府征税的抵触。在理查德·邦尼主编的《欧洲财政国家的兴起：1200～1815年》一书中，指出英国之所以能够在激烈的国际竞争中胜出，关键是英国国家税收逐渐由依赖间接税转变为越来越频繁地征收直接税，税收收入不断增长并能支撑巨大的军事开支。

国家能力的支柱及实施手段如图 6 所示。

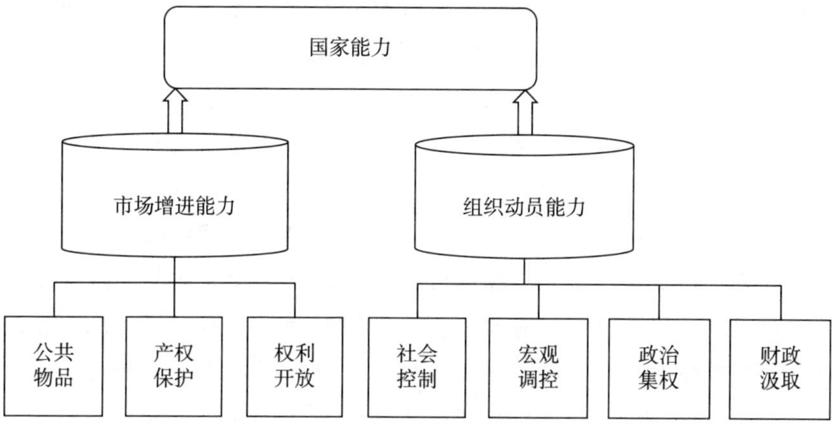

图 6　国家能力的支柱及实施手段

（四）央地关系对国家能力建设的影响

央地关系连接着两头关系：一头连接着中央政府与地方政府之间的关系；一头连接着地方政府与基层社会之间的关系。政府间关系的形式会对国家能力产生根本性影响。

1. 央地关系对市场增进能力的影响

提升市场增进能力，要通过公共产品提供、产权保护和权利开放三个途径来完成，央地关系会影响到这三个途径。

第一，央地关系对公共产品的影响。这种影响表现在两方面：一方面是政府间事权的划分会影响到不同层级政府的公共产品提供范围，一般来讲，外部性越强的公共产品，越应该由上级政府来提供；另一方面是政府间财政关系的安排会影响公共产品的提供效率，如果是安排不当，比如说让地方政府提供不具有信息优势的公共产品，那么公共产品提供的效率就会降低。

第二，央地关系对产权保护的影响。要发展市场经济，就要对私人产权进行有效保护。但是，如果政府不受约束，政府总是倾向扩大自己的财政收入，就会向市场伸出攫取之手。政府间关系就是约束地方政府行为的一个重要制度性安排。如果政府间收入划分安排不合理，那么地方政府就很有可能运用它的权力，向市场攫取资源，对市场经济的法律保护程度就会降低。举例来说，我国分税制改革后很长一段时间，县乡财政出现了较大的困难，在正常财政收入不能满足财政需要的情况下，地方大面积出现了“乱收费、乱罚款、乱摊派”的“三乱”情况。

第三，央地关系对权利开放的影响。有效的市场经济，一定是权利开放的市场经济。前文指出，权利开放包括中央向地方开放权利以及政府向社会开放权利两个方面，政府间事权安排会同时影响两者。举例来说，如果教育事权全部上收到中央政府，那么地方政府就没有积极性搞好当地教育。而教育是属于介入私人物品和公共产品之间的混合物品，需要政府与社会联合提供。如果地方政府没有积极性搞好当地教育，那么也就无法激发社会的积极性参与教育事业建设。我们常说要“发挥中央和地方两个积极性”，如何发挥地方的积极性？那就是要让更多的权利向地方开放。

2. 央地关系对组织动员能力的影响

国家的组织动员能力体现在财政汲取、社会控制、宏观调控、政治集权四点，政府间关系对它们都有影响。

第一，央地关系对财政汲取的影响。财政汲取需要调动各级政府的积极性才能完成。以税收为例，如果税收征管成本很高，或者地方政府从税收中得到的收入很少，那么地方政府征税的积极性就会降低，国家财政收入就会受到影响。

第二，央地关系对社会控制的影响。作为一个大国，社会控制更多地体现在对基层社会的控制，而完成对基层社会的控制不可避免地需要地方政府的积极参与，央地关系形式会影响地方政府对基层社会的控制意愿与控制能力。社会控制包括服从、参与、合法性三个层级：初级是服从，政府执政的强度取决于公众遵守其要求的程度；中级是参与，通过组织公众在国家机构制度范围内完成特定任务来增强实力；最高等级是合法性，合法性是指认同国家的游戏规则和社会控制是真实且正确的，认同国家理念下的象征秩序是民众自己的价值体系（米格代尔，2013）。地方政府的行为对这三个层级都有影响。举例来说，如果将房地产税与个人所得税作为地方税，那么地方政府就会掌握辖区内当地居民的财产与收入信息，进而也就能掌握当地居民的行为信息。对自然人征收的直接税，实际上是政府与社会互动的一个良好媒介，政府与社会的互动会促进地方政府治理水平的提高。

第三，央地关系对宏观调控的影响。宏观调控是中央政府的职能，但是地方政府的行为会对宏观调控的效果产生重要影响。当央地关系的一些制度设置不合理时，地方政府就有可能在宏观调控问题上与中央政府“拧两股劲”。举例来说，我国 1994 年分税制后很长一段时间，房地产市场的发展对地方政府财政收入至关重要。我国中央政府几次在全国性房地产市场比较过热、房地产投机比较旺盛的时候，采取种种措施进行房地产调控，但是这与一些地方政府的利益相悖，不少地方政府出台各种形式的与中央调控政策的对冲措施，以鼓励当地房地产投资。

第四，央地关系对政治集权的影响。这几乎是无需证明的命题，中央政府集中更多的人事权、税权和事权，无疑会增强中央政府的权威。这是在中国漫长的历史中反复被证明的事实。我国改革开放以来的政府间财政关系调整更清楚地显示了这一点：在分税制改革之前，我国的财税体制采用“分灶吃饭”的办法，地方拥有的财政自主权比较大，中央财政收入占全国财政收入的比重一路下滑，最低年份仅为 22%，中央政府的权威也就随着下降。分税制改革之后，中央政府拥有主体税种的征管权和收益权，中央财政收入占全国财政收入的比重迅速上升到 55%，中央的权威也就随之树立起来。

通过以上分析，可以看出央地关系对国家能力的影响是多个渠道的。并不是说集权就一定会降低市场增进能力，例如通过中央集权来推动统一市场建设就有助于激发市场活力；并不是说分权一定会降低组织动员能力，例如税权下放就有助于地方政府控制基层社会。因此也并不是说：当国家考虑活力目标时，就需要分权；当国家考虑秩序目标时，就需要集权。如果坚持这样笼统的固有思维，那么央地关系构建就会陷入无解状态，本文的写作也就失去了任何意义。

四　秩序目标下的分权命题

（一）实现秩序的手段

为实现社会的安全与稳定，政府就需要增加组织动员能力以提高组织效率。动员社会力量的原因很好理解：一盘散沙的社会无法应付外敌入侵、突发灾情等。控制社会力量的原因是随着经济社会的发展，各种社会力量的对比会发生变动，进而威胁整个社会秩序。至于明确民众权利以及与国家的权力关系，则不为传统和现实所支持，也相对不那么要紧。由此可归纳出秩序命题一。

秩序命题一：秩序的实现需要动员和控制社会力量。

（二）秩序目标对政府行为扭曲的影响

在幅员较大的国家，中央政府要实现对社会力量的动员和控制，不可避免地要通过地方政府完成，因而中央政府必须赋予地方政府一些权力。赋予地方权力随之会产生两个问题：一是地方政府在权力行使过程中偏离中央政府目标；二是地方政府权力过大可能会对中央政府造成权威挑战。为此，中央政府需要有力地控制地方政府，其重点会放在人事、财力、军事等的控制上。

以中国为例，历史上曾探索过多种处理中央与地方关系的制度。在秦汉之前，以周朝为代表采取以血缘为纽带、分封诸侯的方式来治理地方事务，但是这种治理方式不可避免地存在“后属疏远”问题，中央对地方的控制力会逐渐下降，最终引发春秋战国长达549年的大分裂和大动荡。因此秦始皇灭六国后首推废分封制而行郡县制，如柳宗元在《封建论》中所说“秦有天下，裂都会而为之郡邑，废侯卫而为之守宰”，郡、县长官均由朝廷任免，不得世袭。郡县制的实行达到两方面效果。一方面，中央政府加强了对地方政府的控制，典型表现在地方对中央权威的挑战大大降低，如柳宗元在《封建论》中赞叹道，汉朝时“有叛国而无叛郡”，唐朝时“有叛将而无叛州”。另一方面，国家的动员能力大大增强，修长城、挖运河、出击匈奴等行动，动辄可以组织百万人以上的规模，这在分封制下是不可想象的。

中央对地方的人事和财力控制加强的一个自然后果是，上级政府的偏好比辖区居民的偏好更能影响地方政府的行为。官员追求的重要目标是升迁和预算权力最大化，这两方面分别对应着人事权和财权，当辖区居民对官员罢免和财政收支规模无法形成有效制约的话，那么地方官员对上级政府会形成高度依赖。地方官员为保持禄位，会专伺上级政府意图办事而不顾实际治理效果。

地方政府权力的行使方向会影响辖区的社会活力。历史学家杜赞奇（Prasenjit Duare，2010）在研究 1900 ~ 1942 年中国华北农村的文化、权力与国家关系时指出，国家权力渗透到基层应该建立在各种文化（如宗族、信仰等）的网络基础上，为此提出了一个重要概念“权力的文化网络”。当地方政府官员权力来源较少受辖区居民制约时，这意味着当地文化网络对官员权力影响较小，官员权力行使方向容易偏离辖区居民的偏好，也不会注重或经营权力行使的文化基础，也就不会积极采取措施激发当地社会活力。由此可归纳出秩序命题二。

秩序命题二：中央政府对地方政府的控制有助于提高组织动员能力，但会导致地方政府行为偏离辖区居民偏好，并且不利于激发社会活力。

（三）信息传递对活力与秩序的影响

中央政府赋予地方政府权力涉及政府间事权的分配，只有清晰地界定各级政府职能，才能避免政府间大量讨价还价行为，各项公共事务才能得以有效开展。

在事权分配中，信息是一个重要考虑因素。“在相互作用决策中，信息是一个至关重要的组成部分。交易行为和攫取行为都需要知道各方拥有什么，然后才知道交易什么和攫取什么”（巴泽尔，1997）。当由上级政府来决定事权分配时，上级要清楚地知道各项公共事务所需处理的信息，例如社会养老保险需要知道人们的年龄、生死、就业状况等信息。但是，信息获取和处理是需要付出成本的，巴泽尔（1997）指出：“由于信息成本，任何一项权利都不是完全界定了的。没有界定的权利于是把一部分有价值的资源留在了‘公共领域’里，公共领域里全部资源的价值也叫做‘租’。”

对地方性公共事务来说，地方政府显然比上级政府更具有信息比较优势。当由上级政府来决定信息比较复杂的事权分配时，事权就很难界定清楚，同时，地方政府有可能利用信息优势来提取“信息租金”。例如，向上级政府谎称公共事务的收益与成本，以取得来自上级政府更多的转移支付资金支持。

现代社会中，公共事务的复杂性大大增强，对公共事务的政府职能归属判别难度也随之增加。举例来说，中小学教育由于外部性强，提供中小学教育一般被认为是中央政府的职能。但是在中小学教育事务中，又分为教师工资、校舍改造、学生食宿等事务，教师工资涉及的无非是人员、年龄、职称等简单信息，完全可以由中央政府来管理，但是校舍改造和学生食宿等要处理的信息比较复杂，由中央政府决定所有事权分配时易造成资源配置扭曲。由此我们可得出秩序命题三。

秩序命题三：当由信息劣势一方决定政府间事权分配时，事权永远无法被清晰界定。

政府事权包括决策权、执行权、监督权三部分，地方性的公共事务一般由地方政府来执行，中央政府为了加强组织效率，可以将决策权和监督权集中在手中。决策、执行和监督均需要付出信息搜寻和处理成本，当地方公共事务信息复杂性较高和中央与地方信息不对称程度比较高时，中央政府就很难避免地方政府利用信息优势提取租金，也就很难避免决策扭曲和监督失效，组织效率会随之降低。

为了阻止组织效率下降，中央政府会采取三种典型措施：一是加强对地方的人事和财政控制；二是扩大对地方的监督范围和提高监督力度；三是缩小地方官员的任期。加强对地方的监督会带来官僚机构的扩张。仅以唐朝为例，中央派员督察地方的官员名称有巡按使、按察使、按察采访处置使、安抚使、存抚使、黜陟使、宣抚使、营田使、户口使、租庸使等众多名目，发展下去，就会出现顾炎武在《日知录》所说的“大官多小官少”、制度越来越复杂的局面。如顾炎武所说：“行一事焉，则虑其可欺，而又设一事以防其欺……故其法不得不密，法愈密而天下之乱生于法之中。所谓非法之法也。”

对此，制度经济学家巴泽尔（2006）将之类比于企业“纵向一体化”问题，他指出：“地方自治权的增加，与前面所讨论企业纵向一体化程度的降低相似，而且理由也相似……当地方当局和中央政府之间的功能划分变得更加困难，那么，更多的权力都会从前者转移到后者手中。这种变化与纵向一体化水平的增加是相似的，这时，冲突的利益就可以协调了，然而，这是以官僚机构的扩张为代价的。”

巴泽尔（2006）同时指出，减少在位者任期，会降低他的权力控制程度，并降低彼此建立联盟的机会。这会使地方官员的行为更加采取对上负责形式，对地方性公共事务处理能力和意愿下降，为履行职责不得不采取

“经纪人”方式。典型如中国的胥吏制度，胥吏是从唐代的“役法”中演变而来的，胥吏的收入不是来自国家，而是来自办事获得的“好处费”。胥吏们精熟行政细节和运作程序，在地方上有盘根错节的势力范围，使其职位实际成为自家的“封建”领地，形成史家所痛恨的“官无封建而吏有封建”现象。正如瞿同祖（2011）所说：“节制官员的结果，反而是造成胥吏和豪绅掌握了地方上的一切。”胥吏常常利用办事程序繁琐、官员不熟悉政务之机，把持地方事务，蒙蔽、妨碍、误导甚至胁迫上级，很难避免胥吏从“保护性经纪”向“营利性经纪”转变，导致地方经济和社会活力下降。

由此我们得到秩序命题四。

秩序命题四：中央政府的组织动员能力会随着信息复杂性和不对称性程度提高而下降，而中央政府为提高组织动员能力的努力会抑制地方活力，并使制度变得复杂、带来官僚机构扩张。

（四）政府相对规模对组织效率的影响

上下级政府的相对规模也是影响活力与秩序的关键因素。下级政府数量增多，意味着上级政府对单个下级政府相对力量（包括政治力量与经济力量）增强，下级政府对现行秩序的挑战力度变小，下级政府违背上级政府意图的可能性变小，组织效率得以提高。但是，下级政府数量相对上级政府数量过多，上级政府信息处理难度加大，有可能带来组织效率的下降。

我们还是以中国历史为例来说明这一点。秦汉之际是中国由分封制向郡县制转型的关键时期，在西汉初年仍采用大量的分封制形式，诸侯王拥有较大的权力，阻众抗命，从而对中央造成挑战。为此，汉朝思想家贾谊提出“众建诸侯而少其力”办法，即在诸侯王死后，将他的封地平均分给他所有的儿子，这样就可以把那些强大的诸侯国越分越小。“七国之乱”后，汉武帝实行“推恩令”，析王国为侯国，诸侯王对中央的威胁才基本得以解决。

中国基层政府单位是县，从秦建立县级行政组织至清代的两千多年间，一直没有发生变化，其数目也总在1500个左右。由于县所控制的区域和辖户较小，难以形成独立势力，因此在本级政权结构上相对稳定。但是中央政府不可能直接面对县级政府施令，需要有中间层级政府来收集和简化信息，而中间层级政府增多反过来使信息传递链条加长，中央政府信息处理成本加大，也就难以避免信息扭曲和决策失误。中国历史上大多数王朝在初建时设为三级政府，基层为县，中间一层或为郡或为州或为省，但是过了不多长时间，三级政府就会演变成四级、五级甚至六级政府。中国历史上举凡刺史、总督、巡抚、节度使、按察使一类名词，开始都作为中央的临时特派官员，其对应的衙门为流动机构，可是官员与机构自古以来均是易立而难去，流动机构也就慢慢变成常设机构，大大增加了行政运转成本。我国地市政府和乡镇政府在开始时也是作为流动机构存在的，如地市级政府叫行署，首长叫行署专员，就是取其流动而非固定之意，之后慢慢演变成常设机构。

由此我们得到秩序命题五。

秩序命题五：地方政府层级增加、数量增多对组织效率存在正反两方面影响：正向影响是有利于维持现行秩序结构，反向影响是中央政府信息处理成本加大。

命题一至命题五说明，如果大国存在较强的秩序依赖，那么中央政府在确定央地关系时，就不可避免地在经济效率之外考虑组织效率，在各个制度与政策设计中就需要处理活力与秩序的一对矛盾。决定矛盾方向转化的重要原因在于信息复杂性与信息不对称性。

五　结论

本文根据中国历史实践，认为秩序建设是国家治理的重要目标，而要实现该目标需要国家能力的支撑，央地关系建设要有助于国家能力提升和秩序的稳定。主要结论如下。

第一，国家治理的两大目标是活力和秩序。中国国家治理思想中，“改革、发展和稳定”三者同等重要，秩序来自安全和稳定，为防止国家被外敌入侵或内部平衡力量打破而失去秩序，政府需要对社会力量进行动员和控制。中国自秦朝以来，就奠定了央地关系的郡县制框架，让中国较早地建立了非人格化的、组织良好的国家治理形式，其好处是有利于动员和控制社会力量，由此提高组织效率。

第二，国家治理依赖“国家能力”的支持，国家能力的两大支柱是市场增进能力和组织动员能力。提升市场增进能力的主要手段是提供公共产品、法律保护和权利开放，提升组织动员能力的主要手段是财政汲取、社会控制、经济宏观调控和政治集权。市场力量越是被充分动员起来，就越是需要政府有足够的权威维持社会的稳定与市场的运转。

第三，央地关系包括行政关系与财政关系，它的本质是政府间权力的分割。政府间行政关系包括官员选拔权、考核权和监察权三方面，政府间财政关系包括事权、财权和转移支付三方面。央地关系处理得当与否，对市场增进能力和组织动员能力有着重要影响。

第四，在秩序目标下，中央政府比较看重组织动员能力的建设。央地关系处理有五个重要命题：其一，秩序的实现需要动员和控制社会力量；其二，中央政府对地方政府的控制有助于提高组织动员能力，但会导致地方政府行为偏离辖区居民偏好，并且不利于激发社会活力；其三，当由信息劣势一方决定政府间事权分配时，事权永远无法被清晰界定；其四，中央政府的组织动员能力会随着信息复杂性和不对称性程度提高而下降，而中央政府为提高该能力的努力会抑制地方活力，并使制度变得复杂、带来官僚机构扩张；其五，地方政府数量增多对组织效率存在正反两方面影响：正向影响是有利于维持现行秩序结构，反向影响是中央政府信息处理成本加大。

参考文献

［1］曹正汉：《中国的集权与分权："风险论"与历史证据》，《社会》2017 年第 3 期。

［2］〔美〕道格拉斯·C. 诺思、约翰·J. 瓦利斯、巴里·R. 温格斯特：《暴力与社会秩序：诠释有文字记载的人类历史的一个概念性框架》，杭行、王亮译，格致出版社、上海三联书店、上海人民出版社，2013。

［3］〔美〕德隆·阿西莫格鲁、〔美〕詹姆斯·A. 罗宾逊：《国家为什么会失败》，李增刚译，湖南科学技术出版社，2015。

［4］邓云特：《中国救荒史》，商务印书馆，2011。

［5］〔美〕杜赞奇：《文化、权力与国家：1900—1942 年的华北农村》，王福明译，江苏人民出版社，2010。

［6］冯维江：《侠以武犯禁——中国古代治理形态变迁背后的经济逻辑》，《经济学（季刊）》2009 年第 2 期。

［7］〔美〕弗朗西斯·福山：《政治秩序与政治衰败：从工业革命到民主全球化》，

毛俊杰译，广西师范大学出版社，2015。

[8]〔英〕卡尔·波兰尼：《大转型：我们时代的政治与经济起源》，冯钢、刘阳译，浙江人民出版社，2007。

[9]〔德〕柯武刚、史漫飞：《制度经济学：社会秩序与公共政策》，韩朝华译，商务印书馆，2000。

[10]〔美〕Y. 巴泽尔：《产权的经济分析》，费方域、段毅才译，上海三联书店、上海人民出版社，1997。

[11]〔美〕约拉姆·巴泽尔：《国家理论：经济权利、法律权利与国家范围》，钱勇、曾咏梅译，上海财经大学出版社，2006。

[12] 刘尚希：《财政风险：一个分析框架》，《经济研究》2003 年第 5 期。

[13] 刘尚希：《财政改革四十年的逻辑本质》，《中国财政》2018 年第 21 期。

[14] 楼继伟：《中国政府间财政关系再思考》，中国财政经济出版社，2013。

[15] 吕冰洋：《“国家治理财政论”：从公共物品到公共秩序》，《财贸经济》2018 年第 6 期。

[16]〔美〕曼瑟·奥尔森：《权力与繁荣》，苏长和、嵇飞译，上海人民出版社，2014。

[17]〔美〕米尔顿·弗里德曼：《资本主义与自由》，张瑞玉译，商务印书馆，1986。

[18]〔美〕乔尔·S. 米格代尔：《强社会与弱国家：第三世界的国家社会关系及国家能力》，张长东、朱海雷、隋春波、陈玲译，江苏人民出版社，2009。

[19] 瞿同祖：《清代地方政府（增订译本）》，范忠信、何鹏、晏锋译，法律出版社，2011。

[20]〔美〕塞缪尔·P. 亨廷顿：《变化社会中的政治秩序》，王冠华、刘为等译，上海人民出版社，2015。

[21]〔美〕王国斌：《转变的中国：历史变迁与欧洲经验的局限》，王伯重、连玲玲译，江苏人民出版社，2008。

[22] 王沪宁主编《政治的逻辑：马克思主义政治学原理》，上海人民出版社，2016。

[23] 吴稼祥：《公天下：多中心治理与双主体法权》，广西师范大学出版社，2013。

[24] 周庆智：《县政治理：权威、资源、秩序》，中国社会科学出版社，2014。

[25] Acemoglu, D., Moscona, J., and Robinson, J. A., “State Capacity and American Technology: Evidence from the 19th Century”, *American Economic Review*, 106 (5), 2016: 61-67.

[26] Besley, T., and Persson, T., “The Origins of State Capacity: Property Rights, Taxation, and Politics”, *American Economic Review*, 99 (4), 2009: 1218-1244.

[27] Hayek, F. A., “Kinds of Rationalism”, in Hayek, F. A., *Studies in Philosophy, Politics and Economics* (London: Routledge & Kegan Paul, 1967).

国家治理现代化进程中的税制改革*

张　斌**

摘　要：现代税收制度的本质是税收治理的现代化，具有税收法定、公开透明、各税种协调配合、动态优化和征管高效等特征，包括税收理念和税收理论的现代化、税收治理制度环境的现代化、税法制定过程的现代化、税制体系的现代化和税收管理的现代化五个方面。发展中国家的税收现代化进程面临着国家治理与税收现代化相互制约的"两难困境"。中国的税收现代化进程具有鲜明的中国特色，未来要在总结经验的基础上，针对问题寻求加快建立现代税收制度的路径。

关键词：国家治理　现代化　税制改革　发展中国家　经济转轨

一　引言

党的十八届三中全会将全面深化改革的总目标确定为：完善和发展中国特色社会主义制度，推进国家治理体系和治理能力现代化。同时指出：

* 原文首发于《税务研究》2019 年第 4 期，标题为《国家治理视角下的税收现代化进程：共性、差异与路径》，经作者本人和杂志社同意，收录于本书。收录时作者对原文进行了修改，并增加了部分内容。

** 张斌，经济学博士，研究员，中国社会科学院大学副校长，主要研究方向为财税理论与政策。

财政是国家治理的基础和重要支柱，明确提出了“建立现代财政制度”的要求。党的十九大报告从全局和战略的高度，进一步强调要加快建立现代财政制度。税收制度是财政制度的重要组成部分，建立与国家治理体系和治理能力现代化相匹配的现代税收制度是中国特色社会主义进入新时代对税制改革提出的根本要求，推进税收治理现代化是增强税收在国家治理中的基础性、支柱性、保障性作用的必然要求。

回顾改革开放40年来财税体制改革的历程，我们已经基本建立了与社会主义市场经济相匹配的税制体系，下一步的税制改革要按照党的十九届五中全会提出的“完善现代税收制度，健全地方税、直接税体系，优化税制结构，适当提高直接税比重，深化税收征管制度改革”要求，在加快建立现代财政制度的框架内致力于推进税收治理的现代化。

当前，对现代税收制度的内涵、特征讨论较多，但更为重要的问题是如何按照国家治理现代化的要求推进税收现代化的进程，发挥好税收在国家治理中的基础性、支柱性、保障性作用。这不仅需要我们深入研究国家治理与税收的内在关联和税收现代化的共性规律，对于中国这样一个兼具发展中国家和转轨国家双重特征同时还拥有悠久历史文化传统的大国而言，“如何在发源于西方的现代化浪潮中走出一条既符合自身实际，具有中国特色，又对广大发展中国家有借鉴和示范作用的税收现代化道路”无疑具有重大的理论价值和现实意义。

二　现代化与国家治理

税收是国家凭借政治权力获得的收入，是国家履行职能的经济基础，马克思认为，“赋税是政府机器的经济基础，而不是其他任何东西”，“国家存在的经济体现就是捐税”。[①] 税收制度是国家与社会之间资源配置最重要的制度安排，决定了税收负担及其在社会各阶层之间的分配规则。这一规则不仅是一个国家政治权力结构的集中体现，同时也深刻影响着一国经济社会的发展。正如唐朝杨炎所说：“财赋者，邦国大本，而生人之喉命，天

① 《马克思恩格斯全集》（第十九卷），人民出版社，1963；《马克思恩格斯全集》（第四卷），人民出版社，1958。

下治乱重轻系焉。”①

（一）什么是“现代化”

应当说，制定并有效实施“好”的税收制度是任何时代、任何社会追求的目标。而在发源于西方的工业革命席卷全球、现代化成为世界各国都必须面对的挑战时，推进工业化进程并建立与之相适应的国家治理体系、提高国家治理能力就成为所有国家尤其是非西方国家最紧迫、最重要的任务。由于税收能力是国家资源动员能力的重要组成部分，也是影响国家与社会成员之间经济和政治关系基础性的制度安排，因此建立现代税收制度是一个国家现代化进程中的必然选择和必由之路。

要理解现代税收制度的内涵与特征，首先要对现代化有明确的界定。一般认为启蒙运动是西方步入现代的标志，而现代化是一个世界性的过程。现代化的社会首先应该是生产力高度发达、物质财富相对充裕、科学技术不断进步的社会。人类社会生产力的飞跃是从“工业革命”开始的，在经济领域，现代化表现为传统农业部门重要性不断下降、工业化不断发展的过程，而工业化的发展又进一步推动了城市化进程。可以说，工业化和城市化是现代化最主要的标志，其中工业化是现代化的核心内容。工业化导致的人类社会专业化分工的不断细化以及由此带来的知识的快速积累和科学技术的持续发展是现代社会的基本特征。工业化的发展也从根本上改变了人们的生产方式和生活方式，并由此造成社会组织形态和思想观念的巨大转变，带动着社会各个层面的现代化进程。而在这一进程中，贯穿始终的是人类知识的增长和科学技术的发展。如 C. E. 布莱克（1988）认为，“现代化”一词指的是近几个世纪以来，知识爆炸性增长导致的源远流长的改革过程所呈现的动态形式。它发源于那种社会能够而且应当转变、变革是顺应人心的信念和心态。

在这个意义上，现代化是人类“理性”不断增进的过程，从“理性”的角度认识现代化，可以把现代化看作一种心理态度、价值观和思想的改变过程，因此现代化的关键是人的现代化，人的现代化是国家现代化必不

① （宋）欧阳修、宋祁撰：《新唐书》，中华书局，1975。

可少的因素。如英克尔斯（Alex Inkeles）就将现代化过程视为“传统人”向“现代人”① 转变的过程，他认为：“一个国家，只有当它的人民是现代人，它的国民从心理和行为上都转变为现代的人格，它的现代政治、经济和文化管理机构中的工作人员都获得了某种与现代化发展相适应的现代化性，这样的国家才可称之为现代化的国家。”②

从整体和动态的角度来看，现代化既是结果，也是过程。现代化强调的是传统社会向现代社会的转变，涉及社会生活的几乎所有方面。也就是说，现代化是一个涉及经济、政治、社会和心理等多层面的“总体转变”，不同学科对“现代化”有不同角度的解读。但总的来看，相对于“传统”而言的“现代”描述的是一个基于生产力快速发展并继而影响整个经济、社会、文化、心理等多个领域，以“理性”为特征的具有“整体性”的社会状态。

现代化强调的是从传统社会向现代社会转变的过程。德赛（1996）将这些变化总结为：思想领域的变化，即现代化表现为新知，它可能探求自然现象和社会现象的合理解释；社会结构的变化，即现代化造成了家庭结构、制度结构等各方面的高度分化和专门化；政治变化，即国家主权的合法性来自民众的认可，政治权力广泛分布到各社会群体；经济变化，主要表现为现代产业经济取代了传统的农业经济；文化领域内的变化，即新文化观开始出现，新的人格定向、品质和特征开始形成等。

（二）从“统治”到“治理”

政治领域的现代化体现为从统治向治理的转变。一般认为，统治是政府依靠垄断性的国家权力对社会进行控制，治理则是各个社会主体运用公共权威来维护社会秩序。全球治理委员会将治理界定为各种公共的或私人

① 英克尔斯认为现代化具有 12 个方面的特征：（1）现代化人准备和乐于接受其未经历过的新的生活经验、新的思想观念、新的行为方式；（2）准备接受社会的改革和变化；（3）思路开阔，头脑开放，尊重并愿意考虑各方面的不同意见、看法；（4）注重现在与未来，守时惜时；（5）强烈的个人效能感，对任何社会的能力充满信心，办事讲求效率；（6）计划；（7）知识；（8）可依赖性和信任感；（9）重视专门技术，有意愿根据技术水平高低来领取不同报酬的心理基础；（10）乐于让自己和后代选择离开传统所尊重的职业，对教育的内容和传统智慧敢于挑战；（11）相互了解、尊重和自尊；（12）了解生活及过程。

② 殷陆君编译《人的现代化》，四川人民出版社，1985。

的个人和机构管理其共同事务的诸多方式的总和。它是使相互冲突的或者不同的利益得以调和并且采取合作性行动的一个持续过程。治理包括正式制度和规则，也包括各种非正式的制度安排，前者能够迫使人们遵守执行，后者则是在人们自愿同意或者符合其利益安排的基础上形成的。[①]

俞可平认为，统治和治理主要有五个方面的区别。其一，权威主体不同。统治的主体是单一的，就是政府或国家其他公共权力；治理的主体则是多元的，除了政府以外，还包括企业组织、社会组织和居民自治组织等。其二，权威的性质不同。统治是强制性的；治理可以是强制性的，但更多的则是协商性的。其三，权威的来源不同。统治的来源就是强制性的国家法律；治理的来源除了法律外，还包括各种非国家强制的契约。其四，权力运行的向度不同。统治的权力运行是自上而下的；治理的权力可以是自上而下的，但更多的是平行的。其五，两者作用所及的范围不同。统治所及的范围以政府权力所及领域为边界，而治理所及的范围则以公共领域为边界，后者比前者要宽广得多。

治理体制和治理行为主要体现国家的工具理性。治理是一种政治行为，它体现着一定的政治价值，但治理行为的技术性因素要重于其价值性因素。治理是实现一定社会政治目标的手段，相对于国家的统治体制而言，治理体制是一种工具理性。国家治理的理想状态是“善治”，是公共利益最大化的治理过程，其本质是国家与社会处于最佳状态，是政府与公民对社会政治事务的协同治理，或称官民共治。国家治理现代化包括国家治理体系现代化和国家治理能力现代化两个方面，国家治理体系是规范社会权力运行和维护公共秩序的一系列制度和程序，国家治理能力是指一个国家的制度执行能力，推进国家治理体系的现代化与增强国家治理能力，是同一政治过程中相辅相成的两个方面（俞可平，2014）。

三　现代税收制度与税收治理现代化

（一）国家治理现代化对税收制度的共性要求

从国家治理和现代化的视角来看，我们可以归纳出现代税收制度应具

① The Commission on Global Governance, *Our Global Neighborhood: The Report of the Commission on Global Governance* (Oxford University Press, 1995).

有如下基本特质：一是合作性，即以政治权利的平等为前提，以协商共治为基础，调和不同社会阶层的利益形成共同目标并促使其采取合作性行动，这是基于强制和控制的传统税制与现代税制最重要的区别；二是科学性，即以“理性”为基础设计实施的税收制度作为政策工具能够有效率地实现预期目标；三是适应性，即税收制度能够根据经济社会的发展，为应对内外部挑战而进行持续变革和动态优化。

具体来说，现代国家治理要致力于依次解决以下五个层次的问题。

一是要实现现代国家的构建，近代以来建立在民族共同体观念基础上的民族国家的兴起以及民族国家间的竞争塑造和构建了现代国家形态，这是国家治理得以成立的前提条件。

二是现代国家治理要建立能够团结社会各阶层达成共识、确定国家发展目标及其排序的体制机制，这一体制机制凝聚社会共识、进行目标确定和排序的过程也应具有较高的效率。

三是在确定国家目标和目标排序后，现代国家治理体系能够制订出科学的、切实可行的具有操作性的实施计划和方案。

四是要有高效的组织体系、优质的人力资源和先进的技术手段，在社会各阶层合作的基础上高效贯彻落实各项计划和方案。

五是面对内外部环境的变化和挑战，现代国家治理要有贯穿政治决策、方案制订和执行全过程的评估、反馈、回应和纠错的机制和能力。

需要强调的是，“理性”或者说科学性是国家治理现代化的必要条件，但从民族国家的兴起及其现代化的历史进程来看，我们要充分认识理性的局限和过度强调理性的危害。[①] 以苏联为代表的通过计划经济体制推进现代化的历史教训说明，建立在专业化分工基础上的现代社会的发展和进步要依赖持续的知识积累和创新，在知识和技能高度分散的现代社会，计划经济不仅难以保证计划的科学性，更为重要的是计划经济无法尊重并激励社会成员的创新活力，难以实现经济社会的持续发展。因此，至少从目前的历史尺度来看，市场经济作为资源配置的决定性机制是国家治理现代化的必要条件。在这个意义上，税收的现代化也就成为国家治理现代化不可或

① 有学者将现代化进程中过度强调理性的倾向称为“极端现代主义”。〔美〕詹姆斯·C. 斯科特：《国家的视角：那些试图改善人类状况的项目是如何失败的》（修订版），王晓毅译，社会科学文献出版社，2012。

缺的重要组成部分。

（二）现代税制变迁的特征[①]

从技术条件看，经济的货币化、现代信用体系的完善以及宏观经济统计技术和微观会计核算水平的提高实现了政府对经济社会事务的“数目化管理”，使政府度量税基的成本大大下降，尤其是有限责任制度下财务会计制度的建立和现代信用体系的完善，使政府能够以较低的成本掌握处于流动状态的收入和财产变动，因此可以对交易活动、公司的利润（净收入）以及个人的收入有效征税。这是现代税制体系得以建立的经济和技术基础。

从税收的功能看，与传统社会和现代早期战争等临时性、应急性因素在税制变迁中发挥重要作用的机制不同，随着政府职能的扩张和复杂化，税收作为政策工具在实现政府长期政策目标（如节能减排、促进高新技术发展）和应对经济波动中扮演着越来越重要的角色，而政府与市场关系的调整在很大程度上主导了税制变迁的进程，凯恩斯主义、供给学派及新自由主义等不同的经济学流派政策影响力的变动往往对税制改革产生直接而重大的作用。

从内部来看，税制变迁的博弈模式[②]日趋完善，对政府及其征税代理人（税务机关）的行为构成了比较有效的约束，税收法定主义、税收诉讼和税收公投等一系列制度安排使纳税人更多地参与名义税制的制定过程，特殊利益集团的税收特权被大大压缩，名义税制更为公平且得到了比较有效的执行。

从外部因素看，民族国家的激烈竞争、冷战时期东西方阵营基于意识形态的竞争以及冷战结束后全球经济一体化的发展对各国都产生了巨大的外部压力，这些压力既表现为意识形态层面社会主义思潮对公平观念的影响以及各国人民生活水平和福利制度的横向对比产生的税制变迁压力，同

---

① 张斌：《税制变迁研究》，中国社会科学出版社，2014。

② 税制变迁的模式可以分为政府、征税代理人（税务机关）、作为个体的纳税人的三方博弈模式，政府、立法机关、征税代理人（税务机关）、作为个体和作为公民的纳税人的四方博弈模式，增加了司法机关对税收行政法律法规司法审查的五方博弈模式以及增加了税收公投后的拓展的五方博弈模式。对税收博弈模式的分析参见张斌《名义税制、实际税制与税制变迁模式的演进》，载施正文主编《中国税法评论》（第 1 辑），中国税务出版社，2012。

时也表现为各国追求经济增长和资本全球流动下产生的税收竞争、税收协调和税制趋同。可以说，外部因素在税制变迁中发挥着越来越重要的作用，在某种意义上，这是现代社会与传统社会税制变迁最大的差异。

综上所述，现代税制变迁模式的特征可以概括为：政府和公众普遍接受了为应对内外部挑战需要进行持续的税制改革的观念，经济的发展和科学技术的进步也为税收工具的选择提供了更大的空间，传统社会中由经济和社会缓慢发展以及战争和社会危机导致的自发性、被动式的税制变迁被更为主动的税制改革所替代。

（三）现代税收制度的基本特征

中国特色社会主义制度与西方政治制度有着本质的区别，但从市场经济发展的一般规律的角度分析，我们可以以西方成熟市场经济国家的税收制度作为现代税收制度的参照系总结和归纳与成熟市场经济体制相适应的现代税收制度的基本特征。这些特征可以概括如下。

第一，税收法定主义是税收立法的基本原则。在市场经济条件下，税收制度是政府与市场分配关系的重要基础性制度，为了规范政府的征税行为，限制政府的随意征税权，由立法机关掌握税收立法权，实施税收法定主义是税收立法的基本原则。

第二，预算法定和财政收支的公开透明是纳税人自愿主动纳税并有效参与税收治理的制度基础。现代财政制度所要求的税收法定与预算法定是相辅相成的，税收治理的现代化离不开财政支出的法定和公开透明，只有同时实现预算法定和财政收支的公开透明，使纳税人的税收负担与所享受的公共服务相联系，才能真正促进纳税人自愿主动纳税。在这个意义上，税款使用的民主化、法治化是税收治理现代化的重要制度基础。

第三，在发挥好税收筹集财政收入作用的基础上，根据税种属性构建各税种各司其职、协调配合、功能齐全的复合税制体系是现代税收制度的基本要求。在市场经济条件下，税收不仅是政府筹集财政收入的主要手段，同时也是调节社会经济活动的重要政策工具，不同的税种在为政府筹集收入的同时具有不同的功能特征。随着全球经济一体化的发展，世界大多数国家或地区（经济体）均建立了复合税制体系以实现多重政策目标，尽管构成复合税制体系的各税种的名称和内容在各国之间有所差异，但从税制基本要素的角度分析，现代复合税制体系主要由以下税种构成：公司所得税、个人所得税、社会保障税（费）、对商品和服务普遍征收一般流转税和选择性课征的特殊流转税、财产税等。需要注意的是，现代复合税制体系是建立在工业社会基础上的，随着数字经济的发展，信息搜集和处理方式的根本性变革带来了税制重构的可能。

第四，税收制度是体现国家治理理念的基础性制度安排，公平和效率的权衡是推进税制改革的主要因素。现代税收制度不仅是应对经济危机、促进结构调整的政策工具，其更为重要的功能是体现国家治理理念的基础性制度安排。经济发展水平接近的西方成熟市场经济国家之间宏观税负水平和税制结构仍有较大差异，如美国、日本属于宏观税负水平较高且主要依赖直接税的国家，而北欧和西欧国家的宏观税负水平普遍较高且间接税的比重相对较高，其中一个重要的原因是社会福利制度和福利支出的差异，而这与北欧和西欧国家民主社会主义政党的长期执政有密切的关系。税收制度实际上反映了一个国家主流意识形态和社会观念对公平和效率两者之间的权衡。20 世纪 80 年代以来新自由主义兴起引发的减税浪潮等一系列世界性税制改革，其背后也反映了公平和效率关系的重新调整。

第五，与现代税收制度相匹配的高效的现代税收管理体系使名义税制得到了较好的执行，法定税负与实际税负比较接近。税收治理现代化的关键在于，按照税收法定原则制定出来的“好”的税法要能够得到有效实施，税收征管对名义税制的扭曲较小，这就离不开高效的现代税收管理体系的建设。从税收治理的角度来看，现代税收管理与传统税收管理的本质区别在于：在税收征纳关系中，税务机关和纳税人都依据法律履行各自的权利和义务，税务机关依法而不是依靠不受约束权力征税。以纳税人自主申报制度为基础，“还权还责”于纳税人，树立税制运行全流程中纳税人和税务机关同等重要的、平等的主体地位是现代税收治理的基本理念。从税务机关的角度来看，采用现代化的税收管理技术和手段，持续推动机构设置和管理流程的优化，提高纳税人遵从度和税收管理效率是税收治理现代化的基本要求。

（四）税收治理现代化的基本框架

现代税收制度的本质是税收治理的现代化，两者的区别在于：现代税收制度是指税收制度应具备现代化的特征，强调的是制度建设的结果；而税收治理现代化突出的是“治理”理念，强调税收制度制定和执行全过程中的“协商共治”特征，主要体现为在税收立法环节拥有政治权利的纳税人通过立法机构参与税法的制定过程；在税制运行环节，作为行政相对人的纳税人与税务机关之间基于共同遵守税法构建的权利义务平等的征纳关系。

如前所述，制定出“好”的税法并使其得到有效实施是任何社会都追求的目标，而只有在现代社会，以政治权利的平等为前提，不允许任何特殊利益集团拥有凌驾于其他人之上的特权时，基于民主、法治、协商、共治、效率等原则的现代税收治理才有实现的可能。

以合作性、科学性、适应性为内在特质的现代税收制度，其外在的共性特征在不同的角度可以有不同的归纳，国内具有代表性的概括是国家税务总局提出的税收现代化的“六大体系”[①] 和十八届五中全会及《中华人民共和国国民经济和社会发展第十三个五年规划纲要》提出的“税种科学、结构优化、法律健全、规范公平、征管高效”五大特征[②]。从国家治理的角度，税收的现代化可以概括为税收理念和税收理论的现代化、税收治理环境的现代化、税法法治的现代化、税制体系的现代化和税收管理的现代化五个方面。其中，税收理念和税收理论的现代化是引领税收现代化的思想基础；现代化经济、政治制度的建立和完善是税收现代化的制度基础；税收法治、税制体系和税收管理的现代化则是税收现代化的具体体现。

税收理念与税收理论的现代化是税收治理现代化的思想基础，具有先导性作用，贯穿于税收治理的全过程，包括税收理念的现代化和税收理论的现代化两个方面。其中，税收理念的现代化反映的是民主、法治、公平、

① 2013年底，国家税务总局局长王军提出了税收现代化的“六大体系”，即“完备规范的税法体系、成熟定型的税制体系、优质便捷的服务体系、科学严密的征管体系、稳固强大的信息体系、高效廉洁的组织体系”，并于2016年3月在《求是》杂志撰文进一步对税收现代化“六大体系”进行了丰富和完善。2020年1月召开的全国税务工作会议提出了新“六大体系”，即坚强有力的党的领导制度体系、成熟完备的税收法治体系、优质便捷的税费服务体系、严密规范的税费征管体系、合作共赢的国际税收体系、高效清廉的队伍组织体系。

② 2015年10月，十八届五中全会提出了“建立税种科学、结构优化、法律健全、规范公平、征管高效的税收制度”的要求。2016年3月，《中华人民共和国国民经济和社会发展第十三个五年规划纲要》进一步将上述五个特征明确为现代税收制度的特征。

效率、和谐等现代治理理念，体现在税制设计、制定和执行的全过程；而税收理论的现代化是在贯彻现代税收理念前提下实现税收治理体系完备和高效、治理能力持续提升的思想基础，是实现税收治理科学性的保障。

税收治理环境的现代化是指税收治理现代化的制度环境、社会环境等外部条件，主要包括税款使用与预算公开、部门协作与信用环境等。其中，税款使用与预算公开是奠定纳税人自愿主动纳税最重要的制度基础，是税收“取之于民、用之于民”、在财政领域体现人民当家做主最基本的制度保障；而部门协作与信用环境是推进税收治理现代化最重要的外部支撑条件。

税收法治现代化是指税制运行全过程的法治化，强调税制运行的规范化和有法可依，如税收立法环节的立法程序与民意参与、税制运行环节的执法监督与纳税人权益保护等。

税制体系现代化强调税收作为社会治理的工具，在推进国家治理现代化中对经济社会的影响主要包括税负在社会各阶层分配的公平和税收作为治理工具在优化资源配置、促进市场统一、促进资源节约、环境保护以及促进创新和研发投入等诸多方面发挥的作用，前者主要体现为直接税比例和税制结构，后者则体现为现代复合税制体系的完备程度。

税收管理现代化的目标是以尽可能低的社会成本（包括征管成本和纳税人遵从成本）准确地实施税法，而要在专业化分工不断深化、经济活动日趋复杂的现代社会建立与之相匹配的高效税收管理体系需要以纳税人自主申报为基础重塑税收管理的全流程，具体包括：机构、人员与流程优化；信息技术与风险管理水平提高；纳税服务与中介作用的发挥；违法惩戒与强制手段使用；等等。

四　发展中国家税收现代化进程的特殊性

西欧国家是现代化的起源地，其现代税收制度的建立与经济的现代化（工业化、城市化进程）和国家治理体系的现代化进程是相辅相成、融合发展的。在民族国家兴起的过程中，战争作为民族国家间竞争的主要形式不仅起到了凝聚民族共识、推进工业化以充实国力的作用，频繁的战争也直接导致了各国筹集战争经费的巨大压力，通过与新兴资产阶级协商以建立稳定、可持续的税收制度并以此作为公债的偿还保障推动了西欧国家从

“领地国家”到“税收国家”和“财政国家”的演进。而以政治权利平等为基础建立的代议民主制度则推动了税收法定和预算法定原则及实践的确立和发展，尤其是财政支出的公开透明以及由此建立的税收负担与财政支出之间的关联极大地促进了纳税人的自愿遵从，从而为国家治理现代化奠定了坚实的基础。

对发展中国家而言，现代化是人类社会具有共性的进步过程。然而，不同国家的现代化进程具有不同的特点，因而产生了现代化的不同模式。对非西方文明而言，如何在民族国家和文明竞争的压力下处理好继承传统文化与推进现代化的关系、探索符合自身特点的现代化道路是延续了数个世纪并仍具有巨大现实意义的历史命题。

相应地，由于发展阶段和具体国情的差异，发展中国家的税收现代化如果简单地模仿西方国家现行的国家治理模式[①]以及与这种治理模式相适应的税收制度是难以成功的，发展中国家税收现代化进程面临着自身特有的问题，主要表现在以下几个方面。

首先，很多通过殖民地独立运动诞生的发展中国家尚没有完成现代国家的构建，西方宗主国殖民统治时期遗留的统治架构与传统社会形态并存，家族、部落、种族而不是现代国家的公民及其组织是社会权力的实际载体，统一的国家意识和“共同体”观念淡薄。同时，国家也缺乏稳定和具有权威性的领导核心，由此难以凝聚社会共识，无法制定和执行长期国家发展目标。

其次，发展中国家二元经济结构导致税收长期依赖资源性产品和少数大企业，而且农产品、矿产品等初级产品通过出口纳入国际经济分工体系的部门往往被外国资本直接或间接控制。[②] 同时，由于中央缺乏对地方的有效控制和未实现土地改革等因素的制约，国内难以形成统一市场和正向的经济循环，加上中央政府对资源性产品出口和外国政府或国际组织援助的

① 西方国家现行的国家治理模式也存在明显的缺陷，在财政领域集中表现为在新自由主义浪潮影响下贫富分化的加剧对社会公正的侵蚀，而过度民主导致的福利支出需求与税收负担代际间的失衡引发了国家债务的持续增长，熊彼特意义上“税收国家的危机”产生了“负债国家”。〔德〕沃尔夫冈·施特雷克：《购买时间：资本主义民主国家如何拖延危机》，常晅译，社会科学文献出版社，2015。

② 如拉丁美洲的所谓“香蕉共和国”。

依赖，实际上不具备形成现代税收制度的经济社会条件。

最后，发展中国家不仅缺乏建立现代税收制度所必需的政治和经济条件，也缺乏必要的信息、技术能力以及行政组织体系去实施“引进”的现代税制。从信息和技术条件看，经济的货币化、现代信用体系的完善以及宏观经济统计技术和微观会计核算水平的提高实现了政府对经济社会事务的“数目化管理”，使政府能够以较低的成本掌握处于流动状态的收入和财产变动，这是增值税、企业所得税和个人所得税得以建立的经济和技术基础。而基于现代科层管理体系建立的廉洁、高效的专业化税收征管机构则是现代税制得以有效实施的组织保障。

综上所述，尽管发展中国家在现代化进程中有所谓的“后发优势”，但这种后发优势要发挥作用是需要各种内外部条件的。由于不具备现代国家的治理体系和治理能力，因此难以建立能够有效实现国内资源动员的税收体系；而税收收入的匮乏和缺乏弹性又影响了对教育、基础设施的投入，从而阻碍了工业化的进程和国家治理能力的提高，如何突破这种“两难困境”，是发展中国家治理和税收现代化进程面临的最大挑战。

五 中国税收现代化进程的特征与需要解决的问题

（一）中国税收现代化进程的特征

新中国成立以来，尤其是改革开放40年，中国经济社会发展取得了举世瞩目的巨大成就。作为世界上最大的发展中国家，同时也是长期实行计划经济体制的转轨国家，中国的税收现代化进程不仅兼具发展中国家和转轨国家的双重特征，也具有基于自身悠久文明史和政治文化传统的独特性。归纳来看，主要有以下几个方面。

第一，中国是一个具有悠久历史的文明国家，自秦始皇以来逐步建立起来的大一统的国家体制和成熟的官僚体系为现代国家的构建奠定了坚实的文化基础。相对于其他非西方文明，中华文明圈面对西方文明挑战时取得的现代化成就以及所谓的“东亚模式”在某种意义上体现了这种文明的价值，从而较早也较好地解决了具有“共同体”意识的现代国家构建和科层行政组织的改造这两大难题。

第二，中国共产党作为中国现代化事业的领导核心，其对国家政治经济主权的捍卫、“为人民服务”宗旨的贯彻和应对内外部挑战时改革的勇气和纠错能力是中国现代化进程的政治和组织保障，这使国家治理面临的后四个层次的问题得以较好解决，同时也为税收制度逐步发展出“合作性”“科学性”“适应性”的现代特质提供了制度基础。

第三，制度模仿和对外开放在税收现代化进程中发挥了重要作用。中国作为一个发展中国家，在经济发展尤其是在向市场经济转轨和对外开放的进程中，通过制度模仿推进现代税制的建立可以减少税制设计的成本，降低改革的风险。而在制度模仿的同时，注重根据本国国情对“引进”的税收制度进行“本土化”改造并随着经济社会发展对税制进行持续的完善是中国税收现代化的突出特征。

第四，行政权主导和“试点先行”的改革策略是推进税收现代化的主要模式。中国迄今为止的税收现代化进程具有行政权主导的强制性税制变迁的特征，尽管后发优势带来的制度模仿型税制变迁降低了决策风险、提高了税制改革的效率，但在加强顶层设计和集中统一领导的同时，在税制改革中采取“试点先行”的策略，通过“试点”及时总结改革的经验和不足，在完善的基础上逐步推开是中国推进税制改革的重要经验。

第五，在发展中国家税制改革的进程中，要发挥好制度模仿的作用，除了制度本身要根据特定国家特定发展阶段的具体国情进行“本土化”改造，如何建立与新税制相适应的税收征管体制是决定税制改革成败的关键。回顾改革开放40年来中国的税制改革历程，与税制改革相适应的税收征管体制改革的同步推进和税收征管能力的持续提升是税制改革取得成功的基本保障。

（二）推进税收现代化进程需要解决的问题

在充分肯定中国税收现代化进展的同时，对比国家治理体系和治理能力现代化的要求，中国进一步推进税收现代化进程还要着重解决以下问题。

一是要在理论和实践上解决社会主义国家基于国有资产、资源的收入制度与基于政治权力的收入制度之间的关系问题。国有资产、资源管理和收益制度与税收制度在国家筹集收入中的地位和作用不仅直接决定了狭义的税收负担，同时也是理顺政府与市场关系、推进国家治理体系现代化的基础性制度安排。

二是所有基于政府权力的收入形式都应逐步纳入法治化的轨道，这不仅包括分散在政府部门的行政事业性收费、专项收入和政府性基金，还应涵盖各种形式的举债和融资以及各项税收优惠政策导致的“税式支出”，尤其要对地方政府通过财政补贴方式变相实施的实质性税收优惠进行规范。

三是税收立法的民主化、科学化程度还有待提高。部门立法、关门立法的问题比较突出，受制于政府税收数据公开程度等因素，税收理论研究的深度不足，存在理论与实践脱节的现象，理论研究转化为优质决策咨询成果的体制机制还不顺畅。

四是纳税人主动遵从和依法纳税的意识还比较淡薄。由于财政支出的透明度较低，纳税人在观念上普遍缺乏税收负担与公共服务之间的联系，税收制度在观念上的“强制性”仍然大于“合作性”，这与现代国家治理基于“协商共治”、鼓励不同利益主体为共同目标采取合作性行动的要求还有较大距离。

五是近年来各级税务机关不断深化征管改革、规范税收执法、优化纳税服务、推进信息化建设，税收管理现代化取得了显著进展，尤其是2018年国地税合并的顺利实施为下一步税收管理现代化奠定了更好的组织基础。但总的来看，从传统的对抗性征管模式向合作性征管模式的转变还未彻底完成，在纳税执法规范的统一、促进纳税人自愿遵从、提高税收征管效率等方面与国家治理现代化的要求还有一定的差距。

六　进一步推进税收现代化的路径

随着中国特色社会主义进入新时代，社会主要矛盾的转化要求按照国家治理体系和治理能力现代化的要求加快推进税收现代化的进程，税收制度不仅要为建设社会主义现代化强国提供充足的财力保障，税收制度的制定和实施还要更好地满足人民在民主、法治、公平、正义、安全、环境等方面的需要。在现有成就的基础上，要着重从以下几个方面进一步推进税制改革。

第一，与社会主义国家治理相匹配的政府收入体系是一个整体，要按照建设社会主义法治国家的总体要求，推进包括税收法治在内以及涵盖中央和地方各级政府的国有资产资源收益制度、非税收入管理制度、政府债务制度的政府收入体系的法治化进程。

第二，要将以“协商共治”为主要特征的国家治理理念和以“理性”为主要特征的科学理念贯彻到税收制度制定、执行、反馈、评估、回应和调整的全过程，切实加强税收理论和政策研究，提高税收制度制定和运行的民主化、科学化水平。

第三，要按照党的十九大报告提出的“建立全面规范透明、标准科学、约束有力的预算制度”的要求推进预算改革，通过财政支出的公开、透明和预算法定建立税收与财政支出之间的有机联系，在全社会树立税收是政府履行职能和提供公共服务成本的现代税收观念，这是推进以促进税收遵从为核心的“合作性”现代税制的必要条件。

第四，在我国进入新发展阶段的时代背景下，要按照贯彻新发展理念、构建新发展格局的要求统筹进一步优化现代复合税制体系。根据不同经济社会发展阶段在“公平”与“效率”之间进行动态权衡是现代社会税制改革的主要动因。当前，健全直接税体系、优化税制结构、适当提高直接税比重是“十四五”时期税制改革的重点，在更好地发挥税收在鼓励创新、促进产业结构升级作用的基础上，要重视税收作为政策工具在服务经济社会发展大局、推进国家治理现代化中的作用，尤其要通过健全直接税体系、适当提高直接税比重，提高税制的累进性，实现税收负担更为公平的分配，为“全体人民共同富裕取得更为明显的实质性进展”贡献力量。

第五，健全地方税体系。我国作为幅员辽阔、区域间经济社会发展不均衡的单一制大国，需要构建既符合市场经济一般规律又具有中国特色的有利于发挥“两个积极性”的中央和地方收入划分体系。健全地方税体系既是下一步税制改革的重点任务，也是“建立权责清晰、财力协调、区域均衡的中央和地方财政关系”的要求。高质量发展阶段政府与市场的关系正在发生深刻变革，数字经济、人口老龄化和城镇化的加速发展对政府职能及其相应的财政运行方式和支出需求将产生持续而深远的影响，贯彻新发展理念、构建新发展格局对地方政府治理提出了新要求。海南自由贸易港、深圳建设中国特色社会主义先行示范区、粤港澳大湾区、长三角一体化示范区等一系列区域发展战略的实施也离不开地方税体系领域的改革创新。

第六，以国地税机构合并为契机，在充分利用以区块链、大数据、人工智能为代表的现代化税收管理技术和手段及持续推动机构设置和管理流程优化的基础上，要以提高纳税人遵从和税收管理效率为目标，按照税务机关和纳税人在法律面前平等的现代税收理念重构征纳双方的基本关系，加快建立现代税收管理制度。

此外，数字经济正在对经济运行模式产生深刻而持续的影响，而现行的国际税收规则和所得税制、流转税制是伴随工业化进程建立和完善起来的，跨境电子商务、平台经济、共享经济的出现对所得税和流转税的征管以及税收在各国和国内不同区域之间分配带来诸多挑战（张斌，2016）。因此，未来要继续高度关注并积极参与以 OECD 双支柱方案和数字服务税为代表的国际税收规则改革，同时以充分利用数字技术推进税收征管的革命性变革为基础，探索并适时推进适应数字经济时代的税制变革。

参考文献

[1]〔印〕A. R. 德赛：《现代化概念有重新评价的必要》，载〔美〕西里尔·E. 布莱克编《比较现代化》，杨豫、陈祖洲译，上海译文出版社，1996。

[2]〔美〕C. E. 布莱克：《现代化的动力》，段小光译，四川人民出版社，1988。

[3]〔美〕黛博拉·布罗蒂加姆、奥德－黑尔格·菲耶尔斯塔德、米克·摩尔主编《发展中国家的税收与国家构建》，卢军坪、毛道根译，上海财经大学出版社，2016。

[4] 高培勇：《财税体制改革与国家治理现代化》，社会科学文献出版社，2014。

[5] 何晴：《组织间控制机制在税务部门的应用》，《税务研究》2016 年第 10 期。

[6] 钱乘旦：《世界现代化历程》（总论卷），江苏人民出版社，2012。

[7] 王军：《践行五大发展理念 健全现代税收制度》，《求是》2016 年第 6 期。

[8] 俞可平：《论国家治理现代化》，社会科学文献出版社，2014。

[9] 张斌：《把握社会主要矛盾转化 深化税收制度改革》，《税务研究》2018 年第 2 期。

[10] 张斌：《数字经济对税收的影响：挑战与机遇》，《国际税收》2016 年第 6 期。

[11] 张斌：《税制变迁研究》，中国社会科学出版社，2014。

国家治理与财政体制改革*

李永友**

摘　要：如何让财政成为国家治理的基础和支柱是深化财政改革必须面对的问题。十八届三中全会和《深化财税体制改革总体方案》，以及十九大虽然对财政深化改革做了顶层设计，明确了改革内容，但依然存在一些问题没有厘清，包括如何正确认识财政、财政改革目的是什么、财政改革进路和次序选择等。而这些问题要比武断式确定改什么更为重要，因为这些问题决定着改革方向和改革影响。本文基于国家治理与国家管理的比较，分析了财政在国家治理中理应扮演的角色和实现的功能，在此基础上，阐释了功能实现赋予的财政改革起点逻辑、过程逻辑和终点逻辑，最后基于中国现实，讨论了财政体制改革次序为何需要从转移支付开始。

关键词：国家治理　政府治理　财政体制　改革次序

中共十八届三中全会提出“使市场在资源配置中发挥决定性作用和更好发挥政府作用”，随后，中共中央办公厅、国务院办公厅又印发了《关于推进地方各级政府工作部门权力清单制度的指导意见》。一系列证据表明，中央政府不仅正在改变国家治理理念，而且开始真正推动政府自身改革。

---

* 原文首发于《地方财政研究》2016 年第 1 期，标题为《国家治理、财政改革与财政转移支付》，经作者和杂志同意，收录于本书。收录时作者对文章进行了修改。

** 李永友，经济学博士，教授，浙江财经大学副校长，主要研究方向为政府间财政关系、财政社会学。

尽管一些具体措施与治理理念存在较大差距，但不可否认，中央政府想通过改革促进民众福祉和国家治理能力的愿望是真切的。然而，面对复杂的现实环境，政府改革有些碎片化。不仅如此，认知的局限性也使政府改革具有一定的盲目性，甚至在某些时候被民意所俘获。实际上，中央政府正在处理的既是一个理论难题，又是一个实践难题，因为政府与市场、社会的关系，尽管有一个基本共识，但从来都不具有固定形态。在不同文化、历史、地域、发展阶段，政府与市场、社会的关系都可能存在较大差异。所以政府与市场、社会的关系的核心实际上是一个度的问题，过度或不及都可能伤及民众福祉和社会发展。正是因为这一点，对度的把握体现出一个国家的治理水平和政府经济社会治理能力。而对度的把握关键又取决于政府如何看待自己和看待民众，对中国这样一个政府主导型经济社会治理模式国家，度的把握重点在于政府治理。因为只有良好的政府治理才能为市场发挥决定性作用和社会发展腾出空间和提供条件。

那么，如何实现良好的政府治理？实际上，这里涉及两个层面关系，一是前面述及的政府与市场、社会的关系，二是政府作为一个组织机构，其内部的层级政府间关系。但无论是哪一个层面，都指向一个核心问题，就是限权明责。而后者即使在集权政体的国家，都可通过财政予以实现。因为财政是各项改革的交汇点，各种利益关系交织的一个关节点（高培勇，2015）。可能也正因如此，中共十八届三中全会在其决议上从一个战略高度提出“财政是国家治理的基础和重要支柱”，并将财税体制改革作为全面深化改革整体部署的一个重要组成部分，成为“完善和发展中国特色社会主义制度，推进国家治理体系和治理能力现代化”的重要制度保障。决议如此强调财政和财政改革的作用，这在新中国历史上是一个突破，尤其将财政和财政改革上升到国家治理层面，跳出了财政仅是国家管理工具的传统认识，赋予财政全新的内涵和社会功能。然而，尽管在中国，政府治理的重要性已被充分认识，并将其作为国家治理的核心内容提上了政府改革的议事日程。财政作为国家存在的重要体现，其在国家治理能力现代化进程中也被赋予了前所未有的重要地位。但从中共十八届三中全会之后的改革过程看，政府改革和财政改革似乎没有充分体现国家治理理念，政府主导型治理模式依然非常明显。甚至在一些领域，改革因目标不明确而变得有些盲目。这些情况出现主要与两个原因有关：一是对国家治理认识不够深入，导致对各方面改革方向把握不准；二是对现代国家治理下的财政功能认识不充分，导致改革路径和次序选择不能支撑国家治理目标的实现。面对这种情况，真正确立国家治理的新理念，决策者需要对国家治理及其核心内容有一个充分认识，并基于国家治理要求，重新认识财政功能以及这一功能对财政改革的要求。

一　从国家管理到国家治理

如果抛开主权意识，国家说白了就是由不同利益群体组成的一个集合体，这个集合体之所以能够维持下去，原因只有一个，就是这个集合体中不同利益群体有着共同的利益基础。为了实现共同利益，需要有一个能为不同利益群体实现共同利益的机构，这便有了政府。所以在自然逻辑上，如何协调集团中不同利益群体利益关系，为不同利益群体实现共同利益创造条件，确保不同利益群体利益分享的公正性，就是国家治理的核心内容，而促进集团中不同利益群体利益实现和公正分享社会发展成果，成为国家治理的目标。从这个意义上说，“国家治理”四个字背后体现的是国家中不同利益群体共同参与国家管理，而政府仅是国家治理中多个主体中的一个。国家治理是以尊重国家中不同利益群体权益为前提的，既保护不同利益群体参与国家管理的权利，又强调在国家管理中不同利益群体的责任。国家治理突出不同利益群体在参与国家管理中正当权益的平等性和利益分享上的公正性。相对于国家治理，国家管理没有突出管理的主体。而在实践中，理解国家时又无意识地将国家管理主体明确为政府，强调政府对国家的管理责任。这种传统认识无形中造成了国家管理的内在冲突，因为国家管理在人们的潜意识中产生了管理者和被管理者的区分和对立。为了维护自己的管理地位，管理者需要建立强大的管理机构，包括管理者所认为的必要暴力机器，树立管理者权威。所以在国家管理意识下，稳定成为管理者管理社会的一个重要目标。国家管理充满了张力和人治色彩，国家管理的狭隘意识在管理主体的政府雇员中一旦形成，必然产生官僚主义倾向和浓厚的权力意识。无形中进一步导致私人部门和公共部门的对立、民众和政府的对立。中国当下存在的各种官民冲突和政府执政面临的信任危机，很大程度上源于国家管理这一局限。

既然国家治理强调不同利益群体共同参与国家管理的权利平等性，那么在利益群体之间发生利益冲突时采取何种方法予以协调，又以何种方法增进社会福利及其公正分享，成为国家治理的关键以及国家治理现代化的重要标志（向玉乔，2016）。纵观各国历史变迁，法制被认为是协调各方利益、保护各方正当权益最可靠的方式。正是因为这一点，依法治国成为现代国家治理的主要模式，它克服了人治和神治的固有缺陷。而财政作为以国家为主体的再分配关系，各种财政法规自然成为法制的一个重要组成部分，也成了国家治理的基础和国家治理目标实现的重要途径，发挥着协调各方利益和促进社会利益公正分享的支柱作用。这一作用远远超出了国家管理中财政的工具性作用。在国家管理中，财政仅被看作政府管理国家的一个收支工具，既然是工具，其作用如何发挥完全受制于使用者的意图和需要。也正是因为这一原因，财政在中国始终未能发挥对政府这个管理主体的约束作用，预算流于形式、预算的法律权威性较低、预算只有批准没有审查、财政信息透明度较低等问题成为必然结果。财政作为一种再分配关系，未能体现其应有的公共性和正义性。而财政的公共性和正义性缺失，对社会产生的影响不仅仅是社会利益分配失衡，更重要的是对社会价值观产生的巨大负外部性及对社会诚信的破坏。正是在这个意义上，中共十八届三中全会将财政确立为国家治理的基础和重要支柱，这在根本上摆正了财政的位置（高培勇，2014）。

二　国家治理中的政府治理

国家治理的内容非常丰富，从国家管理走向国家治理，可以说是一个系统工程。尽管在西方的概念中很难找到适合中国的治理变革依据（张文喜，2015），但纵观西方国家发展史和中国两千多年的历史变迁，可以看出，政府治理始终是国家治理的最重要内容，政府治理水平是国家治理能力现代化的最重要体现。因此，对中国当下而言，除了需要从各国发展实践中发掘国家治理的理论传统（王家峰，2015），更现实的是需要从中国两千多年的历史传统中揭开政府治理的实践困境。回顾中国两千多年的历史发展，一个显著特征就是政府治理的单一中心模式，这种模式今天依然被沿用。在这种模式下，政府权力往往较大，不仅在社会资源支配上具有很大权力，而且很少受到社会监督和约束。由于缺乏可以抗衡的社会力量和有效市场约束，政府治理很大程度上表现为政府自我需要和自主行为，历朝的吏治就是这种政府治理的一个重要体现。这种政府治理存在两个明显问题：一是政府治理具有较大内在张力，即在一个多级政府体制下，如果各级政府之间目标不一致，政府治理往往就很难有效。这一点在中国历朝表现得都非常充分，以皇权为依托的中央政府在政府治理中占据着强势地位，而处于政治上弱势但信息上优势的地方政府，在行为选择上则表现出明显的策略性。中央与地方政府间上述关系，使政府治理总是呈现“一放就乱一收就死”或者“上有政策下有对策”等政令不畅的现象。二是政府治理的系统性风险较高。由于是自我需要，所以政府治理效果取决于自我需要，尤其是中央政府的自我需要。如果中央政府自我需要符合历史发展规律和人类社会发展目标，这时由中央政府主导的政府治理就可能有利于经济繁荣和社会发展。反之，如果这种自我需要不符合历史规律，与人类发展目标背道而驰，这时政府治理就会伤及经济社会发展。由于缺乏外部力量约束，一旦这种情况发生，只能依靠政府自我纠正。所以在中国，两千多年来，内部监督一直是政府实现自我纠正的主要机制。这一点在刘家义（2012，2015）的研究中有深入讨论。然而，依靠政府自我纠正存在较大风险，因为这需要政府非常大的自我革新勇气，同时也会引发政府组织内部的利益冲突，进而导致政府内部要么出现系统性腐败，要么出现自上而下的集权强化。

反观中国当下政府治理，历史的痕迹非常明显。社会发展滞后经济发展，市场和社会力量相对政府而言较弱，经济社会治理以政府为主导。在这种治理模式下，我们明显看到历朝政府治理中存在的问题在今天依然清晰可见。最典型的有以下两个事实。一是政府治理中的中央政府主导。从新中国成立到今天，中央政府在整个政府治理中始终处于强势地位，地方政府在中央政府看来更多的是一个决策执行机构，负责执行中央政府意图。尽管中国一直实行行政性分权，但这种行政性分权也仅仅表现在执行中央政府意图的方式上。由于仅是将地方政府看成自己意图的执行机构，所以一方面中央政府不得不承担起地方政府执行行为可能产生的一切风险，另一方面中央政府不得不选择可视化的绩效评价和激励机制以促使地方政府与自己保持一致。上述两个方面在政府治理中导致了一个严重后果，就是风险大锅饭（刘尚希，2004），即地方政府会因中央政府兜底风险而策略性选择执行方式，一个典型事实就是令人担忧的地方政府性债务。二是政府治理中的自我需要。由于缺乏充分的市场约束和社会监督，政府治理主要由政府自我主导和自我监督。在这种治理体系下，政府治理表现出一种怎样的特征完全取决于政府自我需要和自我革新决心，这种情况的最典型事实就是政府的自我反腐。反腐说白了就是政府的自我需要，即当腐败危及政府整体利益时，反腐就成为政府治理的必然选择。然而，当反腐的成本很高，高到政府自己难以承受时，政府的反腐就会成为一种选择性行为。所以选择性反腐往往是这种政府治理的一种必然特征。

单一中心政府治理的内在困境意味着政府治理必须从单一中心治理走向多中心治理。所谓“政府多中心治理”，通俗理解就是各级政府都能平等参与政府治理，各级政府之间不存在强势和弱势之分，任何一级政府，即使是中央政府，也没有权力凌驾于其他层级政府之上。多中心政府治理要求政府组织内部必须采取分权体制，即每一级政府都有自己确定的权力和责任，权力和责任之间是完全对等的。各级政府在自己权力范围内凭借权力履行自己的责任。由于权力和责任对等，即使在多级政府体制下，政府之间也不会发生治理混乱。由于各级政府都是在其权力范围内履行职能，并自担风险，所以各级政府都会理性选择最有效且风险最小的职能履行方式。在这样的政府治理模式下，既不可能出现风险大锅饭，也不可能出现懒政、怠政现象。然而，多中心政府治理并不天然意味着能够实现政府良治，因为政府间权力和责任在对等的同时，还需要厘清政府与市场、社会的关系，并将政府职能在各级政府间有效配置，且将承担职能作为政府间权力配置的唯一依据。只有这样，政府治理才可避免政府间踢皮球和争功劳现象，同时也只有这样，才不可能出现政府缺位和越位现象。

当然，多中心政府治理不仅重在政府组织内部，还应包括市场和社会参与、立法部门与司法部门参与等众多主体。和单一中心政府治理不同，单一中心只强调政府自身，所以缺乏外部力量约束和监督，所以容易产生权力膨胀，从而出现政府挤占市场和社会、中央政府挤占地方政府等情况。多中心政府治理将政府监督扩展到政府组织之外的社会力量和立法、司法部门，从而扩大了监督的主体，提高了监督效率。多中心政府治理实际上为市场发挥力量和社会发展提供了可能和必要条件，所以多中心政府治理不仅必然要求政府与市场、政府与社会的有效分权，而且要求立法部门、执法部门和司法部门之间的有效分权。和单一中心政府治理不同，多中心政府治理强调治理主体之间的权力制衡。多中心政府治理的上述要求解释了一个非常普遍的现象，就是实行多中心政府治理的国家，其市场力量往往比较强大，社会发展往往比较成熟，立法和司法独立性和公正性往往较高。

三　国家治理现代化进程中的财政体制改革逻辑

财政体制的本质是权力和责任配置，这里既包括政府与市场、社会之间的权责配置，也包括政府内部不同层级之间的权责配置。两方面的责权配置本质上可概括为一句话，就是政府应该为市场发挥决定性作用和社会发展履行哪些职能，这些职能在政府间如何配置更有利于前一个目标实现。从财政体制内容看，财政体制实际上可以视为政府治理的一个重要机制，不同的财政体制往往对应着不同的政府治理模式，而不同政府治理模式又必然出现不同的财政体制。在中国计划经济时期，财政体制是统收统支，所以政府治理相应的也是以中央政府为主导的单一中心治理模式。1994 年实施分税体制后，尽管地方政府有了一定融资权和支出权，但空间非常有限，甚至在最近一些年还有进一步缩小的迹象。与这种体制相联系的是不断明显的单一中心政府治理模式。所以就中国目前的财政体制而言，显然不符合多中心政府治理需要，更不利于推进政府治理从单一中心治理向多中心治理转变。不过随着中国社会发展和科技进步，数据治理条件逐步成熟，政府在财政方面的一些被动改革正在为多中心政府治理创造必要条件，例如政府信息透明度建设等。在单一中心政府治理模式下，依靠政府自我革新勇气推动单一中心向多中心转移，即使可以也非常缓慢。在这种情况下，财政体制改革却能为推动这一进程提供条件和内在激励。

然而，尽管中共十八届三中全会将财政的作用上升到国家治理基础和支柱这个高度，但并不必然表示财政能够真正成为国家治理的基础和支柱。中国 60 多年的发展实际表明，财政体制失衡、建制原则缺失以及财政制度失范和体系不完整，是中国社会发展滞后、经济增长结构失衡的一个重要原因。在很大程度上，可以说是政府主导型经济社会发展模式形成的关键原因，也是政府权力边界模糊的根本。总结30多年中国改革开放经验，可以得出这样一个认识，财政改革是历次重要经济改革的先行者和推动力，也是中国经济持续增长奇迹的重要原因。然而，以财政收入分配关系为主的财政体制改革策略，以行政方式为主的财政立制方法，以及以权力失衡为特征的预算过程，一方面为政府主导经济社会事务提供了体制激励和制度便利，另一方面也阻碍了政府行政管理向法制化和服务型转型的步伐。由于财政功能被错误认识和过度工具化，财政作用也就未能充分发挥。从这个意义上说，在中国现阶段，真正实现经济发展方式转型，关键在于重新认识政府在国家治理中的作用，推动政府转型，实现有限政府。但在现行政治体制下，推动政府转型缺少政治体制改革的支撑。面对这样一个现实国情，财政的作用必须得到重新认识，将财政置于国家治理的高度，成为政府转型的现实可行选择，通过全面系统的财政改革，倒逼政府转型。然而深化财政改革，必须有明确目标和指导原则，以及实现这一目标、确保原则得到遵守的机制。在此基础上，深化财政改革才可能选择具体措施和实施路径。根据中共十八届三中全会和十九大精神，财政改革目标理应为确保国家中不同利益群体在公平正义基础上实现自己的权益和分享社会发展的成果，为此财政改革至少应遵循公共性和正义性两大基本原则。然而，无论是中共十八届三中全会，还是《深化财税体制改革总体方案》，以及十九大、十九届四中全会，都将财政改革目标确定为建立现代财政制度。这句话就改革本身而言，没有问题。但作为国家治理基础和支柱的财政，建立现代财政制度并不是其改革的真正目标，而是让财政发挥基础和支柱作用的手段。如果错把手段当目标，就会出现为改革而改革的情况。

就财政改革具体措施而言，纵观西方发达国家治理的变迁史和财政史，可以看出，为实现财政功能、确保财政的公共性和公正性，法制化是财政改革的必然要求和基本趋势，而后在此基础上完善财政制度体系、建立激励相容的财政预算体制。同时，从各国财政变迁的历史看，财政是一个国家不同利益群体利益交织的一个中心，体现不同利益群体在国家中的地位和互动关系，财政制度和体制变迁映射出一个国家的历史变迁。基于上述经验，中国财政改革应遵循如下逻辑。

第一，财政法制化建设。财政法制化缺失是中国长期以来财政权威性不够的重要原因。由于缺乏法律的强制力，财政制度对其执行者的约束力始终较低，政府在执行财政制度时具有充分的自由裁量权。财政的法制化缺失可以说表现在中国财政的各个方面，从政府间财政关系到预算编制和审批，从税收征管到支出安排。财政的法制化缺失造成了公私权力边界模糊、公共权力滥用、财政资金配置低效以及政府间横向与纵向恶性竞争。所以中共十八届三中全会将完善立法放在财政改革的首位，这是一个巨大进步。基于这一逻辑，现阶段中国财政立法应包括三个层面。首先，公共财产权立法，树立公共财产取得和处置以及收益分配的正当性和公正性，以最大限度保护纳税人整体利益（刘剑文、王桦宇，2014）。其次，政府间财政关系立法以推进政府治理，预算立法以建立预算权威性和强制力，使其成为约束公权力保护民众权益的依据，同时通过预算立法建立预算中的权力制衡机制，保证财政资金的正当使用。最后，政府与市场关系立法，为市场发挥决定性作用和政府作用的更好发挥提供法律保障，而财政责任法为预算的严肃性和权威性提供支撑。

第二，财政体制改革，重构政府间财政关系，提高政府治理效率，通过有效分工更好履行公共职能。新的财政改革必须跳出长期以来一直以财政收入分配关系为主的改革策略和以划分收入为进路的改革路径，在明确市场的决定性作用前提下，明确政府责任，根据支出责任性质和效率标准建立政府间支出责任分配原则和整体框架。在确定政府间事权时应遵循一个基本原则，即以有利于支出责任履行为目标。同时明确事权的边界仅限于执行权，以限制各级政府事权边界的无限扩展，实现政府事权的规范化（楼继伟，2014）。在明确事权基础上，确定政府间收入划分原则，硬化政府间财政收入分配关系。此外，在财政体制改革中，一个容易被忽视的环节就是政府部门间权责关系的确定。在中国，预算执行部门成了预算的分配部门，严重扰乱了财政资金分配秩序，破坏了财政资金的完整性。所以财政体制改革还应在横向政府部门之间确定正确的权责关系。

第三，税收改革，通过直接税逐步取代间接税，推动税制模式转变，建立现代税制体系。纵观各国税制模式变迁，直接税总是市场经济国家和现代公民社会的一个普遍特征。中国长期以来以间接税为主，尽管在近年实现了税制结构的调整，逐步以增值税取代营业税，但还是停留在间接税这个税制模式上。间接税的最大问题就是隐蔽了纳税人的税收负担，增加了经济运行阻力，造成纳税人不关心税收的使用、无意识承担必要的监督政府及关心社会的责任。只有直接税才能真正建立起纳税人权利和责任的对应关系，唤起纳税人关心财政资金使用意识，激起监督政府的动力，培养纳税人现代公民意识。从间接税向直接税的转变，还可以改变政府对为谁服务的认识，形成服务型政府的直接动力。同时，从间接税转向直接税，才能让企业真正解放出来，腾出空间投入创新和员工培训，提高企业全要素生产率。从中国目前粗放式增长和转型之难的现实看，以流转税为主的税制模式不能不说是使市场主体缺乏转型升级空间的一个重要原因。因为间接税法定纳税人主要是企业，尽管企业也通过税负转嫁将税转移给了居民，但在粗放式的价格竞争市场环境中，这种转嫁能力相对较弱，所以导致企业成了税收表面上的承担主体。繁重的税收进一步压缩了企业原本就狭窄的转型升级空间。所以说，在供给侧结构性改革中明确减税降费为企业转型腾空间，不仅体现了服务型政府建设的主观意愿，更重要的是体现政府敢于承担改革成本的勇气，是中国财政治理乃至政府治理的一大进步。当然，在间接税向直接税的转型过程中，制度设计至关重要，否则随着人口老龄化的加深，财政可持续性将会成为一个问题，所以如何设计所得和消费融合的课税基础，应是税制改革在老龄化趋势下亟待研究的问题。

四　选择财政体制改革切入口

财政作为国家治理的重要机制，将不同主体权益联系在了一起。也正因如此，财政改革总是被认为有牵一发而动全身的影响。财政改革的这种影响要求财政改革必须要有顶层设计意识和公正的价值导向以及科学的改革进路。就中国当前情况而言，可以说，十八届三中全会以来的几个重要会议站在国家治理高度对财政改革进行了顶层设计，也为财政改革确立了价值导向。但无论是十八届三中全会，还是2014年6月30日通过的《深化财税体制改革总体方案》，抑或是十九大，都没有明确财政改革的进路和改革的次序。而后者对财政改革能否让财政成为国家治理基础和支柱影响巨大，改革进路不对、逻辑次序颠倒不仅使改革难度增加，严重的话，甚至会导致国家陷入危机，历史为我们提供了太多这方面的经验教训。

针对中国当下财政面临的现实问题，预算改革最为重要，也最为各方所接受，理应成为财政最先改革的内容。中国刚刚通过的新《预算法》和正在建立的政府综合财务报告制度等一系列改革，正在沿着这一改革进路推进财政改革。尽管在这个过程中，受到意识、技术等限制，财政改革存在没能体现国家治理要求的问题，比如《预算法》的修订还是有浓厚的管理意识，而非治理意识。但不得不说，这一系列改革还是极大地推动了中国财政制度现代化建设。不过，有一点需要注意，这一改革的成功需要有科学合理的财政体制为前提。因为在一个国家内部，如果政府间关系没有厘清，公权和私权关系没有理顺，预算改革再彻底，也不能真正解决财政面临的最根本问题。这意味着，中国当前财政方面继续推进的改革应该是财政体制的改革，通过体制改革确立公权边界和公权的纵向配置，为《预算法》的有效执行提供条件。然而，在一个政府主导型国家，一涉及公权边界往往是一个敏感话题，不容易被政府接受，所以，如果财政体制改革从公权与私权关系入手进行改革，似乎不符合改革的激励相容要求。就中国现实体制而言，转移支付可以成为推进财政体制改革的切入口。因为转移支付主要是确立政府间财政再分配关系，这种关系只是在政府层级之间展开，表面上不会直接涉及限权这个敏感话题，所以在一个权力者主导改革和公司型政府体制中，较为容易为中央政府和地方政府所共同接受。这也是我们在财政改革实践中经常听到转移支付改革呼声的原因。

实际上，中国在转移支付改革上一直未曾停止过，但综合各方面信息，有关转移支付改革的关键问题识别不是很清晰，由此导致转移支付制度选择都可能缺乏针对性。从 1994 年分税体制改革至今，中国政府间转移支付就一直备受诟病。一个被广为接受的观点是，中国转移支付对平衡地区财政能力作用非常有限（贾晓俊、岳希明，2012），专项拨款既会降低下级政府的统筹能力，又会造成分配秩序混乱并滋生腐败。在这种主流认识下，近年来的转移支付改革都在致力于财政能力均等化方面，缩小专项拨款比重。改革的确也取得了一些成效，相较于 2004 年，2019 年地区间财政能力差异缩小了近 50%。然而，地方政府公共品提供责任并没有相应提升。2007 ~ 2019 年，剔除中央补助后，地方政府投资于教育、医疗卫生、社会保障和环境保护的财政资金增长不仅低于地方财政支出，也低于中央补助。改革为何没能充分激励地方政府公共品提供之责？关键原因与转移支付改革没能正确定位其制度功能有关。错把手段当目的，以及在错误功能定位下的改革策略，不仅损害了发达地区，也为不发达地区不谨慎财政行为提供了激励。

转移支付既是财政体制的重要组成部分，也是分权治理的重要机制。无论是联邦制国家还是单一制国家，只要实施分权治理，就必然需要建立转移支付制度以协调政府间行动目标、行动能力和行动意愿。就制度供给而言，转移支付制度不应是外嵌于分权体制，而应作为分权体制的一个部分在确定分权体制时进行整体设计，以服务于分权治理的全局目标。然而在中国，由于1994年分税体制确立时没有重视转移支付制度的重要性，所以中国转移支付制度在很大程度上可以说是外嵌于分权体制，成为上级政府影响下级政府的一个工具。这种制度安排顺序和制度功能定位，使转移支付完全服务于制度供给者的管理需要。独特的环境和自上而下的制度形成机制使转移支付丧失了成为政府间行动协调机制的可能，造成政府间协同激励缺失。在信息极不对称和地区间激烈竞争的环境中，家长意识浓厚的转移支付不仅严重降低了转移支付公平与效率，而且使财政资源分配失序。

从跨国经验看，在一个分权体制下，转移支付能否成为分权治理的良好机制，关键在于科学定位转移支付制度功能、精准识别实现功能所需机制设计。作为政府间财政收入分配关系的协调机制，转移支付在制度设计和机制选择上至少包括三个层面内容。第一个层面是确定转移支付的制度功能，这是转移支付制度选择的逻辑起点。第二个层面是确定转移支付资金池大小。第三个层面是确定转移支付资金分配方式和分配依据。就第一个层面而言，几乎所有分权治理国家都将转移支付功能定位为提高下级政府公共品供给激励，最终实现公共品的充分供给。这个功能既决定着后两个层面中的制度选择，其实现程度又受到后两个层面影响，因为后两个层面直接影响着下级政府对转移支付的反应策略。为此，在第二个层面，资金池大小确定必须在需要与可能之间寻求某种平衡。转移支付本质上是一个财政资源的地区间再分配机制，确定资金池大小既需要避免其在发达地区引起课税成本过分偏离公共服务收益，又需要避免其在不发达地区诱发财政幻觉、道德风险和财政不谨慎行为。而在第三个层面，无论是分配方式还是分配依据，关键在于协调上下级政府间意愿冲突，促成上下级政府在公共品供给上的协同激励。后者在分权体制中取决于上级政府如何看待下级政府，以及下级政府的行动目的和行动环境。无论是第二个层面还是第三个层面，制度选择都是为了以最小成本实现转移支付制度功能。

从中国转移支付改革实践看，无论是中央对地方，还是省对所辖市县，转移支付改革在第一个层面就发生了偏移，错误将转移支付功能定位于解决下级政府财政能力不足问题。当然，公共品充分供给的确需要有充分财力保障，但这仅是手段，不是目的。由于改革将手段当成目的，中国转移支付资金池被不断扩容。后者导致了发达地区财政资金大规模流出，2019年，浙江、江苏、广东等一些发达地区财政资源流出超过其财政总收入的40%。因为下级政府在接受了转移支付后并没有将其转化为公共品，也没有促进地区经济发展、提高财政自养能力，反而产生对转移支付的依赖症。2019年，一些贫困县财政支出对转移支付依存度超过82%。由于定位错误，转移支付改革在第二个层面衍生出严重问题。其主要表现就是，不发达地区因大规模财政流入出现严重财政不谨慎行为和腐败现象，这已被研究所证实。同时，大规模财政资源流出，不仅伤及发达地区经济和社会事业发展，而且改变了发达地区政府的财政激励，寻找其他替代性收入来源。研究表明，超过门槛水平的财政资源流出不仅造成流出地经济增长下降1.5%~2%，而且还造成发达地区不规范债务融资水平上升。由于各地经济发展模式雷同，大规模财政资源流出也进一步加剧了地区间粗放式横向竞争。

转移支付功能错误定位也在第三个层面形成错误的改革导向。如果说，第二个层面主要解决拿多少钱给多少钱的问题，第三个层面则主要解决怎么给钱的问题。在中国，转移支付在如何给钱上一直纠结于一般拨款与专项拨款的比重。由于将转移支付制度功能仅定位为下级政府财政能力，将转移支付仅视为上级政府可以操控的工具，所以如何给钱在方式上就出现了上下级政府间利益冲突。下级政府总是想摆脱上级政府的影响，希望一般性拨款越多越好，而上级政府总担心下级政府不遵照自己意愿，所以更偏好专项拨款。此外，外界因无法清晰识别公共品供给水平较低是源于政府不努力还是源于政府财力不足，所以“一边倒”地支持增加一般性拨款，减少专项拨款。而专项拨款被部门利益和个人利益绑架产生所谓的“跑部钱进”和腐败，更是为这一改革诉求提供了口舌。为了迎合各方诉求，一些地方政府在辖区内实施了所谓的一般性专项拨款。然而由于没有矫正转移支付错误的功能定位，所以改革更多表现为数据结构变化。而真正需要解决的公共品短缺问题并没有因这项改革而得到有效解决。大量研究已证实，中国转移支付结构虽然不利于经济增长和公共品供给，但并不意味着调整转移支付结构就能解决这些问题，因为无论是增加专项拨款还是增加一般性拨款，都未伴随有公共品供给水平上升。所以，结构本身不是问题，问题出在给钱的目的上。后者直接决定着前者的选择。

作为财政体制重要组成部分和分权治理的重要机制，中国转移支付存在的一系列问题，本质不是出现在制度选择上，而是出现在功能定位上。然而中国对转移支付所做的一系列改革，都是集中于制度本身，所以尽管改革力度很大，但并没有治本。因为中央政府尽管每年集中了财政收入的46%，但其将约72%又以转移支付方式分配给各地方政府，不可谓力度不大。如果认为地方政府财政支出是其正当职能，2019年，地方财政收入至少满足其支出的90%。所以地方公共品短缺，因体制分成造成地方政府财政能力不足，并不是关键原因。问题的关键在于给钱的方式，后者又源于给钱的目的，即转移支付制度的功能定位。根据跨国经验和理论研究，转移支付理应成为上级政府激励下级政府公共品供给行为的重要机制，其制度功能在于实现公共品充分供给。

为了实现转移支付制度功能，转移支付制度选择应遵循对等性、稳定性和客观性三个原则。所谓对等性原则，就是在确定上下级政府间财政收入分配关系时，上级政府应平等对待下级政府，不能将下级政府视为下属机构而形成事实上的管理者和被管理者关系。基于这一原则，中国转移支付改革中应充分尊重下级政府的权益，制度设计既要避免上级政府单方面主导，又要避免转移支付分配受政治关联影响。所谓稳定性原则，就是转移支付，无论是融资方式和水平，还是分配方式和依据，都要求符合可预期性和固定性，以保证下级政府能够正常安排自己的支出活动。基于这一原则，中国转移支付改革需要有顶层设计，并使其法定化，避免转移支付为上下级政府偏好所左右，以消除转移支付的共同池效应。所谓客观性原则，就是在法定化转移支付融资和分配时，指标和标准选择尽可能保持客观中性，避免受到上下级政府策略性行为的影响。基于这一原则，中国转移支付，无论是融资型、补贴型还是均等型，都需要建立客观的分配依据，以及可以识别的分配标准和拨付程序。

遵循上述三个原则，中国转移支付改革首先需要明确转移支付结构。现行关于中国转移支付结构问题的讨论，其依据并不充分，因为从世界银行研究呈现的证据看，包括澳大利亚、加拿大等发达国家，专项拨款比重普遍也非常高。所以中国转移支付在给钱方式上，并不是简单的结构问题，而是没有区别拨款所资助的公共品类型。因为转移支付制度功能在于公共品提供，但公共品类型不同，需要与之相适应的融资方式也不同。根据现行政府间支出责任配置，下级政府所提供的公共品大致有三类：权利性和（非）普遍性公共品；临时性或委派性公共品；非权利性和（缺乏）竞争性公共品。在选择转移支付拨款方式上，必须依据三类公共品而有所区别。对权利性和普遍性公共品，如果需要上级政府融资支持，转移支付应采用一般性拨款方式，以尽可能体现分权的效率要求。对于权利性和非普遍性但又具有常态性公共品，应采用专项一般性拨款方式。对于临时性和上级政府委派的公共品，应采取专项拨款方式。对非权利性和竞争性公共品，也应采用专项拨款方式。但对于非权利性和缺乏竞争性的公共品，则应采用专项一般性拨款方式。

中国转移支付改革重点一直在分配环节，尽管近年加强了绩效管理，但非常粗放。突出表现就是只管给钱不管过程监控和目的实现程度评估。由于缺乏约束，转移支付改革始终未能真正成为激励地方政府公共品提供之责的重要机制。所以转移支付改革不能仅仅盯住分配环节，还应建立精细化绩效管理，强化用钱约束。为此，中国转移支付改革中，应尽快建立转移支付资金绩效追踪机制。然而，中国目前转移支付资金多头分配格局不利于绩效追踪。所以为配合建立绩效追踪机制，中国转移支付应改变条块交错的资金分配格局，统一由财政部门直接分配给资金使用者。

参考文献

［1］高培勇：《论国家治理现代化框架下的财政基础理论建设》，《中国社会科学》2014 年第 12 期。

［2］高培勇：《论中国财政基础理论的创新——由“基础和支柱说”说起》，《管理世界》2015 年第 12 期。

［3］贾晓俊、岳希明：《我国均衡性转移支付资金分配机制研究》，《经济研究》2012 年第 1 期。

[4] 刘家义:《国家治理现代化进程中的国家审计:制度保障与实践逻辑》,《中国社会科学》2015 年第 9 期。

[5] 刘家义:《论国家治理与国家审计》,《中国社会科学》2012 年第 6 期。

[6] 刘剑文、王桦宇:《公共财产权的概念及其法治逻辑》,《中国社会科学》2014 年第 8 期。

[7] 刘尚希:《财政风险:防范的路径与方法》,《财贸经济》2004 年第 12 期。

[8] 楼继伟:《推进各级政府事权规范化法律化》,《中国财政》2014 年第 24 期。

[9] 王家峰:《国家治理的有效性与回应性:一个组织现实主义的视角》,《管理世界》2015 年第 2 期。

[10] 向玉乔:《国家治理的伦理意蕴》,《中国社会科学》2016 年第 5 期。

[11] 张文喜:《政治哲学视阈中的国家治理之"道"》,《中国社会科学》2015 年第 7 期。

通过中期财政规划改进公共支出管理与治理：中国案例研究

王雍君*

摘　要：中央政府从2015年开始实施的中期财政规划（MTFP）现已被广泛应用于地方政府，以此作为制定财政政策特别是支持年度预算运作的工具。对引导财政政策和年度预算追求公共支出管理（PEM）界定的三级理想财政成果而言，MTFP的作用是关键性的，但必须满足一系列门槛条件才会如此，至少包括：严格的预算限额与预算审查制度，以经济分类作为预算的主要申报，基线筹划，经济与财政预测的质量，以及行政能力与政治意愿。现状尚难满足这些条件，以至于效果未能充分彰显。努力方向应是把首要事情放到首位：把MTFP作为“在预算过程中导入展望意识和促进支出整合”的治理练习，作为增强预算-政策联结和技术健全性的起点。这也是中国当前背景下MTFP的核心价值所在。

关键词：中期财政规划　三级财政成果　预算-政策联结　支出整合　基线筹划

一　引言

早在半个世纪前，发达国家即相继采用中期支出框架（Medium-Term

* 王雍君，经济学博士，中央财经大学财政税务学院教授，中央财经大学政府预算研究中心主任，主要研究方向为公共财政管理、政府预算、公共财务管理、公司财务管理。

Expenditure Framework，MTEF）作为改进年度预算体制运作的基本方法，一并为制定财政政策和公共投资计划创设新工具。Wildavsky（1993）指出，孤立的年度预算会导致：（1）短视，因为只审查下一年的支出；（2）过度支出，因为未来几年的巨额支出被隐藏；（3）保守主义，因为渐进式的变化不会引导关注未来广阔的前景；（4）狭隘主义，因为规划往往被孤立看待，而不是将其未来成本与预期收益进行比较。基于此，要想预算与政府政策保持一致，多年展望是必要的（Schiavo-Campo，2009）。近年来，发展中国家也相继采用 MTEF 来弥补年度预算体制的不足、改进预算过程（OECD，2020）。MTEF 的优势就在于，它能将短期宏观经济稳定与预算的中长期需求这两个经常相互冲突的目标联系起来，从而有助于改进政策制定和计划、提高公共服务的供给效率和有效性（Malcolm 和 Alison，2003）。如此，公共预算、财政政策连同中期财政规划（Medium-Term Fiscal Planning，MTFP）——MTEF 的中国术语，形成市场经济体制下公共部门财政治理的“三驾马车”。

中国的 MTFP 实践始于 2015 年。当年的《国务院关于实行中期财政规划管理的意见》（国发〔2015〕3 号）在中央政府的试点部门首次实施，目前已扩展到几乎全部中央政府部门，以及多数地方政府和部门。这项意义非凡之举十分契合 40 多年来史诗般“改革开放”进程的治理转型逻辑——以公共预算取代指令性中央计划经济作为促进发展目标的核心工具，可望为系统强化和改进公共支出管理（Public Expenditure Management，PEM）做出贡献。

鉴于攸关公共利益、政府职责和治理能力，一个国家或辖区的 PEM 质量足以对公共服务和经济社会发展产生决定性影响。在 PEM 体制未被牢固确立和有效发挥作用的环境中，很难设想能够达成合意的服务绩效与发展绩效，包括包容性经济增长和消除贫困。若置于广阔的经济社会背景下观察，当代中国最复杂棘手的治理挑战恰好也在这里。

挑战的焦点是公共预算①。公共预算本身就是政府体制的核心部分，从某种意义上讲还是“政府”概念的近义词。当代社会中，公共预算承载了政府体制最基本、最重要和最正式的功能，包含最重要的政府决策机制与

① 本文使用的“公共预算”系政府预算的泛指，并非特指现行的“一般公共预算”。

程序。因此，如果公共预算不能正常有效运转，政府体制也难以正常有效运转；反过来也是如此。在此意义上，当代治理文献把公共预算确认为公共治理和发展议程的核心（World Bank，2007）。

然而，公共预算的现状与上述期望角色之间依然存在鸿沟：不仅未能成为促进 PEM 目标、财政政策制定、进而促进发展目标的“核心工具”，反而在某种程度上被边缘化、空心化和矮化（为会计核算），导致环境应变能力和修复能力明显不足。治理概念的本质是应对快速环境变化带来的挑战，抓住发展的机遇。在此意义上，把修复公共预算的深层脆弱性作为治理改革的一项核心命题，既是适当的也是必需的。

多年来，预算制度的脆弱性一直困扰从中央到地方的各级公共预算实践，涉及预算过程的各个阶段，典型的包括：立法机关、财政部门和支出部门在预算过程中的角色定位和职责划分不充分、预算程序的界定不充分、预算分类系统不满足国际通行标准——特别是缺乏对规划分类的重视以及对资本支出和经常支出的区分不充分、预算的会计基础和预算准备不充分——尤其未以宏观经济与政策框架作为预算准备的起点、缺乏对预算的严格和现实的审查、在预算年度开始后而不是开始前批准预算、过于频繁的预算调整、许多艰难抉择并未在预算早期阶段做出——而是推延到预算执行中、预算信息和预算过程的公开性与透明度未满足最低标准、预算过程缺乏正式的（部门间）协调机制、过度讨价还价和寻租活动盛行、投入控制取代了对产出和成果的关注、预算过程缺失公民参与和预见性、不充分的预算评估、旨在应对突发事件的预算创新不足、预算报告的质量低劣、缺乏至关紧要的展望意识等。

预算制度的深层脆弱性损害公共预算所有功能以及这些功能所支持的三级核心财政成果，进而损害财政成果所联结的一般经济政策的三个综合目标。普遍认为，现代预算制度履行四项功能——支出控制、政策工具、规划管理和民主参与功能。当代 PEM（希克，2000）界定了理想财政成果的三个层级，即总额财政纪律、配置有效性和运营绩效，每个层级都联结或支持一般经济政策的综合目标：运营绩效联结增长（蛋糕做大），配置有效性联结平等（蛋糕分享），总额财政纪律联结稳定（蛋糕做大和分享皆可持续）。

三级财政成果既是公共预算也是财政政策的综合目标。理想情况下，公共预算作为制定和贯彻财政政策的核心工具，两者协调一致地追求所有三级成果。但广泛的国际经验和实证研究表明，预算制度的深层脆弱性很难通过改革年度预算体制被消除，财政政策本身的深层脆弱性也很难通过财政政策改革被消除。例如，Batcheler（2019）对缅甸规划和预算编制的研究表明，在年度预算体制下引入中长期观点并未明显改善规划和预算编制过程，原因在于缅甸的预算过程侧重于自上而下的方法而忽略自下而上的方法、规划与预算编制缺乏协调等。因此，消除预算制度和财政政策的深层脆弱性必须依赖改变决策过程中的博弈规则（Demirbaş，2020）。

两个主要难题分别是预算－政策联结和技术健全性。预算－政策联结依赖中期展望意识被导入预算过程，中期通常定义为包含下一个预算年度的未来3～5年，中国目前的MTFP为3年。技术健全性的关键方面是支出整合——把资本支出和经常支出整合到一个预算里（one budget），无论是整体的政府预算层面、部门预算层面还是特定项目预算层面。

之所以成为“难题”，一个重要原因在于年度预算体制的时间框架过于短促，相对于预算的政策功能和规划管理功能尤其如此。多数公共政策和规划（如儿童保健规则）的生命周期超过1年，大多有3～5年甚至10年以上。这一事实客观上要求机构和官员具备宝贵的中期展望意识，把处理短期紧迫问题与考虑更具中期重要性的政策与规划问题结合起来。然而，事实证明这很难。在有缺陷的制度和体制环境下，机构与官员几乎总是把主要精力用于完成越来越紧迫的年度性预算任务，尤其是与“支出进度”相关的财务事项，以至于预算的政策和规划功能常被忽视。

支出整合难题与此密切相关。有效的支出整合高度依赖密切的预算协调，包括核心部门与支出部门间、核心部门间和支出部门内部的协调，以及财政部门和支出部门同国有企业间的协调。这些协调工作涉及预算过程的各个阶段，从预算准备到预算审查，再到预算执行直至最终的预算执行评估与审计。大量的预算协调事务不可避免地占用大量时间与精力，这与机构和官员对“完成自己的年内事”的优先关注相冲突。许多其他原因也妨碍支出整合，比如资本支出与经常支出缺少清晰而详细的区分。

在这种情况下，预算的各个组成部分（成本、支出与融资）变得支离破碎，而且几乎从未被当作一个有机整体加以审视。从系统论基本原理看很难带来合意结果，但因为相当隐秘分散而鲜少被关注。众所周知，只有各个子系统间有机地紧密联结时，系统的整体功效才会最大化；系统的实际功效则取决于最薄弱的一环，就预算系统而言这意味着某个成分（比如配套资金）成为短板。

由此可知，中期财政规划根植于三个逻辑：（1）把展望意识导入预算过程作为第一步，用以强化预算－政策联结；（2）把支出整合作为第一步，用以强化技术健全性；（3）通过强化预算－政策联结和技术健全性，改进年度预算体制运作和财政政策制定，以促进 PEM 的三级核心财政成果及其联结的发展目标。

发达国家的实践表明，年度预算体制只有在伴随 MTEF 时才可能正常运转（Schiavo-Campo 和 Tommasi，1999）。首先，只是把 MTFP 作为制定财政政策的工具并不充分——不足以促进财政成果；其次，年度预算体制必须恪守——MTFP 的基本作用是支持而非代替其发挥作用；再次，年度预算与中期财政规划是两个不同的工具，把中期财政规划视为或称为“中期预算”违反常识且具误导性；最后，在实践中，把 MTFP 作为支持年度预算体制的工具，意味着 MTFP 遵循与年度预算大致相同的程序与流程，并且作为预算文件不可分割的内在组成部分一同呈递审查与批准。

以上简要讨论呈现的两类路径——预算－政策联结和支出整合，可作为分析中国背景下应用 MTFP 改进 PEM 与治理的起点，鉴别核心的改革命题以寻求精心设计与实施更好的改革议程，如图 1 所示。

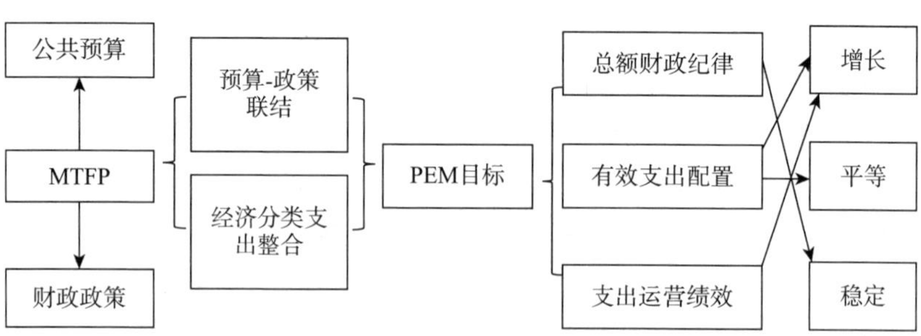

图 1　中期财政规划与 PEM 及治理目标的联结

公共支出如果不能对 PEM 目标和治理目标做出贡献将毫无价值，根植于“钱是钱但不只是钱”的认知。“不只是钱”意味着公共支出获得增值——超出支出（“钱”）本身的价值。增值即对三级核心财政成果的贡献，其中，总额财政纪律联结稳定目标，配置有效性一并联结平等和增长目标，运营绩效联结增长目标。增长、平等和稳定共同作为发展背景下的“公共治理”的一般目标，彼此间具有潜在冲突，因而需要在财政治理体系中协调一致地予以全面追求。MTFP 连同其支持的年度预算和财政政策，共同构成财政治理的三个主要工具。财政治理指一个社会运用财政工具促进 PEM 目标进而促进发展目标的系统方法，前提是遵循良治的基本原则：法定授权、受托责任、透明度、预见性和参与。

图 1 表明，MTFP 应与公共预算和财政政策一道，共同追求并在改革议程中“一级接一级地”追求这些成果。在展开讨论之前，简要解释 MTFP 的含义和相关实践是有益的。

二 MTFP 的含义与解释

准确理解 MTFP 概念的确切含义和精髓是取得成功的第一步。在一般意义上，MTFP 可定义为一套衔接年度预算、以基线筹划为核心的程序，用以强化预算 - 政策联结和促进支出整合的财政治理工具。中国现行 MTFP 与此大致契合，但在关键细节上存在较大偏差。

（一）国际上对 MTFP 的一般定义

MTFP 有不同的术语。国际上通常使用“中期支出框架”（MTEF）这一术语。根据世界银行《公共支出管理手册》中（World Bank，1998）的定义，MTEF 包括自上而下的资源限额、自下而上的关于现行政策的即期与中期成本估计以及最终实现这些成本与可得资源间的匹配。成本与可得资源应在年度预算过程的背景下实现匹配，同时应全力关注所需要的政策变化以反映宏观经济条件和政府战略优先性的变化。

亚洲开发银行（Asian Development Bank，1999）认为，理想情况下，MTEF 应该表明：（1）当前支出水平；（2）未来提供相同服务（比如教育中的师生比）需要的额外支出；（3）如果服务水平和质量发生变化所需要的额外支出。其中，（1）和（2）被描述为“继续现行政策”的支出——通常称为支出基线，（3）被描述为“采纳新政策”的支出——通常称为线上支出。在实践中，现行政策与新政策的界限通常相对模糊，取决于部门特性和统计数据的可得性。一般地讲，判定是否为一项新政策的标准是：服务供应是否出现增减变化。三项内容结合为基线筹划。实际上，把 MTFP 狭义地理解为链接年度预算程序的基线筹划程序也是适当的。

（二）精髓是基于经济分类的基线筹划

基线筹划的核心含义是“筹划”（区别于预测）未来 3～5 年的两类支出效应：一是筹划支出基线，即假设预算中业已采纳的现行政策与规划“自动延续”——意味着纯粹由于“参数变化”、没有“政策变化”，支出基线应被筹划为多少；二是筹划“线上”支出，即在假设纯粹由于“政策变化”而无参数变化的影响，支出基线应被筹划为多少。这样，政策与规划的支出需求被清晰区分为两个部分——基线支出和线上支出。将两类筹划结合起来，得到总额支出筹划。

MTFP 最显著的特征与优势就是“基线”和“线上”的清晰区分，涵盖支出、收入、债务和其他财政变量（比如赤字和盈余）。财政变量既受经济参数（如增长率和利率）和财政参数（如税率和工资率）的影响，也受政策变化的影响。两类影响的性质截然有别：参数影响属于“自动延续”现行政策（与规划）产生的效应，与政策变化无关。只是在参数变化影响从总的影响中剔除时，未来 3～5 年的预算变化才能准确反映预算政策的变化，这是预算的作为“政策工具”的一项重要含义。预算政策约束和引导财政政策与部门政策。部门政策通常对应支出的功能分类，反映公共政策的特定领域，比如农业政策、科技政策、教育政策和医疗卫生政策。

基线“筹划”不同于基线“预测”——筹划高于预测。MTFP 最为适当的功能是筹划而非预测。预测也是支持筹划所必需的功能，但只是相对次要的功能。中国目前实践中的 MTFP 在很大程度上被用于预测而非筹划——基本支出尤其明显，以至于对 PEM 目标（财政成果）的实际改善明显不足。改善要求基于筹划的实际行动，但预测只是“数字作业”——对假设条件下财政变量数值的估计。

基线筹划被作为 MTFP 的“最大特点和优势”，根植于 MTFP 的角色定位：为强化预算－政策联结而量身定制的财政治理工具，以此支持年度预算体制和财政政策的运作。

（三）作为基于经济分类的支出整合工具

良好的财政治理依赖年度预算体制的“正常运作”。一般地讲，只是在一并满足“预算－政策联结”和“技术健全性”的情况下，年度预算体制被视为正常运作。① 前者旨在确保政策或政治方向的正确性，强调预算须准确反映国家战略重点和政府政策优先性。理论上，预算优先性取决于公民偏好和财政成本。

预算－政策联结关注“做正确的事”，一并需要的还有“正确地做事”。后者取决于技术工具与方法的健全性，基于经济分类的支出整合是其中的关键方面。其确切含义是：对于特定的预算功能或目标而言，资本/经常支出组合及其次级组合必须是适当的，每类支出都有确定且适当的资金来源。某些社区卫生机构中，医生与护士的工资（经常支出）偏低——“支出定额”不合理，但工资支出相对于其他经常支出（比如基本药品储备和设施维护）可能偏高——“支出比例”不合理。只是在“支出定额”与“支出比例”都合理适当的意义上，基于经济分类的“支出整合”才被保证；这是 MTFP 仅次于预算－政策联结的精髓和功能。在中国当前的 MTFP 实践中，此项功能依然很弱，也较少受到关注和重视。

（四）不应把 MTFP 误解为“中期预算”

国发〔2015〕3 号文规定：“中期财政规划是中期预算的过渡形态，是在对总体财政收支情况进行科学预判的基础上，重点研究确定财政收支政策，做到主要财政政策相对稳定，同时根据经济社会发展情况适时研究调整，使中期财政规划渐进过渡到真正的中期预算。”这里把 MTFP 及其目的表述为“中期预算”，实际上是完全错误的。

世界各国从来就没有、现在也没有、未来也不太可能有所谓的“中期预算”。从诞生之日起，公共预算（不同于公司预算）就是年度性的：立法机关批准的只是“一个法定预算年度的预算文件”，作为权威性法律文件的预算文件的有效性只限于一个法定预算年度；在本预算年度结束后，下一

① 年度预算体制的正常运作亦应满足第三项一般条件——绩效导向，对应预算的规划管理功能。此功能区别于预算的控制功能和政策功能，支持预算的第四个功能——民主参与。

个预算年度的预算文件必须重新得到立法机关的批准。这就是作为公共预算制度基石的（法定）年度性原则，旨在确立公共资金管理的底线——来源和使用必须得到代表公民的立法机关的正式批准，也就是具有法律约束力的预算授权，以此作为民主治理背景下权力制衡与“安全政府”的首要保障机制。①

把 MTFP 有意无意地称为“中期预算”在国内相关文献中也很常见，这是“天大的误读”。MTFP 与公共预算的差异是实质性——虽然密切相关，但是不可混为一谈；公共预算必须是年度性的，世界上根本就不存在所谓的“中期预算”。

其实质差异在于：MTFP 只是一个“框架”,一个对支持年度预算体制运作至关紧要的“中期宏观经济与政策框架”，以及衔接与支持该框架的“中期支出框架”（MTEF），两者共同作为准备年度预算文件的起点。简而言之，MTFP 根本就不是“预算”“年度预算”“中期预算”，而是支持年度预算体制和财政政策制定的财政治理工具。

三　MTFP 的国际与国内实践

与最早实施 MTFP 的发达国家相比，中国的 MTFP 实践滞后约半个世纪，实践经验和成果自然难以与前者相提并论，在某些关键特征上也有很大差异。

（一）发达国家的 MTFP

MTEF 最常见的变体是中期预算框架（Medium-Term Budget Framework，MTBF），它将宏观财政目标转化为预算总额和详细的支出计划。全球范围内，MTBF 盛行于 20 世纪 70 年代，当时主要作为一项在未来预算中确立新规划并向其配置资金的工具。根据 OECD（1997）的评估，MTBF 在整个 20 世纪 70 和 80 年代遭遇到两个问题：（1）在预测期高估经济增长和可得资源的倾向；（2）支出机构将其支出预测视为权益的倾向。两者导致随后出现支出困难时频繁的支出调整以及普遍过于

① 详细讨论参见王雍君《公共财政学》，北京师范大学出版社，2008。

乐观的经济假设。

1982 年英国采纳 MTEF 后，才使 MTEF 切合现实条件。当时经济下滑、通货膨胀上升，支出预测随之自动调整，财政压力进而增大。1976 年的年度预算引入了现金限额，即支出规划中采用可比价格，并直到 1982 年才停止。此后，支出估计采用名义价格以确保与预算一致。

目前尚未采用正式 MTFP 的发达国家中，美国是一个主要例外。实际上，美国联邦政府采用了一系列替代性工具与方法，用以执行与 MTFP 类似的功能，主要包括部门战略规划融入预算过程，以及相当成熟的中长期财政预测和代际会计。代际会计被当作长期预测的工具，用来预测当前世代和未来世代间的净财政利益分配，净财政利益是指支出受益减去税收支付的差额。

（二）中国的 MTFP 概况

尽管 MTEF 的基本概念很明确，但各国的 MTEF 都有其特定目的和重点。中国于 2015 年开始实施的 MTFP 的主要特征包括如下内容。

1. 强调与年度预算衔接

国发〔2015〕3 号文规定："通过逐年更新滚动管理，强化财政规划对年度预算的约束性……年度预算编制必须在中期财政规划框架下进行……第一年规划约束对应年度预算，后两年规划指引对应年度预算。年度预算执行结束后，对后两年规划及时进行调整，再添加一个年度规划，形成新一轮中期财政规划。"这项规定与 MTFP 的基本逻辑（支持年度预算运作）十分契合，特别是关于年度预算须与第一年的 MTFP 完全一致之规则。

"针对部分现行支出政策'碎片化'、不可持续等问题……提出解决问题的改革措施"之表述，以及地方政府参照中央政府的做法编制地方中期财政规划的规定，与契合 MTFP 支持年度预算体制运作的角色定位相比较，前者关注把 MTFP 作为促进支出整合的工具，后者关注政府间预算协调和 MTFP 协调。

2. 作为财政政策制定的工具

国发〔2015〕3 号文强调了把 MTFP 作为制定三项财政政策的工具，分别为收入政策、支出政策和债务政策。① “凡是涉及财政政策和资金支持的部门、行业规划，都要与中期财政规划相衔接”之表述，与此一致。

3. 区分政府与部门层次的 MTFP

部门层面的 MTFP 汇总为政府整体的 MTFP，这与多数国家相同。目前的四本预算都被要求在 MTFP 下加以准备和实施，只有第一年（2015 年）例外——社会保险预算和国有资本经营预算未纳入 MTFP。另外两本预算分别指一般公共预算和政府性基金预算。

4. 采用与年度预算相同的准备程序

部门 MTFP 采用与部门预算相同的“二上二下”的准备程序。财政部在启动下一个财政年度的预算编制之前，提前编制 MTFP 草案；草案编制前通常会征求相关部门和社会有关方面的意见，之后报国务院批准后实施。与许多国家必须呈递立法机关批准 MTFP 不同，中国并未正式规定 MTFP 须由人民代表大会（立法机关）批准，但正式规定人大负有审查与监督职责。

5. 强调发展规划与 MTFP 的衔接

相关文件强调 MTFP 与国民经济与社会发展规划（五年期）、地区发展规划、专项规划和其他规划“相衔接”。但到目前为止，政府的公共投资计划仍未整合到 MTFP 中，两者的范围并不一致，反映预算功能与计划功能整合不佳。作为计划经济时代“遗产”，表明把预算塑造为“发展的核心工具”依然存在诸多难题。

6. 区分“项目支出”和“基本支出”

2015 年开始实施的新《预算法》和 2020 年 10 月 1 号实施的《预算法实施条例》，规定部门预算继续采用“项目预算”和“基本预算”的二分法框架，一并规定各部门、各单位的预算支出按经济分类“编制到款”（级科

---

① “制定财政收支政策改革方案。一是在财政收入政策方面，财政部门要与税务、海关、发展改革等相关部门协商提出税制改革、重大税收政策调整、清理规范收费和政府性基金项目的路线图和时间表，明确政策目标和政策实施时间，评估政策对经济运行和相关产业的影响以及企业、个人税费负担的变化。二是在财政支出政策方面，财政部门要与相关部门梳理规划期内重大改革、支出政策和支出项目，明确政策目标，列出分年度工作任务和时间节点，说明资金使用对象、保障标准、运行流程，建立预算绩效评价机制，并加大结转结余资金清理力度，减少新增沉淀资金。三是在政府债务管理方面，财政部门要根据财政收支和政府债务风险预测情况，合理确定财政赤字规模、政府债务限额等风险控制目标，将债务分类纳入预算管理，并建立债务风险预警和应急处置机制。” http://www.gov.cn/zhengce/content/2015-01/23/content_9428.htm，2020.9.10。

目），部门预算、决算支出按经济分类的“基本支出应当公开到款”。

真正的问题在于：“项目/基本支出”框架全然不同于并且显著地劣于“资本/经常支出”框架，即便在“项目/基本支出”下列示资本/经常支出也是如此。MTFP 的政策功能和支出整合功能都将因此受损。

“项目/基本支出”并非逻辑上的正确分类，即既无重复又无遗漏的分类，因为“项目支出”中不可避免地包含“基本支出”，“基本支出”中也不可避免地包含“项目支出”。原因很简单：这一分类基于“支出用途”而非经济性质（是否形成跨年度受益的资产）。按照《预算法实施条例》的解释，基本支出的用途是“保运转”，项目支出的用途是“经济社会发展特定任务”，这两个用途在逻辑上并无对应关系。“保运转”的用途，同样包括大量的“特定任务”，比如办公楼与办公用固定资产的购置与重置。以目前所得信息判断，没有其他任何国家采用这种逻辑混乱的分类。逻辑混乱带来了实践中的更多混乱。

更大缺陷还在于“项目/基本支出”与 PEM 的核心目标的关联度很弱。如前所述，核心目标即理想财政成果的三个层级，即作为总额财政绩效的财政纪律，作为结构性绩效的配置有效性，以及支出使用层面的运营绩效。稍加分析可知，经济分类的支出整合与三者间的内在关联度高得多，包括定额标准（“标准支出定额”）和组合比率标准。组合比率标准主要因特定政策领域（功能分类）而异。举例来说，实物基础设施领域中，资本/经常支出间的适当组合比率通常远高于社会服务（教育和医疗服务等）领域。

《支出经济分类科目改革方案》（财预〔2017〕98 号）规定：从 2018 年起正式实行支出经济分类科目改革，预算单位按照部门预算经济分类、对应的政府预算经济分类编制部门预算并报财政部门，并编制到款级科目。此规定创设了基于经济分类的 MTFP 进行支出筹划的政策依据，[①] 但一级筹划仍然采用的“项目/基本支出”框架，并不满足基于有意义的支出整合的前提条件——基于经济分类的支出组合。

7. MTFP 由本级政府而非“人大”批准实施

发达国家的 MTFP 大多作为预算文件的固定组成部分，呈交议会（立法机关）审查，某些国家还规定由议会批准。相比之下，中国的 MTFP 由本级

① https://wenku.baidu.com/view/44536321cd1755270722192e453610661ed95a81.html，2020.9.11。

政府批准实施，[①] 但《预算法》和其他相关文件规定人大对 MTFP 负有“审查与监督”职责。[②]

8. 运作流程

目前 MTBF 的运作流程如下。

步骤一：各部门在预算年度开始前向财政部提出未来 3 年的支出规划。

步骤二：财政部审核与确定各部门的未来 3 年支出限额。

步骤三：各部门在规定的支出限额下调整和修订支出规划。

步骤四：财政部汇总和审核各部门的中期支出规划。

步骤五：中期规划呈交人大审查并在 3 月份获得本级政府批准。

以上第三个步骤结束后，各部门通常不能调整其中期支出规划。如出现特殊情况确实需要做出调整，须在下一年准备中期支出规划时提出调整方案，并报财政部和人大批准。

四　运用 MTFP 强化总额财政纪律

总额财政纪律作为控制“公地悲剧”和建立“硬预算约束”的基本方法，被普遍视为中央与地方政府管理的首要价值（Matthew，2005），直接联结作为发展目标的稳定并间接支持增长与平等目标。从中期到长期加强总体财政纪律已成为许多发达国家和发展中国家的一项重要政策挑战（Maw，2020）。相应地，把促进与强化总额财政纪律作为中国 MTFP 实践的首要目

① “财政部牵头编制全国中期财政规划。全国中期财政规划对中央年度预算编制起约束作用，对地方中期财政规划和年度预算编制起指导作用。财政部要在下一年度预算编制启动之前，提前编制中期财政规划草案。草案应征求相关部门和社会有关方面的意见，报国务院批准后实施……各部门还要编制部门三年滚动财政规划……各省、自治区、直辖市及计划单列市财政部门要比照中央做法，编制地方中期财政规划，经同级人民政府批准后，报财政部备案。省级各部门、省级以下地方财政部门也可分别编制省级部门三年滚动财政规划和当地中期财政规划。” http://www.gov.cn/zhengce/content/2015-01/23/content_9428.htm，2020 年 9 月 10 日。

② “按照党中央改革部署要求和预算法、监督法规定，人大对支出预算和政策开展全口径审查和全过程监管。主要内容包括……审查支出预算总量，重点审查预算安排是否符合党中央确定的年度经济社会发展目标、国家宏观调控总体要求、国民经济和社会发展相关规划、中期财政规划，审查支出政策的可持续性……”《中共中央办公厅印发〈关于人大预算审查监督重点向支出预算和政策拓展的指导意见〉》，2020 年 9 月 11 日，http://www.gov.cn/zhengce/2018-03/06/content_5271524.htm。

标予以优先追求，很可能是适当的；考虑到总额财政纪律长期松弛的现实，这也是必需的。

然而，MTFP 的采用不会自动带来财政纪律的改进与强化，除非财政纪律高度依赖的预算限额制度被牢固地确立起来。若政府部门预算缺乏严格约束，导致各部门预算总额远远超过可用资源，进而迫使财政部任意削减预算，那么即使采用 MTEF 也是无用的（Schiavo-Campo，2009）。目前各级政府依然缺失严格的预算限额制度，无论支出限额（最重要）还是收入、债务和赤字限额制度。这些预算限额虽然实际存在并被运用，但远未完善，主要原因有四个：（1）缺失预算完整性，比如数额庞大的税收支出（减免）和或有负债尚未纳入预算；（2）缺失把支出基线和线上支出清晰分离的基线筹划程序，取而代之的是盛行的基数法；（3）“二上二下”的部门预算编制程序诱发过度讨价还价，并且与“自上而下”开启并在早期阶段公布限额的预算程序相冲突；（4）预算执行中过于频繁和随意的预算调整。

其他诸多原因也削弱了预算限额制度的有效性，尤其是支离破碎的预算编制与审查、资本/经常支出的区分不充分、缺失对政策与规划的中期成本核算方法与程序、财政透明度较低、支出限额过于粗略（部门下属机构限额缺失尤其明显）、对“运用基线筹划强化总额财政纪律”的特殊重要性缺失认知与重视。①

财政纪律松弛损害预算准备的质量。与中央预算一样，地方预算采用自下而上方法开启的“二上二下”程序编制：行政部门在没有清晰的宏观经济与政策框架、财政约束（预算限额）的情况下，在引入新规划的目的与适当性未得到清楚陈述的情况下，在引入新规划的成本并未予以清楚和充分估计的情况下，即被要求向财政部门提出下一预算年度的预算申请。之后，财政部门再进行综合平衡和多少有点武断的削减，下达预算控制数；之后，行政部门根据预算控制数重新编制预算草案，然后呈交财政部门修订调整；然后，呈交本级政府审查；之后，呈交党委审查；之后呈交人大审查，并在 3 月份召开的人代会期间被批准。这就是多年延续的预算准备流程的大致情况。

---

① 支出基线一旦确立公布即向支出部门与机构发出明确信号。如果没有适当且充分的理由并经核准，超出支出基线的支出增加是不被允许的。MTFP 第一年只列示支出基线、不列示线上支出，作用类似。

财政纪律松弛还妨碍预算－政策联结。当前的预算过程依然在很大程度上受收入驱动。正常预算过程保证预算受政策驱动，但预算实践在很大程度上偏离了这一策略，涉及一系列原因，每个都与财政纪律松弛密不可分。

首先，预算程序的早期阶段缺乏明确的政策指南。引导预算安排的政策信息主要来自每年11月份召开的政府经济工作和财政工作会议，这两个会议通常会宣布来年的政策基调，但这样的政策信息对于良好预算准备而言，不仅来得太晚，而且缺乏必要细节，无法为预算提供充分指导。

其次，支出总额中的大约一半属于被预先规定用途和总量的“法定支出”，即由一系列非财务法案规定的支出，包括《教育法》、《农业法》和《科技法》。对财务法案（《预算法》）和非财务法案的区分不充分，使预算在很大程度上被矮化为“计算”，部门专款制度更使其雪上加霜。目前多数支出部门仍掌握数量可观的专项资金，在部门内部自上而下分配这些专款。整体上，财政资金的分配呈现高度碎片化特征。

再次，切块（block）拨款。预算得到立法机关批准后，大笔拨款即被一次性切块给支出部门。财政资金不是根据实际支付需求一次接一次地拨付，而是按年度和季度预先切块拨给各部门使用。

最后，基数法依然是主要的预算方法。预算的边际变化很小，通常不足10%。

此外，预算过程中的部门协调机制很弱，这也加剧了预算与政策的脱节。

五　运用MTFP促进支出配置有效性

一般地讲，只是在伴随严格的“政策和规划成本核算与比较”时，MTFP才会成为促进配置有效性的有力工具。成本核算应覆盖中期的各个年度，包括投资项目完工后1～3年的维护运营成本。理想情况下，成本、支出和融资需求应一并估算，确保可靠性与可信度。

为此，两个最基本的技术性工具需在预算准备阶段加以运用。一是满足严格商业标准的成本效益分析，二是最低费用选择法。前者旨在确保“总效益大于总成本才能被纳入预算”，后者旨在确保优先采用费用最低的解决方案达成给定的同一目标。两个工具对支持支出配置重点与优先性至关紧要，尽管无法取代政治力量在支出配置中的决定性作用。

成本核算不能代替基于经济分类的支出核算，即核算资本支出、经常支出及其次级成分的支出需求，无论在部门、规划（“项目”）还是活动层面。理想情况下，活动应作为成本和支出核算的基本单元，因为活动正是建立绩效指标最适当的层级，特别是产出绩效。

支出整合的焦点是把资本支出与经常支出整合为一个预算，现行部门预算的“项目支出”与“基本支出”并非达成这一目的的适当框架。这一框架引发两个主要问题：（1）没有客观标准来确定究竟什么是、什么不是“项目支出”或“基本支出”，以至实践中的划分相当随意；（2）对两类支出的区别对待，容易导致资本项目的建设和维护运营的脱节。在实践中，这种脱节很普遍，许多资本项目得不到妥善维护和运营的现象相当严重。对于相同的投资项目而言，资本支出决策和经常性支出（维护与运营）决策通常由不同部门制定，使问题越发严重。

适当的应对方法是：在清晰定义资本支出和经常性支出的基础上，在MTEF中对两类支出及其次级成分进行统一筹划。就中国背景而言，促进资本支出和经常性支出的融合，可以看作MTBF最重要的价值所在。考虑到重建设、轻维护运营的问题十分突出，这一优势尤其需要得到确认，因为年度预算无法有效解决资本支出与经常性支出脱节造成的问题。

鉴于招致“重建设、轻维护运营”以及对经常性支出形成偏见的风险很高，资本支出与经常性支出的独立筹划通常并不适当。更好的方法是采用统一而非分离的决策程序与机制，通过规划预算统筹安排两类支出。支持性措施包括在战略-政策优先性和预算限额内，赋予各支出部门和地方政府以规划制定与实施的自主权，同时将规划的财务管理权从支出部门移交给财政部门，形成“部门管事（规划）不管钱”的管理安排。

六　运用MTFP促进支出运营绩效

在本文中，“支出运营绩效”与“支出使用绩效”或“运营绩效”的含义相同，焦点是约束与引导支出部门与机构以合理成本交付公众偏好的公共服务，涵盖四类运营性（区别于配置和总额）绩效目标。如同总额绩效与配置绩效一样，年度预算体制对运营绩效并不充分，MTFP 因而应被作为支持性机制发挥作用。

（一）“有支出必有投入”的经济性

与服务交付相关的“运营”概念的起点是花钱购买投入，相应的“一级绩效”以经济性加以计量，即采用“投入/支出”或“投入/成本”计量。焦点是“节约”和“性价比”，MTFP 为其规定年度和中期目标，要求包含充分改善的承诺。充分改善指实际改善达成充足性标准的程度。如果绩效改善的充足性标准是 20%，实际改善只是 5%，那么，改善程度仅为 5%/20% =25%，明显地属于“改善不充分”。“改善标准”和“充分改善标准”适应所有运营绩效目标，应在 MTFP 中加以筹划，但目前仍是 MTFP 的盲点。

（二）“有投入必有产出”的运营效率

作为第二级运营绩效的运营效率采用“产出/投入”加以计量。投入定义为花钱（支出或成本）购置的“人力”与“物力”资源，包括组织内部和项目层面的投入。MTFP 的相应筹划至少应包括“进度”（预算执行和项目实施）、“产出平均成本”（如平均每公里公路的成本）和“竞争程度”。

（三）“有产出必有成果”的运营有效性

年度预算和 MTFP 均应清晰陈述通过谁（部门与机构）、什么公共规划（比如污水治理）以及实现什么目标成果——比如“达标水质达到 90%”。成果应与规划所联结的政策目标紧密相连。成果是结果导向绩效管理最为适当的目标，也是界定产出的基础。产出与成果计量的筹划应覆盖数量、质量、成本和价格，其中的成本计量还涉及现金和权责会计基础的选择。

（四）“有成果必有影响”的规划效应

产出应尽可能通过特定规划组织生产与交付。成果可能依赖多个规划。举例来说，卫生成果（如减少疾病）不只依赖公共卫生规划，也依赖教育和营养规划。规划应被仔细择优，以确保最具成本有效性的规划被优先采用。规划效应指“纯粹由于规划（干预）”对产出和成果带来的净影响，即总的影响中剔除不可控因素影响（噪声效应）后的影响。规划效应亦应覆盖经济效应（项目对经济和就业的拉动效应）、分配效应（穷人获益的范围与程度）和生态环境效应。行为效应亦需评价。扶贫项目可能使穷人变懒，这是行为效应的例子。效应评价通常针对完工项目。

虽然把 MTFP 作为全面追求三级核心财政成果（绩效）的辅助工具是必要的、适当的，但发达国家大多侧重总额财政纪律和配置有效性。就相对重要性而言，这对中国也是适当的；但需要克服的难度和复杂性比侧重运营绩效的运用大得多。预算制度改革的先行者澳大利亚在其 20 世纪 80 ~ 90 年代的改革中侧重于总额财政纪律和配置有效性，为了反映战略重点，澳大利亚以牺牲严格的问责制为代价谋求对成果的关注与重视，但是由于其问责制过于松弛，绩效不佳（Campos，1996）。以此言之，就短期而言，把改善运营绩效目标作为 MTFP 重点很可能是适当的。尽管如此，一般原则应明确无误：MTFP 应全面追求 PEM 的三级核心成果，一如公共预算和财政政策。

七　成功实施 MTFP 的门槛条件

广泛的国际实践证明，成功实施 MTFP 的门槛条件相当“苛刻”，包括完善的预算系统和适当的公共支出管理改革顺序、良好的管理能力和技术能力、适当的宏观财政政策等（World Bank，2013）。发展中国家通常并不全面具备这些条件，导致实施效果大多不尽如人意，成功案例至今很少（南非是少有的例外）。就中国现状而言，近期的努力应集中于五个主要的门槛条件。

（一）以自上而下方法启动预算

当前采纳的自下而上方法启动的预算准备程序，与 MTBF 所要求的自上而下方法启动的预算程序相冲突。这种自下而上方法有以下几个缺点（Blöndal，2005）。第一，非常耗时，而且这一方法本质上是一个博弈，所有参与者都知道最初的请求并不现实；第二，这一过程倾向于增加支出，因为所有的新规划或现有规划的拓展都是以新的“请求”来提供资金；第三，很难反映政治优先事项，因为这是一项自下而上的工作，预算在这一过程结束时才得以产生。MTBF 通过将自上而下和自下而上的方法结合在一起来制定预算，使总支出受到资源可用性的限制，且资金流向能够清晰反映战略重点，从而强化总额财政纪律和促进支出配置有效性（James 和 Richard，2013）。为此，把目前“一上”程序改为“一下”程序（以及自下而上的中期成本核算机制）应作为优先事项，其含义是：财政部在预算准备的早期阶段即通过预算指南公布严格的支出限额，各部门与机构在此限额内准备预算草案；支出限额应与 MTFP 的第一年所“筹划”的限额完全一致。

预算准备是一个在财政部与支出部门之间反复磨合的过程，因而是自上而下方法和自下而上方法的组合。前者旨在向支出部门提供预算编制所需要的政策指导和资源约束（预算限额），后者涉及的是支出部门向财政部呈递预算申请（基于中期成本核算）。

自下而上方法有两个要点：（1）支出部门在支出限额内，将政府战略优先性与政策重点转换为（制定）部门支出规划（部门预算），支出限额提供了为此所需要的关于资源可得性信息；（2）审查（通常由财政部负责）这些规划的成本。成功实施 MTBF 的前提条件之一是：在预算过程的早期阶段，即向支出部门和一线机构提供清晰的政策指南、财政目标与预算限额，这正是制定宏观经济与政策框架的目的所在。

由于需要对部门政策和绩效负责，支出部门应在政策框架和政府建立的硬预算约束下，负责准备本部门的预算。在预算准备过程的起始阶段即赋予支出部门以硬约束，可促使它们从“需求”心态转为资源“可得性”心态。当前的预算准备程序无助于达成这一目的，反而引发了过度讨价还价和额外的工作量。

（二）联结政策制定程序与预算程序的支出审查

避免支离破碎的支出审查对配置绩效至关紧要。在政策与规划的中期成本核算与比较的基础上，采用全面的支出审查机制避免“你审你的、我审我的”的碎片化，才是 MTFP 得以促进配置绩效的关键。

全面的审查机制满足两个主要条件。第一，在 MTBF 中采纳一项政策决定之前，预先确认政策变动的资源含义，即便非常粗略亦应如此。任何提出新政策的部门和机构，都应量化该项提议对公共支出的影响，包括对本部门的开支和其他政府部门开支的影响。第二，在政策议案（比如“扩大招生规模”）仍在部门内部运作因而未被公开宣布之前，财政部应及时掌握所有涉及支出的提议。

（三）财政管理职能集中化

当前体制把确定支出总额、支出配置和支出使用的权力过多地从本级人大和财政部门分离出来，导致财政职能的过度分散化，以至没有任何一个核心部门能够对预算过程实施强有力的宏观指导，以及建立强有力的预算限额。

为提高 MTBF 的成功概率，在立法机关、财政部和支出部门之间重新分配财政职能非常重要。财政决策职能应较多地集中于人大和财政部门，支出部门只能在两者授权的范围内保留少量必要的决策职能，主要是在次级规划之间配置支出的裁量权，以及选择投入组合方面的裁量权。

此项改革的焦点是支出部门的权力集中于非财政功能。在整体的国家战略和政府政策框架内，制定和实施部门政策，特别是建立最低公共服务标准，监督这些标准的实施，以及在必要时为地方政府提供技术帮助。

修订部门法律也很重要。关键在于清晰区分财务法案和非财务法案，不应允许以非财务法案（《教育法》等）代替或弱化财务法案的作用。财务法案仅限于《预算法》和立法机关批准的年度预算。非财务法案中旨在为财务法案确定法定基础，但不能代替财务法案的作用。

另外，亦有必要澄清财政决策职能在本级人大和财政部门间的分配。当前体制下，人大财政决策职能薄弱。另外，MTBF 不经人大批准的做法并不适当，这可能加剧人大在预算过程中的边缘化。

在民主治理背景下，立法机关负有监督预算中采纳的政策是否符合公民意愿的重大责任，因为纳税人为所有这些政策买单。立法机关和公众因而有权清楚了解政府的政策目标和财政（约束）目标，这不仅有助于增强透明度和受托责任，也有助于凝聚在此领域的社会共识。在通过反复磨合以形成一份现实的具有内在一致性的宏观经济框架的过程中，许多关键方面需要保密，但筹划工作完成时，这一框架必须公布。

（四）提高预测质量

高质量的预测是成功实施 MTBF 最重要的技术基础，包括经济预测和财政预测。收入预测和支出预测是财政预测的两个主要方面。当前的 MTBF 含蓄地要求区分“现行政策”和“新政策”下的财政预测，但并未给出旨在区分两类政策的清晰标准。

经验表明，无论中央还是地方政府，财政预测质量和预测的准确性一直不尽如人意，经济预测的效果稍好一些。与许多国家过于乐观的预测不同，在中国，典型的财政预测常常过于保守：预测时故意低估收入的现象十分普遍，以至于实际收入大大高出预算数，由此形成的预算超收相当可观。当前体制下，主要的党政官员对预算超收的使用拥有相当高的自由裁量权，这使其有了故意过于保守估计收入的动机——操纵预测的一种隐蔽方式。

缺乏稳定和专业的预测人员，加上预测技术的不足，也是造成预测质量不高的重要原因。

（五）改进预算申请和预算报告

当前的 MTBF 并未强调预算申请必须满足的三项基本要求如下。

（1）主要的支出申请应与被通知的支出限额和预算指南相一致。

（2）引入新规划的成本应予以清楚和充分估计（不应有任何低估）。

（3）对新规划的目的和适当性应清楚阐述（否则不应被采纳）。

同等重要的还有支出部门应向财政部呈递的预算文件类别，具体如下。

（1）1 份预算申请。

（2）1 份简要的、阐明部门政策及其预期成果的政策报告书。

（3）现实的和相关的绩效指标（包括前期的绩效结果有预期的未来绩效）。

（4）1 份将如何实现政策目标的报告书。

（5）实现资源节约和促进效率的建议。

（6）为有效落实这些建议而采取的措施 。

（六）部门间协调机制

良好的协调机制对于保障 MTBF 的成功实施很重要，缺乏这样的机制正是中国各级政府预算过程的主要弱点之一。

部门间协调机制旨在通过谈判和沟通，确保自上而下法和自下而上法之间达成一致。根据国际经验，收到预算申请后，财政部与支出部门间的正式谈判可以采取预算会议的形式，以避免误解和减少冲突；主要的观点分歧应提交政府核心层协调。

更一般地讲，优先事项应包括建立与财政约束相关的制度安排和程序，用以支持在资源可得性、财政约束与支出筹划之间达成一致，包括如下内容。

（1）政策制定的机制。

（2）预算准备的程序。

（3）财政部门在预算中的作用。

（4）发展适当的工具用以审查跨年度支出。

还包括：经常性支出的整合，预测质量和预算报告的改进，政府间转移支付体制的重新设计，部门间协调机制，联结政策制定程序与预算程序的支出审查。

八　结语

迄今为止，中国实施 MTBF 的时间不长，效果尚难全面和准确评估，但可以预见的是：未来的成功前景在很大程度上取决于是否遵循 MTFP 的“基本逻辑”，即作为促进预算 - 政策联结和支出整合的辅助工具，用以支持年度预算体制运作和财政政策制定。

强化预算 - 政策联结基于如下认知。年度预算必须在跨年度的基础上准备。虽然预算程序应成为制定政策的主要工具，但政策制定应避免来自预算程序的压力。通过年度预算去制定政策将导致把注意力只放在短期性问题上，这会形成糟糕的政策，因为这会使政策辩论永远受制于紧迫的财务（资源）约束。毕竟，对于任何旨在促进预算资源优先性配置的努力而言，年度预算的时间实在太短了。时间跨度越长，旨在改进配置的政策空间越大，但不确定性亦随之增加。因此，考虑年度预算的时间跨度既不能太长，但也不能太短——这意味着“中期”最为适当。虽然几乎所有国家都在年度基础上准备预算，但为更好地制定预算，考虑跨年度的事项特别是宏观经济状况、预期收入、规划的长期成本以及政府政策是非常重要的。在这里，底线是优先把资本支出、权益类（社会保障与福利）支出、或有负债纳入 MTFP。

强化预算-政策联结还基于如下认知。中国当前背景下，实施 MTBF 的主要意义是确保公共部门在预算过程中树立至关紧要的展望意识，作为促进预算与政策联结的第一步。预算与政策的脱节一直是中国预算制度的主要软肋。为此，焦点应是以基线筹划取代陈旧过时的基数法；就改进 PEM 目标而言，MTFP 比零基预算的作用大得多。

就强化预算-政策联结而言，改革的优先事项亦应包括：（1）确保预算准备基于明确清晰的政策目标、重点和优先性，包括政策措施（规划）和政策细节，以及对当前政策和新政策的中期成本的充分评估，以免预算过程沦为“分钱的游戏”；（2）确保预算约束政策，包括资源（限额）约束、程序约束（政策程序与规划管理程序须衔接预算程序）和报告约束（政策框架乃至细节应在预算报告中清楚陈述）。

就强化支出整合而言，改革的优先事项应包括：（1）把资本/经常支出分类的预算申报作为强制性的主要申报，即作为本级人大正式投票表决预算草案的申报，一并要求伴随相关的辅助性信息；（2）支出标准除了基于经济分类的“定额标准”，一并需要基于经济分类的“支出组合比例标准”的建构与应用。

参考文献

[1]〔美〕艾伦·希克：《当代公共支出管理方法》，王卫星译，经济管理出版社，2000。

[2] 王雍君：《公共财政学》，北京师范大学出版社，2008。

[3] Andrews, M., “What Would Ideal Public Finance Management System Look Like?” in Shah, A., eds., *Fiscal Management* (Washington, D.C.: The World Bank, 2005).

[4] Batcheler, R., *Where Top-Down Meets Bottom-Up: Planning and Budgeting in Myanmar* (San Francisco: The Asia Foundation, 2019).

[5] Blöndal, J. R., “The Reform of Public Expenditure Management Systems in OECD Countries”, http://dx.doi.org/10.2139/ssrn.2028366, 2005.

[6] Campos, E., and Pradhan, S., "Budgetary Institutions and Expenditure Outcomes", The World Bank, Policy Research Working Paper Series, No. 1646, 1996.

[7] Demirbaş, T., "The Experience of a Medium-Term Expenditure Framework in Turkey", in Kıral, H., and Akdemir, T., eds., *Public Financial Management Reforms in Turkey: Progress and Challenges* (Singapore: Springer, 2020).

[8] Holmes, M., and Evans, A., *A Review of Experience in Implementing Medium Term Expenditure Frameworks in a PRSP Context: A Synthesis of Eight Country Studies* (London: Overseas Development Institute, 2003).

[9] James, B., and Richard, H., "Medium-Term Expenditure Frameworks", in Richard, A., Richard, H., and Potter, B. H., eds., *The International Handbook of Public Financial Management* (New York: St. Martin's Press LLC, 2013).

[10] Maw, S. Z., "How Can Myanmar Enhance Its Aggregate Fiscal Discipline from Medium Term to Long Term?", https://www.mof.go.jp/pri/international_exchange/visiting_scholar_program/Swe2.pdf, 2020.

[11] OECD, "Budgeting for the Future", OECD Publishing Working Papers, 5 (95), 1997.

[12] OECD, *Government at a Glance: Latin America and the Caribbean* 2020 (Paris: OECD Publishing, 2020).

[13] Schiavo-Campo, S., and Tommasi, D., *Managing Government Expenditure* (Manila: Asian Development Bank, 1999).

[14] Schiavo-Campo, S., "Potemkin Villages: The Medium-Term Expenditure Framework in Developing Countries", *Public Budgeting & Finance*, 29 (2), 2009: 1-26.

[15] Schiavo-Campo, S., "The Budget and Its Coverage", in Shah, A., eds., *Budgeting and Budgetary Institutions* (Washington, D. C.: The World Bank, 2007).

[16] Schick, A., *A Contemporary Approach to Public Expenditure Management* (Washington, D. C.: The World Bank, 1999).

[17] Wildawsky, A., *National Budgeting for Economic and Monetary Union* (Leiden, the Netherlands: Nijhoff, 1993).

[18] World Bank, "Beyond the Annual Budget: Global Experience with Medium-Term Expenditure Frameworks", The World Bank, 2013.

[19] World Bank, *Public Expenditure Management Handbook* (Washington, D. C.: The World Bank, 1998).

“十四五”时期推进现代财政制度建设的改革展望*

汪德华　侯思捷**

摘　要：基于党的十八届三中全会到五中全会以来的历次会议精神和“十四五”规划建议，本文将现代财政制度的特点总结为凸显人民性、调动积极性、提升稳定性和注重可持续性。“十四五”时期，基于新发展阶段、新发展理念和新发展格局，现代财政制度建设在税制方面应有助于促进研发创新、调节收入分配、提振消费促进循环；在支出结构方面应在保证经济建设和公共服务“双峰支出”的基础上，进一步优化财政资金的使用效率；在财政关系方面应进一步优化财政事权和支出责任划分，实现财力协调，通过“最佳实践”等方式正确引导地方发挥推动国内大循环的积极性，同时避免出现地区小循环。此外，要进一步加强对预算编制的宏观指导、推进财政支出标准化、多方位全面强化预算约束、全面落实绩效预算管理，通过现代财政管理制度奠定现代财政制度的基础，为现代财政制度落地实施提供途径和保障。

关键词：“十四五”　现代财政制度　财政管理

---

* 原文首发于《学习与探索》2021 年第 4 期，原标题为《“十四五”时期推进现代财政制度建设展望》，经作者和杂志社同意，收录于本书。收录时作者对原文进行了少量修改。

** 汪德华，经济学博士，研究员，中国社会科学院财经战略研究院财政审计研究室主任，主要研究方向为财税理论与政策、财政审计、社会保障、宏观经济；侯思捷，经济学博士，中国社会科学院财经战略研究院财政审计研究室助理研究员，主要研究方向为财税理论与政策。

《中共中央关于制定国民经济和社会发展第十四个五年规划和二〇三五年远景目标的建议》提出的2035年基本实现社会主义现代化的九个远景目标中，“基本实现国家治理体系和治理能力现代化”是重要内容之一，而现代财政制度建设是治理能力和治理体系现代化的重要环节；提出的十二个重点发展领域中，“全面深化改革，构建高水平社会主义市场经济体制”更明确提出要“建立现代财税金融体制”。由此可见，推进现代财政制度建设依然是“十四五”时期财政乃至整个经济社会领域重要的任务目标之一。然而当前在各类政策文件或学术研究中，均未对“现代财政制度”给出明确的界定。落实“十四五”规划建议，当前现代财政制度建设如何与国家经济发展阶段、经济发展战略相适应，也有待探讨。

为此，本文将在充分认识和明晰现代财政制度的总体定位和基本特征的基础上，对“现代财政制度”进行概念上的界定。以此为基础，进一步对新发展阶段、新发展理念和新发展格局下现代财政制度在财政收入、财政支出、财政关系以及财政管理等各方面所面临的主要挑战和所需进行的相应改革进行分析和展望，以建立平衡与稳固的现代财政制度。

一　现代财政制度的总体定位与基本特征

推进现代财政制度建设，首先要充分明确现代财政制度的总体定位与基本特征。财税体制改革、建立现代财政制度是近年来的重要议题，财政制度与国家治理、国家发展大局息息相关。建立现代财税体制，既是全面建设社会主义现代化国家的重要举措，也是重要保障；是全面深化改革的重要内容，也是国家治理能力和治理体系现代化的重要环节。特别是自十八届三中全会提出“财政是国家治理的基础和重要支柱”，把财税体制改革提升到“完善和发展中国特色社会主义制度，推进国家治理体系和治理能力现代化”的战略高度。近年来，基于国内外环境的深刻变化，在历次重要会议中，对现代财政制度的总体目标和定位进行了多方位的阐释。我国经济社会发展的新阶段、新理念和新格局也从财政收入（税收）、财政支出、财政关系和财政管理等方面对财政制度提出了不同定位和目标。在党中央国务院历次关于加快构建现代财政制度的会议精神的指引下，近年来深化财税体制改革在各方面取得了丰硕成果，为构建和完善现代财政制度打下了坚实的基础。

表1总结了党的十八届三中全会以来历次重要会议对财税改革的基本要求。总体而言，在财政收入方面，要求深化税制改革，优化税制结构，健全地方税、直接税体系等；在财政支出方面，要求积极调整财政支出结构，处理好发展经济和保障民生的关系，推进财政支出标准化；在财政关系方面，要求充分发挥“两个积极性”，优化政府间财政事权和支出责任划分，建立权责清晰、财力协调、区域均衡的中央地方关系，健全省以下财政体制；在财政管理方面，要求深化预算管理制度改革，建立全面规范透明、标准科学、约束有力的预算制度，全面实施绩效管理。

表1 历次会议对现代财政制度的阐释和要求

会议	总体定位/目标	财政收入	财政支出	财政关系	财政管理
党的十八届三中全会	财政是国家治理的基础和重要支柱/明确事权、改革税制、稳定税负、透明预算、提高效率	完善税收制度	建立事权和支出责任相适应的制度	建立事权和支出责任相适应的制度，适度加强中央事权和支出责任	改进预算管理制度，实施全面规范、公开透明的预算制度
党的十八届五中全会	“十三五”时期，财政收入不可能像原来那样高速增长/建立健全现代财政制度、税收制度		处理好发展经济和保障民生的关系，量入为出，积极调整财政支出结构		
党的第十九次全国代表大会	加快建立现代财政制度	深化税收制度改革，健全地方税体系		建立权责清晰、财力协调、区域均衡的中央和地方财政关系	建立全面规范透明、标准科学、约束有力的预算制度，全面实施绩效管理
党的十九届四中全会	健全充分发挥中央和地方“两个积极性”体制机制			优化政府间事权和财权划分，建立权责清晰、财力协调、区域均衡的中央和地方财政关系，形成稳定的各级政府事权、支出责任和财力相适应的制度	

续表

会议	总体定位/目标	财政收入	财政支出	财政关系	财政管理
党的十九届五中全会	加强财政资源统筹，加强中期财政规划管理，增强国家重大战略任务财力保障	完善现代税收制度，健全地方税、直接税体系，优化税制结构，适当提高直接税比重，深化税收征管制度改革	推进财政支出标准化，强化预算约束和绩效管理	明确中央和地方政府事权与支出责任，健全省以下财政体制	深化预算管理制度改革，强化对预算编制的宏观指导/健全政府债务管理制度

注：本表格根据相关会议精神总结而成，主要关注对“财政”的整体阐释。对于部分专门针对债务风险、扶贫攻坚等具体事项的阐释，受篇幅所限，未在表格中逐一体现。

虽然目前尚缺乏现代财政制度的标准定义，但综合前文所述，我们认为，契合经济社会高质量发展要求、与国家治理体系和治理能力现代化要求相匹配，符合现代财政制度的总体定位的原则性要求应当至少具备以下四个方面的具体特征。

凸显人民性，现代财政制度需要体现为人民服务的公共性，并充分向人民公开透明。做好公共产品和公共服务、“推进基本公共服务均等化”，切实确保社会福利和社会保障等支出、“财政等公共资金配置使用要向民生领域倾斜”、“针对群众最关切的就业、教育、医疗、住房、养老、脱贫等问题发力”①，以人民为本、以公众为本，才是“公共财政”；预算制度要透明、各项政策要透明，制度透明才能充分实现人民的有效监管。服务于人民才能真正体现其价值，也充分符合社会主义国家的需求，是现代财政制度的方向。

调动积极性，现代财政制度需要注重制度安排的激励功能，服务于有活力的经济社会发展格局。要有鼓励创新、鼓励发展的制度设计；要充分激励各个市场主体的活力；要“健全充分发挥中央和地方两个积极性体制机制”；要“以深化改革激发新发展活力”②，建立充满活力的工作体系，建立能够催生新动能、激发新活力的现代财政制度。有着良好激励和活力，能够充分调动各方积极性，现代财政制度才能有发展的不竭动力。

提升稳定性，现代财政制度需要以法制化的形式进行清晰的规定。在建立现代财政制度的过程中，各项财税体制改革的成果需要以推进税收立法等形式

① 习近平总书记2016年5月23日至25日在黑龙江调研时的讲话。

② 《中共中央、国务院关于新时代加快完善社会主义市场经济体制的意见》，2020年5月11日。

确定下来，实现法制化；对其中各领域的关键性、原则性问题要做出清晰明确的规定，财政事权和支出责任划分要清晰、税制设计和各项财政制度的机制体制设计要清晰。法制化、制度清晰能够稳定相关主体的预期，“加强财政资源统筹”，降低系统的遵从成本，是现代财政体系科学高效运行的基础。

注重可持续性，可持续的现代财政制度需要实现各个领域的均衡。各项财政收入要均衡，税收收入内部要均衡、“调整税制结构”，财政支出结构要均衡、“处理好发展经济和保障民生的关系”，财政收入和财政支出要均衡，“以收定支”，财政运行才具有可持续性；中央和地方之间要均衡，各区域之间要均衡，基本公共服务要均衡，政府间财政关系才可持续。均衡的制度设计可以避免债务风险等财政体系中的系统性风险，保证现代财政制度的可持续运行。

二　适应新发展阶段、新发展理念、新发展格局的现代财政制度建设展望

新发展阶段、新发展理念、新发展格局对现代财政制度建设提出了新的要求。近年来我国经济进入新常态，经济可持续发展、增速趋于稳定成为一段时期内经济发展的重要特征；而随着2020年初步建成小康社会，我国的经济和社会发展进入了新的阶段。在这一阶段，现代财政制度一方面要适应经济高质量发展的要求，切实提质增效、积极有为；另一方面，面对新发展阶段的内外部环境，现代财政制度需要有应对挑战、风险的稳定性和可持续性，为国家治理提供坚实的基础和保障，亦需要积极有为，充分抓住发展机遇。现代财政制度也需要充分体现创新、协调、绿色、开放、共享的新发展理念。在当前畅通国内大循环、促进国内国际双循环的发展格局下，现代财政制度要立足于产业链条升级、拉动内需、刺激消费、形成国内统一大市场；把扩大内需、促进消费同深化供给侧结构性改革有机结合起来，以创新驱动、高质量供给引领和创造新需求和新的增长点（郭克莎，2019）。鉴于此，财税政策和整体的现代财政机制体制要有助于提升企业技术创新能力、激发人才创新活力，优化收入分配，促进消费；要优化支出结构，提升财政资金的使用效率；要建立财力协调、区域均衡的财政关系，不断推进基本公共服务均等化；等等。如图1所示，新发展阶段、

新发展理念和新发展格局要求现代财政制度在财政收入、财政支出和财政管理等不同领域深化改革、有所作为，进而充分凸显人民性、调动积极性、提升稳定性、注重可持续性，从而实现平衡与稳固的现代财政制度。

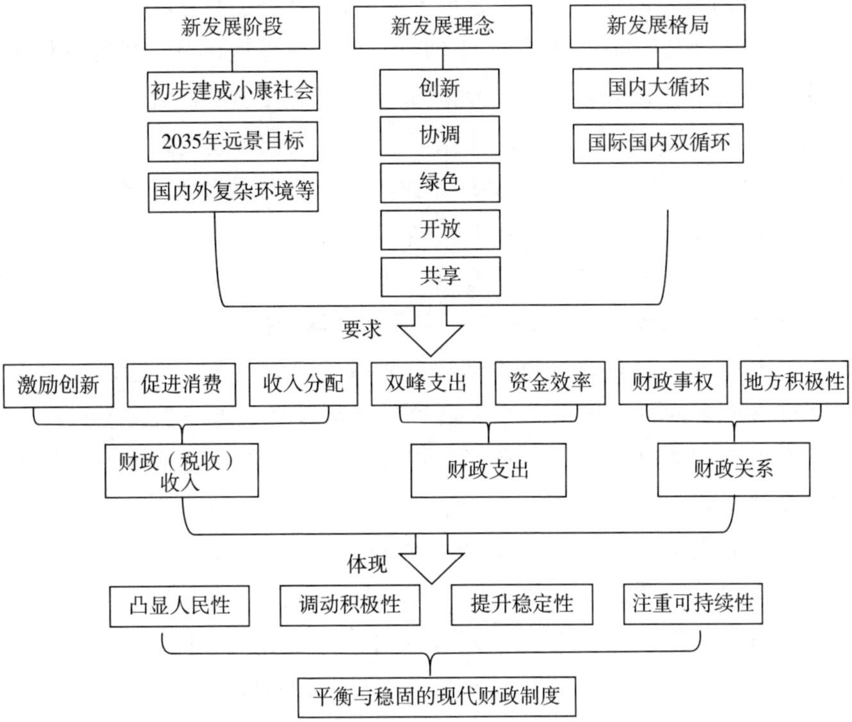

图 1　适应新发展阶段、新发展理念、新发展格局的现代财政制度

实现“十四五”规划和2035年远景目标，建立现代财政制度，必须深刻认识新发展阶段的特点，贯彻新发展理念，立足构建新发展格局，实现高质量发展（蔡昉，2020），需要将这些精神和理念贯彻到财政制度改革和建设的各个方面。具体而言，本文主要从税制改革、支出结构调整、政府间财政关系三个方面提出改革建议和展望。

（一）税制改革

近年来，我国的税制改革和税收立法不断推进，取得了阶段性的成果。“十四五”期间，建立现代财政制度在税制改革方面需要“建立健全有利于高质量发展、社会公平、市场统一的税收制度体系，优化税制结构”（刘昆，2020）。以税收政策激励科技创新，助力国内统一大市场，切实提质增效，充分体现现代财政制度的积极性；调节收入分配结构，完善税制体系，充分体现现代财政制度的均衡性和人民性。

在“十四五”的十二个重要领域方向中，“坚持创新在我国现代化建设全局中的核心地位”位列第一。“十四五”时期建立现代财政制度的税制改革，需要有助于“提升企业技术创新能力，激发人才创新活力，完善科技创新体制机制”。我国近年来通过固定资产加速折旧（及允许设备器械一次性税前扣除）、将研发费用加计扣除比例从50%提升至75%、将企业职工教育经费税前扣除限额从工资薪金的2.5%提升至8%（并允许向后结转）等税收政策，对企业进行产业结构升级、加大研发创新投入、提升人才素质等提供了多方面的激励，有效推动了企业为主体的技术创新。“十四五”期间，应继续重点关注科技（研发创新）领域的税制改革，可适时考虑出台相对统一的、针对创业创新的个人所得税优惠政策；进一步完善和扩大技术成果转化股权激励、技术投资入股相关的税收优惠和递延政策；可考虑企业对人才发明创造等给予的奖励，参照全年一次性奖金等单独计税等；同时完善对符合条件的“人才”的管理和界定标准，减少各地标准不一、频繁申请各类补贴造成的管理成本，优化对企业和人才的激励机制。

在“十四五”的十二个重要领域方向中，提出“形成强大国内市场，构建新发展格局”。“十四五”时期建立现代财政制度的税制改革，需要有助于扩大内需、畅通国内大循环。需要指出的是，为实现这一目标，不仅包括直接针对消费环节的税收制度，更包括有助于形成国内大市场、完善产业链条的流转税制度，以及更根本地提高居民可支配收入，更好地发挥税收优化收入分配结构的制度改革。

首先，“十四五”时期畅通国内大循环、扩大内需的新发展格局从税制角度应直接关注流通和消费环节的税制。从我国当前主体税种增值税而言，在深化改革和立法进程中，应进一步完善增值税税制和抵扣链条。比狭义的“税率优惠”更重要的是链条的完整。全链条、宽税基、低税率、少优惠、严征管的现代增值税制度有助于实现增值税的税收中性，最大限度地减少税收带来的扭曲和无谓损失，有助于打通各个链条、促进分工，进而畅通国内大循环。理论上讲，完善的增值税制度不需要普遍的税收优惠；在少数需要安排特定目的税收优惠的情况下，应尽量使用零税率的优惠而非免税，避免免税可能带来的潜在增值税抵扣链条断裂和循环不畅风险。

其次，针对消费的税制是影响消费行为的重要因素，应进一步优化消费税制度设计。我国现行消费税制主要仍是选择性消费税，有较多的市场调节功能。当前正值我国消费税改革和立法的关键环节，应对消费税的征收范围、比例和方式进行适当优化和调整。要保证基本消费需求不被扭曲，同时消费税对消费行为的引导和调节功能真正得到发挥，消费税政策制定时一定要考虑需求弹性对人们消费选择行为的影响，要充分反映消费结构升级的现实，对于一些过去属于奢侈品或高档服务的消费，可能已经逐步进入日常生活的服务消费范畴，可以适当调整征收范围或降低税率，避免税制造成额外的障碍，有效促进和拉动消费。[①] 此外，考虑到在新发展阶段，数字经济的蓬勃发展对经济增长和稳定就业的巨大拉动作用，建议暂缓对数字经济扩大征税范围、提高税率或设计新的税制，减少税制对新经济新业态的影响。需要指出的是，消费不仅包括私人消费，也包括教育、医疗、养老等领域具有公共性的消费，“十四五”时期税收政策也应进一步向重点基础服务领域倾斜（高培勇，2014），例如对于一些民办但性质上符合公共产品和服务、能够带动公共消费的实体，应在税收角度更多纳入适用相关税收优惠政策的范畴。

最后，调整居民收入分配是“十四五”时期税制改革的重要方向，而居民收入稳定也是促进消费、畅通循环的重要条件和前提，需要从税收和社保方面增强居民的“获得感”和“安全感”。2019 年开始的新一轮个人所得税综合税制改革，有效降低了居民的税负，增进了税收公平，但在我国当前的个人所得税中仍存在劳动所得的税负整体上显著高于资本性收入的情况。[②]“十四五”时期，需要继续通过个人所得税（以及社保）制度改革等切实增加劳动收入在分配中的占比，增加居民可支配收入。对于部分在综合所得下确实税负增加的纳税人，应考虑其所得来源性质和收入分配等因素，对于与符合高质量发展等方向的活动相关的收入，应适时出台和

① 例如，2020 年 3 月 31 日国务院常务会议部署促进汽车消费举措，4 月 22 日财政部、税务总局、工信部联合发布公告明确 2021 年至 2022 年对购置的新能源汽车免征车辆购置税。

② 特别是许多取得劳务报酬、稿酬、特许权使用费收入的纳税人，通常其职业可能是教师、医生、作家等学者专家，综合税制下其税负可能上升较多，且年末面临“汇算清缴”和“补税”的压力，一定程度上也不利于激励其进行科研和创新。

落实相关政策，尽量降低其税收成本。也要充分考虑社保对个人的影响和压力，提升居民对“五险一金”的获得感。同时，应适时推进房地产税等财产税（同时也是地方税）的立法和实施，合理对高资产纳税人财产性收入进行调节，在优化收入分配结构的同时增加地方财政收入。特别地，在供给层面，房价可能是畅通国内大循环的障碍之一，一定程度上不利于创新和实体经济生存生态，推高了要素成本，因此从这一角度看，有人均抵扣面积的房地产税制度是有利于构建新发展格局的着眼长远的制度安排。

（二）支出结构

五中全会反复强调了“健全基本公共服务体系”“推进基本公共服务均等化”，将基本公共服务提升到了一个新的高度。因此，除前文所述对公共事业、公共消费的税收政策之外，“十四五”时期建立现代财政制度，需要在支出结构角度对公共服务领域有更多的倾斜。

为了更好分析我国财政支出的特征，本文按国际货币基金组织（IMF）等国际组织的财政支出功能性分类标准，对中国财政支出数据进行分类调整以核算新的国际可比财政支出结构，并将其与若干经合组织（OECD）成员加以比较。如表2、表3所示，对2017年我国财政支出按IMF分类标准重新归类计算（Wang，2015）。

表2　支出项目调整方法

单位：亿元，%

事项（IMF）	项目调整	金额	占比
环境保护	节能环保＋援助＋国土海洋气象＋科技和其他均摊	8790.35	4.33
经济事务	农林水＋交通运输＋资源勘探信息＋商业服务＋金融＋援助＋粮油物资储备＋科技和其他均摊	40645.89	20.01
一般公共服务	一般公共服务＋外交＋基础研究＋援助＋债务付息＋债务发行＋科技和其他均摊	24868.95	12.25
国防	国防＋科技和其他均摊	11299.57	5.56
公共安全	公共安全＋科技和其他均摊	13328.47	6.56
文化体育传媒	文化体育传媒＋援助＋科技和其他均摊	4261.11	2.10

续表

事项（IMF）	项目调整	金额	占比
教育	教育+援助+科技和其他均摊	31036.63	15.28
社会保障就业	社会保障就业+科技和其他均摊	25478.88	12.55
医疗卫生	医疗卫生与计划生育+援助+科技和其他均摊	15321.83	7.54
住房和社区设施	城乡社区+援助+住房保障+科技和其他均摊	28053.76	13.81

资料来源：2017年财政支出决算。

表3　支出结构比较

单位：%

支出分类	中国2012	2012+社保	中国2017	2017+社保	OECD 2017	美国2017	英国2017	日本2017	北欧三国2017	转型三国2017
一般公共服务	13.49	11.48	12.25	10.45	22.33	13.38	13.07	34.3	26.54	15.63
国防	5.85	4.98	5.56	4.94	9.12	14.11	5.19	5.52	3.76	4.17
公共安全	6.63	5.64	6.56	5.76	3.12	1.38	4.18	1.58	2.83	6.84
经济事务	22.82	19.41	20.01	16.85	8.69	5.13	6.7	11.38	8.33	15.02
环境保护	3.33	2.84	4.33	3.92	0.54	/	0.92	0.96	0.50	0.60
住房和社区设施	11.31	9.62	13.81	11.74	1.47	1.71	3.63	3.07	0.36	1.01
医疗卫生	6.29	9.10	7.54	10.44	17.12	29.52	19.82	11.42	10.84	9.21
文化体育传媒	2.34	1.99	2.10	2.08	0.92	0.13	1.18	0.23	2.04	4.08
教育	17.41	14.81	15.28	12.95	7.37	2.34	10.57	5.87	6.82	13.88
社会保障就业	10.53	20.15	12.55	20.86	29.31	32.31	34.73	25.67	37.98	29.55

注：北欧三国包括瑞典、丹麦和挪威；转型三国包括波兰、捷克和匈牙利。

资料来源：OECD财政数据库。

将发达国家、转型国家与我国进行比较，可以获得很多有价值的信息。与OECD发达国家相比，当前我国财政支出具有明显的重经济建设、轻社会福利支出的特点。从表3的数据来看，社会保障就业、一般公共服务、医疗卫生、教育是OECD各成员国财政支出的主要项目。而我国的经济事务支出占比相对较高，远超OECD诸国。即使是与中国类似从计划经济向市场经济转型的匈牙利、捷克、波兰三国，这一比重也很高。同时，以基础建设为主的住房和社区设施，中国的比重更是远超其他国家数倍。需要指出的是，近年来我国的经济事务支出占比呈逐年下降趋势，而各项基本公共服务相关支出则呈上升趋势，这也符合经济转型期的发展趋势。[①] 表 3 第 2 列、第 4 列的数据考虑到了社会保险基金中对公共事业的支出，计算时将社保基金决算中的医疗相关支出加入“医疗卫生”项目，将其他支出加入“社会保障和就业”项目，并从支出中减去社保基金中的财政补贴收入，以避免重复计算。在考虑社保基金的情况下，医疗卫生和社会保障就业的支出占比有显著的提高。整体而言，各项社会事业的支出比重近些年来有所增加，但与发达国家比较仍有一定差距，公共事业、公共服务和社会福利性支出仍存在不足。

“十四五”期间，为适应新发展阶段，财政可持续性也需要特别关注；新发展格局下，现代财政制度建设中对财政支出结构的优化和调整至关重要。一方面积极财政政策对经济建设、“拓展投资空间”的投入也需要保障，另一方面需要着重对以基本公共服务均等化为主要内容的改善民生领域加大财政投入，特别是要增强基层对公共服务支出的保障能力，充分考虑教育、养老、医疗等领域的需求，并以人口、劳动力等为中心，进行财政资源和财政支出（税源和公共服务）的配套，使居民而非项目更多地成为财政支出倾斜的对象，同时高度关注进城务工人员实质性市民化，切实实现不同人群间的基本公共服务均等化，充分体现现代财政制度的人民性。在保障必要的“双峰支出”的基础上，应适度控制财政支出的总体规模，提高财政资金的使用效率，避免“大水漫灌”造成财政资金的浪费；同时对于确实必要的项目，也应避免“一刀切”禁止：要建立优化一般性行政支出结构的长效机制，降低行政成本；切实提升经济建设支出效率，优化公共投资结构；加快改革步伐，堵上制度漏洞，完善社会福利体系的成本控制与激励导向，提升社会福利体系的可持续性和绩效；完善政府治理，以体制改革推进财政支出结构的合理调整。此外，近年来，基本公共服务等领域的财政事权和支出责任划分改革正在进行，各级政府如何实现权责清晰、财力协调，也需要持续关注。

① 仅以中国公共财政支出核算的财政支出结构与 OECD 国家比较有不合理之处，典型的如未将五项社会保险基金的支出核算在内，未包含全口径的财政支出，而是将大量政府性基金（包含土地出让金）、地方政府债务的支出排除在外。以土地出让金为主体的政府性基金、地方融资平台资金基本上都属于经济建设性支出，因此以全口径综合考察，经济建设性支出比重仍然远超发达国家。

(三) 财政关系

如前所述,“权责清晰、财力均衡、区域协调”的央地财政关系是现代财政制度的重要特征,五中全会再次强调了“明确中央和地方政府事权与支出责任,健全省以下财政体制”的重要精神。“十四五”时期,在央地财政关系领域,一方面,需要进一步推进和优化财政事权和支出责任划分,充分体现现代财政制度的稳定性、均衡性;另一方面,在其他机制体制的设计方面,也要充分发挥中央地方两个积极性、促进国内大循环,充分体现现代财政制度的积极性。

从事权划分和支出责任的承担上,应继续完善相关机制体制的顶层设计,划分应更清晰,应做好中央地方之间和各区域之间的均衡,充分发挥中央和地方的积极性,富有活力(楼继伟,2020)。“十四五”期间对相关领域的制度优化,不应仅考虑地方财力,要更充分地平衡经济效率、区域公平(均等化公共服务)以及财政可持续等目标,切实根据不同层级政府和财政的功能定位来划分事权、根据公共产品和服务的特点和性质划分不同领域不同事项的事权。对于外溢性强、影响全局的中央性公共产品,无论其在何处“落地”,应主要由中央提供;对于地方性公共产品,特别是具有地方特色、符合区域发展定位、使当地经济社会受益的地方性公共产品,要由地方提供,以保证财政资金使用和经济运行更有效率。随着改革推进和体制完善,应逐步减少将中央或地方事权划分为共同事权的情况。而中央在下放部分事权给地方政府时,要赋予地方行使事权的自由裁量权,同时完善约束机制,提高地方政府履行事权的效率。即在制度上给予适当的灵活性,允许地方在保证基本公平的前提下制定更符合地方情况的标准,并在合理的范围内对财政资金进行统筹安排,从机制体制上避免执行中出现各类不规范的情况,同时避免过于教条刻板的规定使资金难以“盘活”,避免过度的“问责”影响政策效率。

在财力匹配上,要逐步实现“财权事权”的系统协调。要借鉴财政部等动态分析模型,合理测算硬性支出规模,以此为参照系计算出地方财力和支出责任之间的差距。根据财政事权属性,厘清各类转移支付的功能定位,加大对财力薄弱地区的支持力度,健全转移支付定期评估机制,合理安排共同财政事权转移支付和专项转移支付规模。转移支付下达应基于事权和支出责任的详细测算，按照基本公共服务均等化等标准及时进行调整并足额安排。同时，应注意避免由转移支付政策对某些地区、领域的过度倾斜造成的新的发展不平衡的情况，应在充分考量地区经济、人口、财政以及地方定位和特色的基础上，尽快统一出台科学的转移支付标准。特别地，对于目前“共同事权转移支付”设立在一般性转移支付下的情况，存在一定的不尽合理之处，可考虑将其专门作为一项，和一般性转移支付和专项转移支付并列，更科学地体现其性质，并优化管理。同时，长期而言，应通过完善地方税体系、适时推进房地产税和消费税向消费端“下移”等可持续的方式匹配地方“财力”和灵活性，保证地方能够更好地履行其“支出责任”，保证地方财政的可持续性和有效运行。

在财政体制上，应正确引导地方积极性，避免国内大循环演变成地区小循环的加总。充分发挥地方积极性是中国发展的成功经验。新发展格局提出以来，各级地方政府都积极响应。然而需要注意，国内大循环的深层次要求是充分发挥全国大市场的资源配置效率，地区小循环恰恰是降低市场配置效率（汪德华，2020）。而在我国的发展历史上，地方积极性带来的一个负面问题是区域市场分割。因而如何引导好地方积极性，使其努力方向朝向提升“大市场”的配置效率，需要预先做好顶层制度设计。这需要中央层面加强法治建设，明确地方政府的权限，加大对地方政府阻碍市场资源配置行为的制约和惩罚。要加快服务型政府建设，优化营商环境，不断理清市场和政府的边界。对于适宜市场化的事项，应积极培育市场环境，适当完善招投标制度，适当放开条件限制和审批程序，继续推进“放管服”等，充分发挥市场的积极性，提高效率。在财政体制方面，可以将常住人口以及相关消费指标引入增值税分成公式中，引导地方政府着力改善发展和生活环境，促进消费；还应鼓励区域合作，鼓励地方政府充分利用市场力量和本地优势解决全国性的产业链“卡脖子”问题。特别地，考虑到区域市场和全国统一大市场的协调存在各方面的权衡问题，可以在合理的范围内充分调动地方的积极性，并借鉴经合组织（OECD）及相关国家在政策创新领域所广泛采用的“最佳实践”的做法，[①] 激励地方自下而上进行制度

① OECD：《最佳实践》，2020 年 11 月 20 日，http://www.oecd.org/chemicalsafety/pesticide-compliance/best-practices.htm。

创新，寻找整体和部分的最佳平衡方案，对于其中部分地区特别优秀的做法，可以经中央进行统筹和优化，在全国范围内加以推广。

三　以现代财政管理奠定现代财政制度的基础

党的十八届三中全会以来，以预算制度改革为代表的财政管理制度改革不断推进，特别是新《预算法》实施以来，在预算绩效管理等方面取得了卓越的阶段性成果，五中全会也再次明确提出“深化预算管理制度改革，强化对预算编制的宏观指导”。财政管理本身虽然不属于财政收入、财政支出或财政关系的某一具体方面，但现代财政管理制度是奠定现代财政制度的基础，也是现代财政制度能够落地实施的途径和保障。“十四五”时期，建立现代财政管理制度也是重要而关键的一环，应进一步完善预算管理制度，“在挖掘潜力、规范管理、提高效率、释放活力上下更大功夫”。

要进一步加强对预算编制的宏观指导，加强对财政资源的统筹。全面性、一致性，是现代政府预算应遵循的基本原则，要求将所有政府收支按照统一的标准纳入预算管理（肖捷，2017）。新《预算法》明确了四本预算各自的编制要求，提出加大统筹力度，建立有机衔接的预算管理体系。但从现实情况看，四本预算之间的有机衔接尚未实现；四本预算未能综合成一本预算，也使准确评估我国财政状况、精确制定财政政策存在困难，除影响财政资金的配置效率之外，还影响到了我国宏观调控的效果。[①]“十四五”期间，应研究制定单独编制资本支出和债务预算制度，即将所有财政资本性支出和政府债务综合起来，编制在一本预算中。资本支出和债务预算制度不应冲击当前的四本预算体系，而是将四本预算中与政府投资及相应债务信息综合到一本预算中，作为正式预算报告的附录，便于从整体上控制各级政府的资本性支出和对应政府债务，便于宏观统筹安排预算，便

① 一般公共预算难以统筹政府性基金预算、国有资本经营预算。部分政府性基金虽已纳入一般公共预算，但单独管理资金依然是大头。按照要求，国有资本经营收益的30%应上缴到一般公共预算，主要用于社会保障和民生类支出。但目前国有资本经营收益仅有10%左右纳入国有资本经营预算，同时国有资本经营预算仅有极小部分用于社会保障和民生类支出，大部分是体内循环，主要用于国有经济结构调整支出、重点项目支出、产业升级与发展支出等。

于全面推进政府投资预算绩效管理，便于控制政府债务风险。一方面可以更准确地评估和把握财政政策的松紧与力度，另一方面可以避免大量国库资金沉淀的情况，提高财政资金的使用效率和积极财政政策的效果。

要继续推进财政支出标准化。“标准”在预算管理中起着基础性的作用，对于人均的基本支出和项目支出等基本标准，以及“重点公共服务领域”的基本概念等核心的基础性标准和概念，要进一步统一和明确，建立标准清单，纳入清单的事项应逐渐推行标准化管理，对于不同事项，根据其特点和标准体系的成熟程度，适时、分步、科学推进标准化。此外，对于此前改革中反复提及但仍未完全解决的一些问题，例如中央级的预算基本支出的定员定额管理范围和标准、转移支付的归类标准以及预算执行中的超标问题等，应加大管理和整改力度。

要多方位全面强化预算约束，多部门形成合力。如前所述，我国当前在财政审查和监督方面取得了较多的进展，“十四五”时期要继续加强人大的审查和审计监督等，增加预算的透明度，实现以人为本，做好公共服务。做好人大预算审查，政策审查与支出审查相辅相成，政策审查要落脚“问题导向”，支出审查要落脚“项目导向”；“借力打力”，尽快构建人大政策绩效审查和预算支出绩效审查制度框架；可稳步推进“开门审预算”的制度改革，更好落实“全面规范、公开透明”八字方针，并将重点向支出预算和政策拓展。审计部门要进一步做好重大政策落实跟踪审计等，切实发挥国家审计预防、揭示和抵御功能，从审计所反映出的问题中准确把握财政管理问题和规律，进而推动机制体制的优化改进。

要进一步全面推进预算绩效管理。要建立规范的程序和方法，从原则性和技术性等维度构建科学合理的评价标准，构建科学有效的指标体系。同时要做到“实质重于形式”，避免指标和评价制度流于表面、流于形式。特别是要完善配套措施，要真正做到贯彻落实，并加强各类评价结果的应用，切实根据绩效评价的结果调整预算等，真正起到提高财政资金使用效率的作用。同时也需要特别注意，财政管理制度和绩效评价都是为了增加效率，而非造成相关主体的额外负担（肖捷，2017）。多国案例研究表明，绩效预算改革是一项长期、复杂的改革，涉及广泛的预算、管理和治理问题，其执行需要长期的领导承诺和持续的行政支持，其战略应适应改革地区治理的背景（赵早早，2020）。应采取灵活、渐进的办法，允许适应性学习和循序渐进的改革，有效的绩效预算改革要鼓励更多自下而上的创新，促进预算管理机构和所有政策部门的能力建设，强调组织性学习和不断改善。

此外，虽然不属于传统意义上财政管理的范畴，但在“十四五”时期，配合税制改革和财政管理制度的完善，需要适时推进税式支出制度的建立。从税式支出的角度看，税收优惠实际上是将政府的收入减少，也可视作一种“财政支出”。因此在税收优惠的制定和执行中，除税收优惠的政策效果外，还应充分考虑相应的财政成本，要使用科学合理的评估、测算、考核方法，设计扭曲少、动力强、最科学有效、对财政资金利用效率最高的税制（张晓丹等，2018）。要建立完善的事前评估和事后考核机制，在政策推行前需要充分进行评估和测算，将政策对纳税人预期和行为的影响、税收政策与产业政策之间的交互影响以及基层税务机关的执行力度等现实因素纳入考量，打造更科学合理的制度体系，提高政策的现实效率；在政策执行后使用成本效益分析等方法分析政策的效率，对所有“支出”项目进行年度预算、决算，评估支出项目的合理性，对于存在财政资金浪费、长期动力不足的优惠政策，要及时调整和终止，对于高效的优惠政策，要及时跟进和推广。由此，对税收优惠定期管理，实现优惠项目的长期合理性，从另一角度提升财政资源使用效率。

四　提升财政可持续性，建立平衡与稳固的现代财政制度

“十四五”期间，现代财政制度在通过税收等手段激励经济发展的同时，也需要充分考虑各方面的影响，特别是避免对地方财政造成过大的压力；在“补短板”的同时，也要通过提高优势产业、行业、企业的效率进而扩大税基等方式来稳定财政收入；财政政策要立足新发展阶段的特征，服务于新发展格局，助力国内大循环、国内国际双循环，切实提高市场的活力，带动经济发展；各类财税政策要和金融、产业等政策做好衔接和协调配合，多管齐下、多措并举，更好地发挥财政的乘数效应。开源节流，以此缓解短期内财政收支压力，实现长期的财政平衡，为国家治理提供稳固的基础。

特别地，“十四五”期间，应进一步健全政府债务管理制度，既有效发挥政府债务融资的积极作用，又坚决防范化解风险，增强财政可持续性。地方

政府债务的问题若要妥善解决，需要从根本上缓解地方政府系统性财力不足的问题，同时开好“前门”，才有可能真正堵住“后门”。要进一步完善政府债务管理体制机制，“依法构建管理规范、责任清晰、公开透明、风险可控的地方政府举债融资机制”。要根据财政政策逆周期调节的需要以及财政可持续的要求，合理确定政府债务规模。完善地方政府债务限额确定机制，完善对地方偿债能力和风险的评价体系，并以评价结果调整地方专项债务的限额。近期为了缓解地方财政压力（以及其他多方面的政策目标考量），一方面，国务院发布了《关于授权和委托用地审批权的决定》（国发〔2020〕4 号），下放了土地审批权，一定时期内允许地方使用土地财政进行弥补；另一方面，以各种方式暂时略微放松了地方政府举债的限制。但同时必须完善监控机制，避免出现借机增加隐性债务、盲目扩大政府投资等行为。在“十四五”时期，需要从机制体制上做好顶层设计，在制度化的范畴内进行更科学合理的规范调整，“充分发挥中央和地方两个积极性”，健全及时反映市场供求关系的国债收益率曲线，促进形成市场化、法治化融资自律约束机制。

此外，我国当前人口老龄化压力较大，对我国社会保障制度设计的科学性和相关基金管理的效率和收益率带来巨大挑战。“十四五”时期能否有效应对社保问题，是影响现代财政制度可持续性、实现平衡与稳固的重要因素之一。社会保障体系的制度设计，将深度影响预算管理、中央地方政府间的财政关系安排、财政风险乃至税收制度设计。“十四五”时期，一方面需要适当提高居民从社保中受益的标准，另一方面需要通过各种方式盘活社保基金，提高收益率，同时积极推进社保领域的相关改革和政策落地，切实助力现代财政制度。

五　小结

综上所述，“十四五”时期推进现代财政制度建设，一方面要具体把握现代财政制度的基本特征，使各领域改革都能体现现代财政制度的基本特性；另一方面要与新发展阶段、新发展理念、新发展格局相适应，围绕高质量发展这一主线明确财政改革和发展的重点。按照这一要求，在收入方面，应通过税收激励等措施切实提质增效，并与供给侧结构性改革以及现代财政制度的要求相适应，切实推动企业研发创新、调整收入分配结构、引导市场导向促进消费，进而整体上优化资源配置，提高全要素生产率，以期实现更长远的积极效果，通过税基的扩大实现财政收入长期的可持续增加；在支出方面，应优化支出结构，在保障“双峰支出”的基础上提高基本公共服务领域的财政投入，并提高财政资金的使用效率；在财政关系方面，要进一步优化和规范财政体制，充分平衡好区域之间的关系，推进基本公共服务均等化；中央采用“最佳实践”等软性执法方式，更好发挥地方在构建新发展格局方面的积极性，避免国内大循环演变成地区小循环的加总；在财政管理方面，应切实通过管理提高效率；在地方债务管理方面，应适当允许继续“借新债还旧债”，在更长的时期内进行财政平衡。

参考文献

［1］蔡昉：《深入学习贯彻党的十九届五中全会精神科学把握新发展阶段》，《人民日报》2020 年 11 月 25 日。

［2］高培勇：《论国家治理现代化框架下的财政基础理论建设》，《中国社会科学》2014 年第 12 期。

［3］郭克莎：《中国产业结构调整升级趋势与“十四五”时期政策思路》，《中国工业经济》2019 年第 7 期。

［4］刘昆：《建立现代财税体制》，载《〈中共中央关于制定国民经济和社会发展第十四个五年规划和二〇三五年远景目标的建议〉辅导读本》，人民出版社，2020。

［5］楼继伟：《坚持现代财政制度主线，完善中央地方财政关系》，《财政研究》2020 年第 2 期。

［6］汪德华：《“十四五”财政改革和发展有何主线》，《财新周刊》2020 年第 37 期。

［7］肖捷：《加快建立现代财政制度》，《中国财政》2017 年第 21 期。

［8］张晓丹、蒋红艳、张伟：《2017 年度成都市税式支出测算统计简要分析报告》，《财政科学》2018 年第 10 期。

［9］赵早早：《绩效预算：“橱窗摆设”抑或“整装待发”》，《中国社会科学报》2020 年 6 月 24 日。

［10］Wang, D. H., “The Size and Structure of China's Full-covered Fiscal Expenditure”, *China Finance and Economic Review*, 3, 2015: 1–9.

图书在版编目(CIP)数据

中国财政经济理论前沿. 8 / 高培勇，马珺，杨志勇主编. -- 北京：社会科学文献出版社，2021.12
（中国经济科学前沿丛书）
ISBN 978-7-5201-9404-4

Ⅰ.①中… Ⅱ.①高… ②马… ③杨… Ⅲ.①财政学-中国-文集 Ⅳ.①F812-53

中国版本图书馆CIP数据核字(2021)第250486号

·中国经济科学前沿丛书·
中国财政经济理论前沿（8）

主　　编 / 高培勇　马　珺　杨志勇

出 版 人 / 王利民
责任编辑 / 史晓琳
责任印制 / 王京美

出　　版 / 社会科学文献出版社·国际出版分社（010）59367142
地址：北京市北三环中路甲29号院华龙大厦　邮编：100029
网址：www.ssap.com.cn
发　　行 / 社会科学文献出版社（010）59367028
印　　装 / 三河市尚艺印装有限公司

规　　格 / 开　本：787mm×1092mm　1/16
印　张：20　字　数：321千字
版　　次 / 2021年12月第1版　2021年12月第1次印刷
书　　号 / ISBN 978-7-5201-9404-4
定　　价 / 109.00元

读者服务电话：4008918866